ビジネスエリートのための

教養としての文豪

はじめに

◯「どんな人が書いたか」を知るだけで文学は一気に面白くなる！

「文豪の作品はなんとなく難しそう」
「知らない語彙が出てきて調べるのが面倒だ」
「読んでも何を伝えたいのか、よくわからない」

「文豪」という言葉には、どうしてもこうしたとっつきにくそうなイメージがつきまといます。本書を手にしてくださったあなたも、学校の教科書にも掲載されている文豪の作品にチャレンジして、挫折した経験があるかもしれません。

会社勤めの人なら、上司や取引先との飲み会で教養あふれる知的な話題が上がっても、話にのれず困ったことはないでしょうか。場合によっては「ちょっといいところを見せてやりたかったのに」と苦い思いをしたこともあるかもしれません。

ならば、スマホを片手にＹｏｕＴｕｂｅやＸ、ＴｉｋＴｏｋなどの一時的なフロー型情報を見るだけでなく、文豪作品のようにずっと読み継がれているストック型情報にもふれておきたいところです。

これから本書で紹介する文豪たちの作品には、短編も多く、実は時間をかけずに読めるものもたくさんあります。そうしたことを知らず、文豪作品に一歩踏み出せていない人は多いのではないでしょうか。

そんな人にオススメなのが、作品を読む前に、「どんな人が書いたか」を知ることです。

文豪というと、聖人君子のような人格者を想像するかもしれませんが、実はそうでもありません。社会的なエリートもいれば、お金持ちの家に生まれ育った人もいますが、お金や異性との色恋に失敗したり、酒を飲んでは喧嘩ばかりしたりと、いわゆる〝ダメ人間〟だからこそ、興味深い名作を書き残した人も少なくありません。

そうした文豪それぞれの人柄に触れることによって、自然と文豪作品に惹かれるようになるでしょう。

夏目漱石や森鷗外といった文豪は、いまから１００年以上前の時代を生きました。彼らの作品は、同じく１００年以上前に生きた人たちに向けて書いたものですから、ちんぷんかんぷんな部分があっても当然です。また、口語体が主流のいまからすれば、当時の文語体は読みにくいと感じて当然でしょう。

そうした古い時代の文豪の作品を読むときには、まずは夏目漱石や森鷗外など、作者の人柄を知ってほしいのです。すると、その作品への興味が一気に深まります。

昔の人と異文化交流するような感覚で、文豪たちの人柄に触れていただきたい。また、そのような前提があれば、名作の理解が深まりますし、何より作品に対する興味・関心がうんと強くなるはずです。

◯「文豪」をひもとく興味深い6つのテーマ

本書では、文豪たちをひもとく【性】【病】【お金】【酒】【戦争】【死】という硬軟入り混ぜた興味深い6つのテーマを用意しました。1つのテーマでくくれない文豪については、【番外】としています。

太宰治、川端康成、芥川龍之介、三島由紀夫といった誰もが知る作家から、西村賢太など平成以降に活躍したわりと新しい作家、星新一などエンターテインメントの世界で活躍した作家まで、計42人を紹介します。

できるだけ幅広く、人となりがわかるようなエピソードを綴ったつもりですが、多少個人的な好みが入ってしまったかもしれません。その点は、ご容赦ください。

文豪たちの生き様を知ることは、近代日本に起きた大きなトピックを知るきっかけにもなるでしょう。あるいは、無鉄砲で奔放な生き様を追体験して、励まされる部分もあれば、反面教師になる部分もあるかもしれません。

もっと気軽に、仕事で話題が尽きたときのための、〝雑談の小話〟として使っていただいてもよいでしょうし、飲みの席で上司の悪口や下ネタに花が咲くなかで、たまには奔放な文豪の生き様や作品の話題で盛り上がるのもよいかもしれません。

取引先との会食のとき、「これは小林秀雄が愛した純米酒なんですよ」なんて言って、帰り際に手土産を差し上げたら、〝粋なプレゼントだ〟と喜ばれるかもしれません。

◯「難解な語彙」を覚えるよりずっと大切なこと

ここで私自身について、お話しさせてください。「どんな人が書いたか」を知るだけで、文学は一気に面白くなるのと同じように、本書を読み進めるにあたって、私自身の人柄にも触れていただくことで、少しは興味が深まると思うからです。

私は中学生のときに文豪作品の面白さに目覚め、大学在学中に書いた評論『意識の暗室 埴谷雄高と三島由紀夫』で第22回群像新人文学賞評論部門の優秀作を受賞。その後、文芸評論家として活動しながらドイツ留学をしつつ、大学教授として文学を教える立場にもあり、67歳をすぎたいまも文学の研究を続けています。

多くの文豪たちが住んだ街としても知られる神奈川県鎌倉市に住み、鎌倉にゆかりのある文学をテーマに、さまざまな文学者の作品や資料を展示・紹介している「鎌倉文学館」の館長を11年間にわたって務めました。現在も大学で講義を受け持っています。

そんな私が大学の教え子など、若い世代の人と話をするたびに1つ感じることがあります。どうも「文豪」「文学」といったものに対して、ものすごく難しい先入観を抱いている人が多いということです。

難解で古めかしい漢字の意味を知っていなくては読み込めないとか、内容自体も難しそうだから読めないとか、文豪作品に対してそんなふうな先入観を抱いているわけです。知識が足りない自分には、文豪たちの作品に触れる資格はないと、勝手に壁を設けてしまっているようなのです。

はっきり申し上げますが、そんなことはまったくありません。読めない漢字、意味がわからない難解な言葉が出てきたのなら、読み飛ばしてかまいません。どうしても知りたい言葉なら、ササッとスマホで調べられるでしょう。

私が本書を通してみなさんにお伝えしたいのは、難解な言葉の知識をたくさん持っていることよりも、「自分の言葉を持ち育てる」ことのほうが、よほど人生で強力な武器になるということです。

いずれにせよ、まずは肩の力を抜いて、気軽な気持ちで読んでみてください。読み進める順番に決まりはありませんので、気になった文豪のページからめくっていただいても構いません。

文壇バーや鎌倉市とのお付き合いなどで、作家のみなさんに実際にお会いしたときの、ちょっとした体験談もあります。どうか楽しんで、文豪の生き様に触れていただけたら幸いです。

目次

第2章

文豪と「病」

――血反吐を吐いても書き続けた作家たち――

第3章

文豪と「金」

――貧乏作家、金持ち作家、成り上がり作家――

第6章 文豪と「死」
――現代まで引き継がれた「ぼんやりした不安」の正体――

第1章 文豪と「性」

——「エロス」抜きに文豪は語れない——

川端康成

川端康成（かわばた・やすなり　1899～1972年）

大阪生まれ。東京帝国大学国文学科卒。代表作は『伊豆の踊子』『雪国』『眠れる美女』など。虚弱体質で学校も休みがちだったが、幼いころから勉強ができて作文も得意だった。中学生のころから文学にのめり込むようになり、東大在学中の大正10（1921）年、文芸同人誌・第6次『新思潮』を発刊。菊池寛や横光利一などの文学者と交流を深める。20代から70代まで執筆活動を続けた作家であり、新人作家の発掘・育成にも貢献。昭和43（1968）年には日本人初となるノーベル文学賞を受賞するという快挙を成し遂げたが、そのおよそ3年半後の昭和47（1972）年、72歳にして突然、ガス自殺を遂げた。自ら命を絶った理由は、いまも謎のまま。

〝変態的恋愛〟を熱心に書き続けたノーベル文学賞作家

◯15歳で祖父の介護を担った「ヤングケアラー」

川端康成は明治32（1899）年、大阪市で生まれました。父親は開業医で、漢詩文や文人画を嗜《たしな》む教養のある人でしたが、川端が2歳のときに亡くなり、さらに3歳のときには母親も亡くしています。

そのため、幼い川端は母方の実家に預けられ、祖父母に育てられました。ところが、川端が7歳のときに、祖母も亡くなってしまいます。残された祖父も、川端が15歳のときに病に伏せ、川端が介護した末に亡くなってしまいます。

いまでは日常的に家族の世話や介護を担う子どもは「ヤングケアラー」と呼ばれますが、川端はまさにヤングケアラーだったのです。

次々と肉親が亡くなる現実を目の当たりにして、川端は幼いながらもつねに「死」を間近に感じていました。15歳で孤児となった経験は、のちに小説家としての人生にも、大きく影響することになります。

◯寝たきりの祖父の介護を写実的に記録

両親に続き、川端が7歳のときに祖母も亡くなってからは、祖父が亡くなる15歳まで、祖父と2人暮らしでした。川端を育ててくれた祖父は次第に老いていき、目も見えなくなり、晩年は寝たきりだったといいます。

祖父が1人で動けなくなってから、川端はずっと介護をしていたのです。

そのころのことを短編実録小説『十六歳の日記』に綴っています。タイトルにある16歳は数え年で、満年齢で14歳のとき。寝たきりの祖父の病状を写実的に記録した日記を26歳のときに発表したのです。

この日記には、10代の川端が、学校から帰宅しては祖父の介護をする様子が詳細に綴られています。祖父の〝下の世話〟をしていたことも記されており、当時の介護の大変さが、ひしひしと伝わってきます。

「これくらい私に嫌な仕事はない。私は食事をすませて、病人の蒲団を捲り、溲瓶で受ける。十分経っても出ぬ。どんなに腹の力がなくなっているかが知れる。この待つ間に、私は不平を言う。厭味を言う。自然に出るのだ。すると祖父は平あやまりに詫びられる。そして日々にやつれて行く、蒼白い死の影が宿る顔を見ると、私は自分が恥しくなる。やがて、『あ、痛たった、いたたった、ううん。』細く鋭い声なので、聞いている方でも肩が凝る。そのうちに、チンチンと清らかな音がする」

『十六歳の日記』（『伊豆の踊子・温泉宿 他四篇』岩波文庫に収録）

川端は祖父が亡くなると、母方の親戚である黒田家に引きとられました。とても勉強ができる少年だったため、第一高等学校（現・東京大学教養学部）に進み、その後、東京帝国大学文学部国文学科を卒業。やがて、文芸誌『新思潮』を通じて、作家としての道を歩み始めます。

◯人の優しさに〝人並み以上の感謝〟を抱くワケ

川端の作品は、孤児であったことが大きく影響しています。人の愛情に対してとても敏感だった川端は、昭和43（１９６８）年に日本人初となるノーベル文学賞を受賞したとき、毎日新聞夕刊に随筆『思ひ出すともなく』を寄稿しました。

自分が孤児であったことが多くの巡り合わせを生み、人生において恵まれたことを次のように述べています。

「しかし、私の人生でのもろもろのありがたいめぐりあいは、孤児であったから恵まれたのではないかとも思う。恥づかしい秘密のようなことであるが、天涯孤独の少年の私は寝る前に床の上で、瞑目合掌しては、私に恩愛を与えてくれた人に、心をこらしたものであった」

『思ひ出すともなく』（『一草一花』講談社文芸文庫に収録）

少年のころから寝る前に、その日の出来事を振り返り、自分に親切にしてくれた人々に対して合掌し、感謝の気持ちを示していたのです。人に優しくされることに、人並み以上に深い感謝の念を抱いていたことが伝わってきます。

こうした習慣から、川端は他人の愛情を本質的に、そして敏感に深く受け止めました。

その半面、人の愛情の怖さも知っていたのです。

◯自宅を訪ねてきた女性編集者をじっと見つめ続けて泣かす

一般的な少年とは異なる経験を重ねてきたことから、川端の作品には、ほかの作家が描く男女の恋愛や人間関係とは異なる〝変態的〟ともいえる偏った世界観が描かれています。

1つには〝処女崇拝〟の傾向が強かったということが挙げられます。代表作『眠れる美女』『伊豆の踊子』など、いくつかの作品では「処女性」をテーマの1つにしています。

女性に対する思いは強いものの、男女の関係になってしまうのが怖い。「実際に触れて性関係を結んでしまうと、何かが壊れてしまう」と強く怯えているようなところがあるのです。

実際、川端の女性との距離のとり方は、ある種独特のものがありました。「女性編集者を泣かせた」という有名なエピソードでは、編集者が鎌倉の川端邸を遠くから訪れたにもかかわらず、元来無口な川端は何もしゃべらず、ギョロッとした目でじっと彼女を見ているだけ。

大御所作家にずっと見続けられるという緊張感に耐えられなくなったその女性編集者は、ついに泣き出してしまいます。

驚くのは、それを見た川端が、とくにフォローするでもなく、「どうかしましたか?」と疑問を呈したというのです。

○ストーカーを扱った異色の〝変態小説〟

川端康成というと、学校の教科書に作品が載るノーベル賞作家だということもあり、なんとなく高貴で美しく、ピュアな作品を漠然とイメージするもしれません。

しかしその実、男女の関係にしても、出会い、愛し合い、お互いに求め合うというふうな一般的な関係にはない、まったく違った世界観を描きました。

どういうことかというと、自分にとって美しい者を一方的に追いかけるという〝非対称的な関係性〟を描くことが多いのです。

ところが、どんな変態的でいびつな恋愛像であっても、川端という天才的な文豪の手にかかると、限りなく美しく描かれてしまうのが、さすがにノーベル賞作家のすごいところです。

たとえば、長編小説『みずうみ』では、現代でいう「ストーカー」を扱った異色の変態性を描いています。

主人公の桃井銀平は、高等学校の教師でしたが、教え子との恋愛事件を起こして教職を追われます。銀平は足の指が曲がっており、その醜さが強調されているのですが、美しい少女を見ると憑かれたように、あとをつけるという異常な行動を繰り返します。

気に入った美しい女性を見かけると、あとを追ってしまう奇行癖のある銀平が、ある少女の美しい黒目のなかの「みずうみ」を裸で泳ぎたいと願う物語なのです。

どうでしょう、なかなか変態的な観点ですよね。銀平の行動は、まさにストーカーそのもの。美しい女性を見つけては、とにかくつけ回すのです。川端は、このように描写しています。

「この時も、柴犬をひいた少女が一人、坂の下からあがって来るだけだった。いや、もう一人、桃井銀平がその少女の後をつけていた。しかし銀平は少女に没入して自己を喪失していたから、一人と数えられるかは疑問である」

『みずうみ』(新潮文庫)

この作品が発表された昭和29（1954）年当時、「ストーカー」という言葉はありませんでしたが、その概念は現代のストーカー行為と同じです。

そんな作品にもかかわらず、川端の圧倒的な筆力によって描かれる世界観は、本来はあってはならない共感すら呼び起こすのですから恐れ入ります。

◯勃《た》たなくなった老人たちの会員制秘密クラブ

「セックスフレンド」ならぬ、一緒に横になり添い寝するだけの相手のことを「添い寝フレンド」（俗称・ソフレ）といいますが、川端にはそのソフレをテーマにした中編小説『眠れる美女』もあります。

三島由紀夫が「熟れすぎた果実の腐臭に似た芳香を放つデカダンス文学の逸品」と評した名作です。ちなみに「デカダンス」とは「退廃」という意味です。

舞台は、男性としての機能をなくしてしまった（つまりアソコが勃たなくなった）老人たちが集まる秘密クラブ。会員制の宿に入り、ビロードのカーテンをめくると、その向こうには睡眠薬で眠らされた美しい女性たちが横たわっています。

眠れる美女を、愛撫しても抱きすくめてもいい。しかし、性行為に及んではいけないというのが、この会の鉄則です。

主人公の老人は、静かな寝息を立てている娘の横に添い寝し、過去に触れ合った女性の体を思い出します。唇、うなじ、乳房、手首、脇腹、そして口から発する匂う吐息、肌の感触についての精緻な描写は、さすがの筆力としか言いようがないほどのリアリティがあります。

川端作品の特徴は、相手とのいかなる感情的な交流も愛の葛藤も、一切排除されていること。性的な交わりもなく、恋愛や性をテーマにした文学作品のなかでも、異色の存在です。

ここまで深く〝偏愛〟を追究した作家は、川端をおいてほかにいないといっても過言ではありません。だからこそ私は、川端こそ究極の「愛の専門家」だと思うのです。

川端康成のおすすめ著作

○『雪国』(新潮文庫)

「国境の長いトンネルを抜けると雪国であった」という書き出しで有名。新緑の山を降りて温泉町をふらりと訪れた青年は、芸者・駒子と男女の仲になっていくものの……。ピュアなラブストーリーのように見せかけて、次第に独占欲を抑えられなくなっていく駒子の様子が見どころ。愛情も一歩間違うと狂気的で恐ろしいものになってしまうと思い知らされる、美しくもおどろおどろしい描写は、さすが川端としか言いようがありません。

○『伊豆の踊子』(新潮文庫)

出世作。孤独な東京のエリート学生が伊豆を旅し、旅芸人の一座と出会う。当時、卑しい存在としてみられ、蔑まれていた踊子の少女と、少しずつ心を通わせていく。注目してほしいのは「美」と「醜」の対比です。ゴミまみれの部屋に埋もれ、ほとんど死人のように生きる老人の姿が、とことんグロテスクに描写されたかと思えば、今度は踊子のパッと花が咲いたような美しさが描かれる。このコントラストこそが、川端文学の醍醐味です。

○『たんぽぽ』(講談社文芸文庫)

晩年に書かれた未完の長編小説。主人公の女性は、愛する人の姿が見えない架空の病「人体欠視症」にかかり、精神科に入院しています。恋人の姿を見ることができず、肉体的に触れ合うことも、もちろん性的交流もありません。孤児として育ってきた川端が最後までとり組み続けた「愛とは何か」という問い。川端作品のなかではマイナーですが、富岡イチオシです。

話題の引き出し★豆知識

「ギョロッとした目」は武器!?　眼力で泥棒を追い返す

川端の外見的特徴といえば、やはりそのギョロッとした大きな目です。借金をしたいときには、菊池寛の自宅に行き、黙ったまま1時間ほど見つめていたという逸話もあります。また、自宅に泥棒が入ってきたときも、なんとそのギョロッとした大きな目で泥棒を見つめていただけでした。川端と目が合った泥棒は、あまりの眼力に思わず「ダメですか?」と聞いてしまい、結局は何も盗らずに出ていったそうです。

谷崎潤一郎

谷崎潤一郎（たにざき・じゅんいちろう　1886〜1965年）

東京生まれ。東京帝国大学国文学科中退。代表作は『刺青』『春琴抄』『細雪』『陰翳礼讃』など。日本橋で商売を営む家庭に長男として誕生。幼少期から優秀で、散文・漢詩の才能もずば抜けていたという。父の商売がうまくいかなくなったことで進学が難しくなり、住み込みで家庭教師をやりながら東京府立第一中学校（現・東京都立日比谷高等学校）に通った。東大在学中の明治43（1910）年、同人誌・第2次『新思潮』を創刊。小説『刺青』が話題となる。学費が払えなくなったことで東大を中退するが、作家として活動を開始。以後、第一線で活躍し続けた。72歳で右手が麻痺して執筆が困難になるが、79歳で前立腺肥大症により亡くなるまで、口述筆記で執筆活動を続けた。

究極のドMか？ 虐待されるのを喜ぶマゾヒズムの神様

○正式な結婚だけでも3回で〝3姉妹どんぶり〟をした？

谷崎潤一郎は、異常ともいえる女性遍歴を誇ります。〝正式な〟ものだけで生涯3回結婚していますが、初婚は大正4（1915）年、29歳のときでした。

当時、谷崎には惚れた女性がいました。東京・向島の元芸者で、料理屋「嬉野」を営んでいた「お初」です。

ところが谷崎は、そのお初ではなく、向島で芸者をしていた妹の石川千代と結婚したのです。それというのも、お初には料理屋の後援者である愛人がいたため、お初は自分の妹である千代を谷崎に紹介したのでした。

そんなエピソードからも想像できるように、お初は自由奔放な女性でしたが、妹の千代はお初とは逆の性格で、物静かで古風なタイプでした。

谷崎は惚れた女性の妹、それに性格が逆の千代と結婚します。なんとも奇妙な話ですが、そこが谷崎の変質的なところです。

結婚した2人は、神奈川・小田原に引っ越しますが、すぐに谷崎は千代への興味を失い、自宅に寄りつかなくなってしまいます。きっと、もともと好きだったお初とは逆で、地味な性格に馴染めなかったのでしょう。

今度は、お初と性格の似た妻・千代の妹・せい子に入れ込み、同棲し始めたのです。

つまり、谷崎はまず長女・お初に惚れ、次に次女・千代と結婚、さらに三女・せい子と同棲するに至ったのです。

3姉妹の次女・三女に手を出したということは、ここまでくると長女にも手を出していたのでは？　と勘ぐりたくなりますが……。

しかも三女・せい子は、当時15歳でした。そのせい子は、谷崎の代表作『痴人の愛』のヒロイン・ナオミのモデルなのです。自由奔放な魔性の女・ナオミが自分に惚れた中年男をいたぶる様は「ナオミズム」と呼ばれ、世間の話題をさらい、小説は大ヒットしました。

◯文豪によるドロドロの「ダブル不倫」が世間をザワつかせる

谷崎の女性遍歴は、これだけにとどまりません。ここからは人間関係が複雑に入り組んできます。

谷崎の後輩に佐藤春夫という作家がいます。この佐藤が、谷崎と結婚したものの早々に見捨てられた千代が暮らす小田原の家に、大正9年（1920年）ごろから訪れるようになります。

実は、千代が谷崎から暴力を振るわれる場面に遭遇したこともあり、千代の相談相手になっているうちに肉体関係へと発展したのでした（よくあるパターンかもしれませんね……）。

佐藤も既婚者でしたが、千代との関係が深まったことから、最終的に離婚して、谷崎と別れた千代と結婚します。

そして、谷崎・佐藤・千代の3人は、昭和5（1930）年に、なんと連名で離婚と結婚を世間に報告しました。

すると、これが〝大炎上〟してしまったのです。

○後輩に妻を譲ることになったので、どうぞよろしく

これは「細君譲渡事件」として、社会的に大きな話題を呼びました。「細君」とは、「自分の妻」を指す言葉ですから、「細君譲渡事件」とはつまり〝自分の妻を譲渡した事件〟という意味になります。

谷崎・佐藤・千代の3人は連名で印刷物を作成して、次の内容を関係者に配布したのです。

「我ら三人、この度合議を持って、千代は谷崎潤一郎と離別いたし、佐藤春夫と結婚いたすことに相なり」

まあ簡単にいえば、「不倫していましたが、谷崎潤一郎は、佐藤春夫に妻を譲ることになり、全員それに納得していますので、みなさん、そういうことでどうぞよろしく」と世間に発表したわけです。

これが新聞でも大きく報道され、「細君譲渡事件」として社会に衝撃を与えたのでした。

可哀想だったのは、谷崎と千代の娘・鮎子です。彼女は母親に引きとられましたが、スキャンダルの影響から、当時通っていたエリート校「清心女学校」を退学せざるを得なくなりました。

「細君譲渡事件」は、日本の文学者たちのモラルの低さを象徴する事件だと批判もされ、世間を大いに騒がせたのです。

谷崎の作品には、ある種の「魔性の女」に翻弄される主人公を描いたものも多く存在します。

マゾヒズム的な要素も強いので、女性についていく従順な人物なのかと思いきや、実生活においては「3姉妹事件」や「細君譲渡事件」にも象徴されるように、女性に対して超エゴイスト的な面も強かったようです。

○彼女の足の重みに悲鳴を上げたい――究極の足フェチ老人小説

谷崎の性に対する執着は晩年になっても衰えることなく、75歳で執筆した傑作長編『瘋癲老人日記』では、老人の「性と死」、いわば〝老人の狂い咲き〟を書きました。「瘋癲」は「ふうてん」と読み、精神状態が正常でない人のことを指します。

主人公の77歳の老人は、うんと年が離れた息子の妻に性欲を抱き、彼女の脚に異常な執着をみせます（これまたすごい切り口です）。自分のことを「予」と称しているところにも、独特の人間性を感じさせます。

老人は自らの死が迫っていることを意識し、ついには彼女の「足型」を自分の墓石に掘り、その土の下に自身の骨を埋めることを夢見るようになります。

死後、彼女の美しい足に踏んでもらえるなら本望だと、ものすごい執念と足フェチぶりなのです。

谷崎自身、死期が迫っていると感じていたのでしょうか。死とエロスに対する最後の試みともいえます。

◯マゾヒズムとエゴイズムの2極性

『瘋癲老人日記』は谷崎最後の作品となりましたが、これは口述筆記で完成させられました。晩年には手が自由に動かなくなっていたため、執筆できなくなっていたのです。

そのため、担当編集者の助けを借り、最後まで走り抜けたわけです。ちなみに担当編集者は、女性でした。

谷崎は結局79歳で亡くなりましたが、若いころから小説を書き始め、休むことなく、半世紀以上にわたって執筆を続け、〝文壇の長距離ランナー〟のような存在でした。執筆活動は「狂気」ともいえるほどの情熱と精力を持ち、すべてエロス小説を生み出すことに費やされました。

作品によって、漢語から俗語、方言までを書き分ける軽妙洒脱な文体と巧みな語り口には、脱帽させられます。

魂の深みにまで突き刺さる谷崎の文章は、急いで読み飛ばすのではなく、一言ひとこと、ゆっくり、じっくりと味わってもらいたいと思います。

谷崎潤一郎のおすすめ著作

○『刺青』(『刺青・秘密』新潮文庫に収録)

24歳のときに書かれた実質的なデビュー作。江戸時代、ある腕利きの彫物師は「光り輝くような女の肌に彫り込みたい」という人知れぬ宿願を持っていました。彼はついに理想とする美しい少女を見つけ巨大な蜘蛛の刺青を彫りますが、刺青によって内なる妖艶さが引き出されてしまい、予想外の展開に。面白いのは、この彫物師が理想の女性を探す判断基準は「足」だということ。谷崎の足フェチっぷりが存分に発揮された、エンタメ性も高い作品です。

○『痴人の愛』(新潮文庫)

30代の男・譲治が、コケティッシュな魔性の少女・ナオミを育て「理想の女性」にしようとする話。ナオミは次第に譲治の期待を裏切り、自由奔放に振る舞うようになりますが……。ヒロイン「ナオミ」のモデルは、1人目の奥さんの妹・15歳のせい子だと言われています。

○『細雪』(上・中・下、新潮文庫)

後期の代表作。大阪の四姉妹を描いた長編小説です。1923(大正12)年の関東大震災を契機に谷崎は関西へ移住し、それが作風に大きな転機をもたらしました。本作では戦前の上流階級の生活や価値観が非常に優雅で洗練された文章で表現されています。また、登場人物たちの会話が大阪の商人が使っていた「船場言葉」で書かれている点も見どころです。

話題の引き出し★豆知識

「あなたの忠実な下僕になる」と誓った理想の女性

谷崎は生涯3回結婚していますが、3人目の妻・松子こそ、谷崎にとって真のミューズ(女神)だと言われます。谷崎は当初、2人目の妻・丁未子《とみこ》と離婚しておらず、松子も人妻でした。つまり、ダブル不倫だったわけです。大阪・船場の豪商夫人の松子は、夫の素行の悪さに悩み、谷崎と恋に落ちました。谷崎は松子との結婚に際し、「あなたは追い求めていた究極の女性、自分は忠実な下僕になる」などと綴った"誓約の手紙"を書き、さらに「私には、崇拝する高貴な女性がなければ、思うように創作ができないのでございます」とも書いています。松子への愛、谷崎のマゾヒズムが垣間見えます。

与謝野晶子

与謝野晶子（よさの・あきこ　1878〜1942年）

大阪生まれ。本名・与謝野志やう、旧姓・鳳。堺女学校（現・大阪府立泉陽高等学校）卒。代表作は『みだれ髪』『君死にたまふことなかれ』など。歌人・詩人であり、平塚らいてうが創刊した雑誌『青鞜』に参加し、女性解放運動に貢献した。老舗の和菓子店を営む家に3女として生まれたものの、後妻の子のため抑圧されて育つ。10代後半から和歌を雑誌に投稿するようになり、明治34（1901）年に発表した歌集『みだれ髪』で一躍有名に。大ファンだった歌人・与謝野鉄幹の追っかけになり、猛アピールして結婚。人並み外れた行動力で大正期の文学の発展に大きく寄与した。晩年は脳出血により半身不随に。昭和17（1942）年に症状が悪化し、尿毒症を併発して63歳で死去。

底しれぬ行動力で略奪愛？「推しの男」と結婚した女

○猛烈なアタックで〝不倫略奪婚〟に成功

歌集『みだれ髪』で有名な大歌人・与謝野晶子は、近代日本の文学界において代表的な女性作家ともいえます。

そんな晶子は、実は「この人！」と思ったら猛烈に追いかけ続ける情熱的な女性でもあります。20歳のときに惚れ込み、追いかけたのは、当時人気だった歌人・与謝野鉄幹でした。

明治31（1898）年、読売新聞で鉄幹の短歌を知り、晶子は強い憧れを抱きます。現代風にいえば鉄幹は、晶子にとっての「推し」になったわけです。

それから2年後、明治33（1900）年、鉄幹が関西で講演をするという情報を耳にした晶子は、鉄幹に会いに行きます。

鉄幹は関西に11日間滞在したのですが、その間、晶子は5回も会いに行っています。心惹かれてどうしようもなかった鉄幹に会い、生の声を聞いた晶子は、「自分にはもうこの人しかいない」と確信したかのように、猛アタック。鉄幹の追っかけファンになりましたが、これが実を結び、1年ほどで鉄幹と一緒になるのです。

しかし、鉄幹には妻子がいました。それでもめげずに口説き落とした晶子による〝不倫略奪婚〟だったのです。

○略奪婚のプロセスが『みだれ髪』を生み出した!?

晶子のものすごく情熱的なアタックが鉄幹を動かしたわけですが、鉄幹はもう1つ問題を抱えていました。

鉄幹が発行していた文芸誌『明星』の運営資金のかなりの部分を、義父、つまり妻の父親に出資してもらっていたのです。

妻と別れてしまうと、雑誌の運営資金難になってしまいます。しかも、鉄幹は相当な〝女好き〟でもありました。人気歌人だった鉄幹をライバルたちが貶めようとしたのか、いろいろと悪評が立ち、怪文書までばらまかれる始末だったのです。

さまざまな障害が立ちはだかりましたが、結局2人はなんとか一緒になりました。教科書にも載る晶子の歌集『みだれ髪』は、実はこうした〝不倫略奪婚〟のプロセスが生み出したものなのです。

「情熱の歌人」とも呼ばれた与謝野晶子の自信に満ちた若き女性の表現の自由さ。そこからにじみ出てくる愛情の深さとエロスが、当時の人々を驚かし、振れ幅の大きい毀誉《きよ》褒貶《ほうへん》の嵐にさらされたのです。

◯自分の性欲を歌にしてこっぴどく叩かれる

不倫略奪婚をするばかりか、それをネタにして歌集を出したのですから、世間から温かく受け入れてもらえるはずもありません。

女性作家が、自身の恋愛感情や性について開けっ広げに書いてしまったということもあり、『みだれ髪』は世間からものすごくバッシングを受けます。

たとえば、当時の有名な歌人・佐佐木信綱は、『みだれ髪』が発表されて早々、歌誌『心の花』の書評欄でこんな批判を浴びせています。

「此一書は、猥行醜悪を記したる所多し人心に害あり世教に毒あるものと判定するに憚らざるなり」

これはもうとんでもない淫行書であり、毒でもあり、人心を乱しているというのです。「人心に害あり」とまで書かれるとは、罵詈雑言ともいえる評価を下しているわけです。そこまでこっぴどく叩かれるなんて、どんなすごいことを書いたのかと思われるかもしれませんので、『みだれ髪』から1首紹介してみましょう。

「柔肌の熱き血潮に触れもみで悲しからずや道を説く君」

「柔肌に熱い血潮、私の体を前にして、私を抱かずに文学や短歌のありようを物語るあなたは、寂しくないのですか?」と鉄幹に問いかけているのです。

おそらく、鉄幹と最初に会ったころのことを描いているのでしょう。鉄幹は自分より偉い立場にある短歌の先生ですから、人前に出る機会があれば、若い女性のファンが大勢やってきました。それに対して、鉄幹は文学や短歌のありようを、鼻の下を伸ばしながら語っていたのかもしれません。

そうやってチヤホヤされている鉄幹に対して、晶子は猛烈に嫉妬し、「あんた何やってんのよ、はやく私と寝てよ」と、いわばそういうことを伝えたかったわけです。

現代の感覚からすれば、エロスやセックスを作品のテーマにするというのは、たいしておかしなことではありませんが、『みだれ髪』が発表されたのは明治34（1901）年のこと。若い女性が、自分の性欲を言葉にするなど考えられない時代だったのです。

いまでは赤裸々な性体験をエッセイなどに書く女性作家も増えていますが、晶子はその草分け的存在といえるかもしれません。

◯夫・鉄幹のトンデモエピソード「バナナ事件」とは？

結婚後、晶子と鉄幹は情熱的な日々を送ります。なんと子を13人も授かったのです。そのうち1人は死産、もう1人は夭逝していますが、晶子は11人を育て上げます。

鉄幹にはさほど収入がなかったため、貧乏子だくさんの状態でしたが、晶子は貧しいなりに子どもたちに教育を施しました。晶子自身が物語を創作し、夜、子どもたちを寝かしつけるときに、枕元で聞かせたのです。

一方、鉄幹の女たらしは治まりませんでした。当時勤めていた学校の教え子だった17歳の女生徒と男女の仲になってしまうというあり様です。そのほかにも、弟子の女性に手を出したこともありました。

与謝野夫妻には「本当にそんなことあったの⁉」と疑いたくなるようなエピソードも多いのですが、そのなかでも代表的なのは「バナナ事件」です。

日露戦争が終わり大正時代に入ったころ、日本には西洋列強に並ぶくらい近代化の波が押し寄せました。これは自由と個性を尊重した「大正リベラリズム」とも呼ばれますが、自由な気風も高まってきたタイミングで、鉄幹がある雑誌の特集に登場します。

それは『相対』という医学誌……のふりをした、作家たちの性体験の取材記事を集めた雑誌で、のちに「猥褻物」として警察に押収されるほどの卑猥な内容でした。

その雑誌で鉄幹が、こんな話をしたのです。

「晶子の膣（性器）にバナナを挿入して、翌朝とり出して食べましたよ」

この妻にしてこの夫ありという感じでしょうか。

◯日本初となる男女共学の学校を創設する

そんな奇想天外な与謝野夫妻ではありますが、株の上がる話もあります。

大正10（1921）年、晶子が43歳のとき、夫・鉄幹のほか、建築家・西村伊作や美術評論家・石井柏亭とともに、東京・神田に日本初の男女共学の平等教育を行う「文化学院」を創設しています。

272ページの平塚らいてうでも触れていますが、当時の学校は男子のためのもの。女学校も「良妻賢母」を育てることがおもな目的でした。そこにもっと自由な女性像を求め、平等教育を持ち込み、リベラルな校風の学校を創設したのです。

与謝野夫妻も自ら教壇に立ったほか、川端康成、芥川龍之介、小林秀雄など、本書で紹介している文豪たちも教壇に立ちました。

文化学院は平成30（2018）年に閉校しましたが、時代を確信的に変えた〝伝説的な学校〟といっても過言ではありません。

はちゃめちゃなトラブルも多数起こしてきた与謝野夫妻ですが、大正時代の自由なムードを醸成する一助になったのは、間違いありません。

与謝野晶子のおすすめ著作

○『みだれ髪』（新潮文庫）

22歳のときに刊行したデビュー作。情熱的な愛の歌を中心に構成された歌集です。晶子は猛アタックの末、鉄幹と一緒になったのですが、鉄幹にはもともと妻子がいました。お金の問題などもあり、なかなか前妻と縁が切れない鉄幹に「いつまで待たせるの?」とやきもきする晶子の感情がストレートに描かれています。

○『与謝野晶子の源氏物語』（上・中・下、角川ソフィア文庫）

晶子は紫式部による平安時代の古典文学『源氏物語』の現代語訳に3度もチャレンジしています。2度目に翻訳したものは、関東大震災で燃えてしまうなど、トラブルに見舞われましたが、17年の歳月をかけて全54帖を完訳。それまで難解なイメージを持たれていた『源氏物語』がここまで一般に普及するようになったのは、読みやすく現代語訳した晶子の影響が大きいと言われています。

○『与謝野晶子評論集』（岩波文庫）

女性解放運動にも貢献した晶子の評論27篇を集めた作品集。晶子は歌人として活躍しただけではなく、社会的な問題にも鋭い視線を向けてきました。本書には『君死にたまふことなかれ』を始め、女性の権利や教育問題、結婚、戦争など、さまざまなテーマについての論考が収録されています。女性の自立や自由を求める姿勢が随所に見られ、文章からも晶子のエネルギッシュな人柄が伝わってきます。当時の社会に対する晶子の革新的な考えがうかがえる内容です。

話題の引き出し★豆知識

日露戦争で徴兵された弟

明治37（1904）年から明治38（1905）年まで続いた日露戦争。約100万人もの兵士が動員され、陸軍の統計では、日本軍の戦死者は約8万4000人とされています。そんな日露戦争に、晶子の弟も出兵しました。「どうかお願いだから死なないで」という思いを込めた詩が『君死にたまふことなかれ』であり、日露戦争の最中に文芸誌『明星』で発表されました。ちなみに、晶子の弟は無事に戦争から帰還し、63歳で亡くなったそうです。

田村俊子

田村俊子（たむら・としこ　1884〜1945年）
東京生まれ。本名・佐藤とし。日本女子大学校国文科中退。代表作は『木乃伊の口紅』。浅草の商家に生まれ、明治の女子教育のはしりであった東京女子高等師範学校附属高等女学校（現・お茶の水女子大学附属中学校・附属高等学校）に入るものの、1年も経たずに退学。文芸界の重鎮であった幸田露伴の門下生となる。執筆活動と並行し、「花房露子」という芸名で俳優デビュー。雑誌『青鞜』に、一夜をともにした男女の姿を鮮烈に描いた『生血』が掲載され話題に。ろくに働かず文学修業ばかりしている夫・田村松魚に呆れ、不倫をしてスキャンダルに。海外生活が長く、夫と別れたあとは18年カナダで、晩年は中国で暮らした。昭和20（1945）年、上海で脳溢血により倒れ、60歳で死去。

不倫、ヒモ男、19歳の年の差恋愛……自由奔放な恋愛遍歴の行く末は？

◯10歳年上の売れない小説家と事実婚するも離ればなれ

男性作家が圧倒的に多かった時代、女性作家としての道を堂々と切り拓いていったのが田村俊子です。彼女の存在が、その後の女性作家たちの励みになったのは間違いありません。

令和3（2021）年に99歳で亡くなった作家で僧侶の瀬戸内寂聴が、長い時間をかけて評伝『田村俊子』を書きましたが、そこまで時間と労力を費やして先駆者である俊子を追った気持ちは、なんとなくわかる気がします。

「師と仰ぐ人について徹底的に書いてみたかった」という気持ちが、きっとあったのでしょう。「こんな人がいるんだから、自分も大丈夫」と思わせてくれる力が、俊子の人生にはあるのです。

田辺聖子、吉本ばなな、山田詠美など、1960～1980年代にかけて女性作家が一気に増え、活躍するようになりましたが、その原点となるのが、俊子だといっても過言ではありません。

俊子は、『五重塔』『運命』などで有名な文豪・幸田露伴の門下生・田村松魚《しょうぎょ》と事実婚の関係にありました。

松魚は明治7（1874）年の生まれで、俊子より10歳年上。俊子が18歳のときに一緒になりますが、松魚は小説家として食べていけるようになる前、「文学修業」と称して俊子を残して渡米してしまいます。

その後、松魚は6年間もアメリカに滞在しました。その間、俊子はひたすら帰りを待ち続けることになったのです。

○うだつの上がらない夫に請われ懸賞小説に応募

松魚が帰国すると、ともに暮らし始めますが、松魚は依然としてあまり仕事をせず、収入もありません。そこで松魚は、「俊子は文才があるから小説を書いて文壇にデビューしろ」と促し、「大阪朝日新聞」の懸賞小説に応募させます。

松魚に頼み込まれての創作でしたが、俊子は『あきらめ』という作品を書き上げ、明治44年（1911）年、27歳のときになんと第一等を受賞し、新聞に連載されるようになったのです。

この成功により文壇デビューした俊子は、その原稿料で生計を立てられるようになります。長らく文学修業をしていた夫・松魚は、いつまで経ってもうだつが上がらないまま、俊子のほうが人気作家になってしまったわけです。

その後、俊子は昭和20（1945）年に亡くなる直前まで、長らく作家として活躍し、数多くの作品を残しました。

女性で初めて紙幣の肖像に採用された146ページで紹介する明治の女性作家・樋口一葉は、内職で家計を支えながら、秀作を紡ぎ出して24歳で逝きましたが、作家として生計を立てられたとはいえません。一方、俊子は作家として生計を立てました。

そうしたことから、「樋口一葉ではなく田村俊子こそ、最初の女性職業作家だ」という専門家もいます。24歳という若さで肺結核により早世した一葉が、多くの作品を書いたのは1年2カ月の間だったのに対し、明治末期から昭和にかけて、長年にわたり職業作家として活躍した女性作家は、俊子が初めてだからです。

◯2歳年下の朝日新聞記者とカナダへ〝ダブル不倫逃避行〟

俊子の書く文章は、匂い立つような生々しい描写力が際立ちます。

たとえば、平塚らいてうが発行した雑誌『青鞜』へ寄稿した短編小説『生血』では、一夜をともにした男女が翌朝、宿で目を覚ましたときの、どことなくしまりがなくて億劫な感じのする気だるさが見事に表現されています。


「生臭い金魚の匂ひがぼんやりとした。

何の匂ひとも知らず、ゆう子はぢつとその匂ひを嗅いだ。いつまでも、いつまでも、嗅いだ。

『男の匂ひ。』

ふと思つてゆう子はぞつとした。そうして指先から爪先までちりちりと何かゞ傳はつてゆく様に震へた。

『いやだ。いやだ。いやだ。』

刃を握つて何かに立向ひたい様な心持――昨夜からそんな心持に幾度自分の身體を掴

みしめられるだらう」
『生血』（『田村俊子全集 第2巻［明治44〜大正元〈1911〜1912〉年］』ゆまに書房に収録）

男の匂い、金魚の匂い――まるで自分がその場にいるかのような臨場感です。この時代にここまで書いて「よく検閲に引っかからなかったな」と思うほどの官能的なムードを漂わせます。

こうした見事な表現力で次々と読者の心をつかんでいった俊子の作家人生は、順調に進むかに見えました。しかし、夫・松魚との暮らしに、トラブルが生じ始めます。

執筆活動で収入が増えたものの、浪費癖が家計を圧迫したのです。そもそも俊子は、ものすごく金遣いの荒い人でした。もとより夫・松魚が働かないため収入もありませんから、俊子の不満は積もり積もっていきます。

その結果、作家としてスランプに陥り、「何もかも捨てて遠くへ行きたい」という思いが募っていったのです。

2歳年下の朝日新聞記者・鈴木悦が現れたのは、そのころでした。鈴木には家庭があり、俊子にも夫・松魚がいましたが、2人は恋に堕ち、なんとカナダへ〝ダブル不倫逃避行〟をしたのです。

俊子は日本を捨て、鈴木とともにバンクーバーへと移住してしまいます。

バンクーバーには当時、多くの日本人移民がおり、日本語の新聞も発行されるなど、生活には困らない環境が整っていました。そんな現地の邦字紙『大陸日報』の編集に鈴木は携わり、俊子もその活動に参画しながら生活するようになったのです。

○54歳で19歳年下の知人作家の夫と不倫、その経験を小説で暴露

ところが、昭和11（1936）年、鈴木が亡くなります。そこで俊子は18年ぶり、52歳のときに日本へと帰国します。

人気作家として名を馳せていた俊子は、日本で執筆活動を再開するだろうと期待され、原稿のオファーが殺到しました。しかし、どうしても、かつてのようにはうまく書けない、筆が進まない……俊子は、ふたたびスランプに陥ってしまったのです。

大正6（1917）年のロシア革命の影響を受けた日本の「プロレタリア文学」の代表的な小説家・小林多喜二が、昭和8年（1933）年に警察によって虐殺されたこと

もあり、このころは日本でも社会主義運動が盛んになっていました。

そして、女性作家のなかにも、労働者の現実を描いたプロレタリア文学に関わる人が現れました。戦後も活躍した佐多稲子などが、その代表です。『キャラメル工場から』は、プロレタリア文学の代表作とされる名篇ですが、稲子はカナダでの経験を経て、満を持して戻ってきた俊子にも、大いに期待を寄せていたようです。

では、俊子はどうやってスランプを乗り越えようとしたのか？

ここがさすがに文豪というべきか、びっくりしてしまうところなのですが、あろうことか俊子に期待していた稲子の夫であり、19歳年下の評論家・窪川鶴次郎と不倫の恋に堕ち、その経験を小説『山道』に書いてしまうのです。

結局その後、俊子は日本を離れて、当時、日中戦争によって日本が占領していた中国にわたります。そして昭和17（１９４２）年、中国語の女性誌『女声』を創刊し、昭和20（１９４５）年に上海で亡くなるまで中国で過ごします。

◯中国でホテル代が払えなくなり、ファンにせがむ

俊子の晩年について、さまざまな人の証言や思い出を振り返ると、その〝リアルな人

となり〟が浮かび上がってきます。

昭和14(1939)年前後のこと、当時中国に住んでいた俊子は、南京や北京を転々としていました。そんなあるとき、北京に留学していた若い日本人女性が、俊子と知り合います。

その留学生は、俊子が日本に帰国した際の歓迎パーティーで会い、大いに感銘を受けていたのです。そんなことから、2人の会話は盛り上がり、仲よくなりました。

その留学生が北京に滞在したときのことです。俊子の滞在先である高級ホテルの部屋を訪ねました。そしてドアをノックすると、「どうぞ」という俊子の声が聞こえ、心が弾んだといいます。

部屋に入ると、俊子はベッドに横たわっており、留学生の彼女を見てにっこりと笑い、「あんた、どこに行ってたの。お金ある? ホテル代が溜まってるから払ってくれない?」とせがんだそうなのです。

俊子は新聞社の特派員として中国にわたり、あちこちで歓迎されていたようです。滞在は短期間の予定だったものの、各地での歓迎により長居してしまいホテル代がかさみ、困っていたのです。

そんなふうに思うがままに生きた俊子でしたが、昭和20（1945）年4月13日、戦争終結の年に上海で脳溢血により倒れ、60歳で客死します。

大正期の文壇を驚かせ、従来の女性像をひっくり返した俊子。自由奔放に生き、国境を越え劇的に生涯を終えた女性作家でした。

俊子は、私が住む鎌倉の東慶寺にある墓に眠っています。俊子の墓は昭和26（1951）年4月の7回忌に岡田八千代、湯浅芳子、佐多稲子ら「田村俊子会」によって建てられたものです。

田村俊子のおすすめ著作

○『生血』（『田村俊子全集 第2巻［明治44〜大正元（1911〜1912）年］』ゆまに書房に収録）

『青鞜』創刊号に掲載された短編小説。夏の蒸し暑い日、宿で一夜をともにした男女。朝のシーンから始まり、その後街に出て「浅草花やしき」の見世物小屋に行くなど、男女の何気ないやりとりが描写されているだけなのですが、五感を刺激する鮮烈な描写がすごい。一文一文を噛み締めながら読んでほしいです。

○『木乃伊の口紅』（『あきらめ、木乃伊の口紅 他4篇』岩波文庫に収録）

夫・田村松魚との結婚生活を素材にし、女性が自己実現を図るための闘いをリアルに描いた作品。芸術家に憧れながらも作家になれず、職探しもうまくいかない男・義男と、それを応援する女・みのる。生活のため、みのるは義男に促され、自身も筆をとってみようとしますが……。『木乃伊の口紅』というタイトルの意図は最後のほうで明かされますが、その鮮烈なシーンに読者は驚かされ、当時も話題になったようです。

話題の引き出し★豆知識

妻になった女性は「無能力者」扱い

明治31（1898）年、明治民法の施行にともなって戸籍法が改正されて「家制度」がとり入れられ、昭和22（1947）年に廃止されるまで続きました。一家の主は年長の男性であり、結婚した女性は、その男性の家に入る。社会に出て一家を守るのは男性であり、妻になった女性は事実上、〝法的無能力者〟として扱われていたのです。そういう時代に、女性作家として自立してお金を稼いでいた俊子は、多くの壁にぶつかったことでしょう。

三島由紀夫

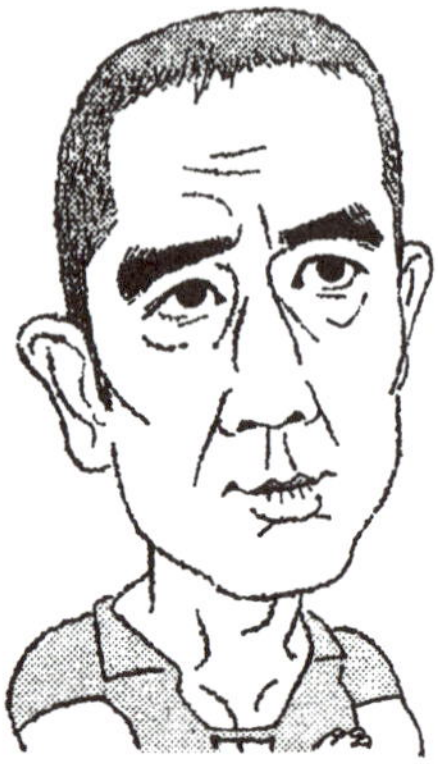

三島由紀夫（みしま・ゆきお　1925〜1970年）
東京生まれ。本名・平岡公威《きみたけ》。東京大学法学部卒。代表作は『仮面の告白』『潮騒』『金閣寺』『憂国』など。祖父は樺太庁長官、父は中央官庁・農商務省に勤める官僚で、裕福な家庭で育つ。学習院初等科に入学するも病気がちで、祖母の影響から読書をして過ごす。父には作家を目指すことを猛反対されていたが、昭和16（1941）年、弱冠16歳にして『花ざかりの森』が国文学雑誌『文藝文化』に掲載されデビュー。東大卒業後は大蔵省に入るが、9カ月ほどで辞めている。多くの作品を執筆し、戦後の日本文学に多大な影響を与え、ノーベル文学賞候補にもなる。昭和45（1970）年、東京の陸上自衛隊市ヶ谷駐屯地に乗り込み、45歳で割腹自殺。

圧倒的マイノリティだった同性愛者の苦しみ

○中学校の職員室を騒然とさせた割腹自殺のニュース速報

昭和45（1970）年11月25日、三島由紀夫が自殺したというニュース速報を当時中学1年生だった私は、学校内で知りました。

間接侵略に備えるための民間防衛組織として三島が主宰した「楯の会」のメンバー4人を引き連れ、東京・陸上自衛隊市ヶ谷駐屯地の「陸上自衛隊東部方面総監室」に、日本刀を持って立てこもり、益田兼利総監の身柄を拘束したのです。

そして、自衛隊が日本国憲法によって否定されていることに対して、憲法改正を主張し、クーデターを起こすよう促しました。

この騒動は「楯の会事件（三島由紀夫事件）」として半世紀以上、語り継がれていますが、なぜそんなことが起きてしまったのかは、いまだに議論が続いています。

実は、私が文学にのめり込んだ大きな要因の1つは、この事件でした。

当時の騒然とした職員室の空気を、いまでも鮮明に覚えています。中学1年生の昼休み、たまたま用事があって職員室を訪れると、教師が総立ちでテレビを見ていたのです。

「三島由紀夫が切腹した」と、職員室はどよめいていました。

◯三島由紀夫と青島幸男を間違えて大誤報を流す

まだ文学に目覚めていなかった当時の私は、「三島由紀夫」という名前すら知りませんでした。そのため、似たような名前で、メディアを通じて全国的に有名だったタレント「青島幸男」が切腹したのだと勘違いしたのです。

ちなみに青島幸男は、放送作家・作詞家・俳優としてマルチに活躍した昭和を代表するタレントで、植木等が歌った『スーダラ節』をヒットさせたり、テレビドラマ『意地悪ばあさん』の主人公を演じたりしてお茶の間の人気者になり、ついには東京都知事も務めた人物です。

急いで教室に戻った私は、クラスの同級生たちを前に「青島幸男が切腹したらしいよ!」と〝大誤報〟を流した記憶があります。

その日の午後、授業をやめて、先生が1時間ほど三島の話をしてくれました。ノーベル文学賞候補にもなった世界的に評価の高い作家だと説明しましたが、さほど興味のない私たち生徒はキョトンとして話を聞いていました。

どうしてそんな作家が自衛隊の駐屯地に乗り込んで、切腹したのか。まったく理由がわからず、非現実的な状況に私の頭は混乱していました。

○三島の切腹をきっかけに文学に目覚める

その後、帰宅してテレビを見ると、どのチャンネルも三島が切腹したニュースばかり。よほど大変なことが起こったのだと、だんだんと実感が湧いてきました。

読売新聞夕刊の見出しにも大きく「三島由紀夫、自衛隊市谷東部総監部で切腹」などと書いてあり、総監室に置かれた生首の写真が公開されるなど、中学1年生の私にはかなりショッキングな出来事として脳裏に焼きつきました。

私は小学生のころから野球に熱中していて、中学1年生のときは、読売巨人軍に入る以外の人生はないと思い込んでいました。

スポーツ少年で文学に触れたことなどほとんどなかったのですが、この事件をきっかけに三島の小説『美しい星』を読んでみたのです。

平凡な4人家族が宇宙人であったことに目覚め、地球の危機に対峙しようとするSF的な設定で、「三島の異色作」と評される小説ですが、三島独特の文章は難しく、最初は読み進めるのに苦労しました。

ストーリーが頭にスッと入ってこなかったのですが、それでも最後まで読んだとき、「なんとなく面白い」という感覚が胸の底に芽生えました。これを機に、一気に三島作品にハマった私は、『仮面の告白』『金閣寺』などをむさぼるように読んだのです。

あの事件がなかったら、おそらく文学者としての道を歩むことはなかったでしょうし、こうして三島について語ることもなかったと思います。

◯三島が書き続けた「死」と「エロス」というテーマ

三島は、満年齢と昭和が重なる昭和元年の生まれです。昭和20（1945）年の終戦時は、20歳の青年でした。昭和の時代とともに生き、45年という短い生涯のなかで、非常に凝縮した作家活動を残し、そして最後は一瞬で逝きました。

三島もまた人間の「性」や「愛」にとり組み続けてきた作家です。

昭和21（1946）年、東大在学中に川端康成の自宅を訪れて以来、三島にとって川端は師匠のような存在でした。また、三島は谷崎潤一郎の作品も愛読し、「エロス」を徹底的に描いてきた大先輩2人の背中を見て文学的に成長をしたのです。

しかし、三島は川端とも谷崎とも異なる「エロス」を表現しました。三島にとってのエロスは、「人間の死」と深く結びついているという点で独自性をはらんでいます。

◯ヒョロヒョロの青瓢箪《あおびょうたん》の〝ヘタレ男子〟

ここで簡単に、三島の作品に大きく影響している「幼少期」を振り返りましょう。

三島は学業優秀だったものの、身体がとても弱く、〝ヒョロヒョロの青瓢箪〟という言葉がよく似合うような子どもでした。

孫を溺愛する祖母が、孫に本を読み聞かせることが多く、外に出て男子の友だちと遊ばせようとしなかったこともあり、運動は苦手でした。

現代風の言葉をあてがうと、〝ヘタレ〟という感じかもしれません。

中央官庁の官僚だった父には、作家を目指すことを猛反対されていましたが、子どものころから小説や詩を熱心に書いていました。

そして、学習院中等科在学中の昭和16（1941）年、弱冠16歳にして短編小説『花ざかりの森』を執筆。学校の先生が文芸仲間の国文学者・蓮田善明に三島の書いた小説を紹介したところ、蓮田は自身が創刊した文芸誌『文藝文化』に掲載し、三島は作家デビューとなったのです。

蓮田は以後も作品をとり上げ、「天才が現れた」と文学界で話題になりました。三島は〝一発屋〟で終わることなく、短編から長編まで、その後も精力的に執筆活動を続けます。

○コンプレックスを払拭するため肉体改造に励む

そんな三島は、東大法学部を卒業し、父親と同じ官僚の道に進んで、大蔵省に入省。しかし、わずか9カ月で退職し、執筆生活に入りました。そのころも〝ヒョロヒョロの青瓢箪〟のままでしたが、20代後半になると肉体改造の意識が芽生えます。

部屋に閉じこもっていた少年時代の延長線上から一転して、太陽の光を受けて肉体を鍛えようという思いが芽生えるようになったのです。

当時はまだ珍しかったボディビルを始め、剣道や空手、さらにはボクシングなども経験。剣道は、警察署の剣道場で稽古し、5段を取得しています。

陸上自衛隊市ヶ谷駐屯地で自決したとき、三島を介錯した後、自らも自決した「楯の会」学生長・森田必勝は、剣道の心得がなく、結局は三島の首を断つことができませんでした。

そこで森田から「浩ちゃん頼む」と日本刀をわたされたのが、剣道の心得のある「楯の会」メンバー・古賀浩靖でした。その古賀が、見事に三島の首を切断。その後の森田の切腹も、古賀が一太刀で介錯したのです。

◯社会的タブーに挑戦して同性愛を克明に描く

三島は、大蔵省を辞めて専業作家となり、長編小説『仮面の告白』を書き上げました。同性に恋する少年を描いたこの小説は、昭和24（1949）年当時はタブー視されていた「同性愛」をおおっぴらに描いた日本初の作品といわれ、大きな話題を呼びました。

少年時代から同性愛の感情を強く抱いていたことを告白するような自伝的な作品であり、ある種の社会的タブーに挑んだわけです。

『仮面の告白』は、主人公が自らの過去を回想する形式がとられていて、性的な自覚を持ち始める過程が描かれています。

少年時代の主人公は、イタリア人画家グイド・レーニが描いた絵画「聖セバスチャン」に描かれた男性の裸体を見て、性的な興奮を覚え、自慰をします。

「その絵を見た刹那、私の全存在は、或る異教的な歓喜に推しゆるがされた。私の血液は奔騰し、私の器官は憤怒の色をたたえた。この巨大な・張り裂けるばかりになった私の一部は、今までになく激しく私の行使を待って、私の無知をなじり、憤ろしく息づいていた。私の手はしらずしらず、誰にも教えられぬ動きをはじめた。私の内部から暗い輝かしいものの足早に攻め昇って来る気配が感じられた。と思う間に、それはめくるめく酩酊を伴って迸った」

『仮面の告白』（新潮文庫）

凄まじい描写力です。自慰のシーンも三島にかかると、こんなに華麗な表現になってしまうとは、さすがです。

○三島が描写した美しすぎるセックスシーン

三島はなぜ、死ななければならなかったのか。そしてなぜ、あのような死に方を選ばなければならなかったのか。その問いに向き合ううえで欠かせないのが、短編小説『憂国』です。

三島自身は、こう自己評価しています。

「一編だけ、三島のよいところ悪いところすべてを凝縮したエキスのような小説を読みたいと求めたら、『憂国』の一編を読んでもらえばよい」

『憂国』解説（『花ざかりの森・憂国』新潮文庫に収録）

昭和11（1936）年に起きた日本陸軍の青年将校によるクーデター未遂「二・二六事件」の背景をもとにしたストーリーで、主人公は新婚間もない青年将校・武山中尉と、その妻・麗子。青年は、事件に関与した反乱将校たちと親友でありながら、反乱軍鎮圧の命令を受け、親友たちを討たねばならないという窮地に追いやられます。

武山中尉はいろいろと悩んだ結果、仲間を討つことはできないし、かといって反乱軍に味方することもできないから切腹をする。自分の切腹を見届けてほしいと、妻・麗子に頼みます。

すると麗子も切腹を見届けたあと、自分も自決すると覚悟を決め、2人は自決する前に「最後の営み」をします。

「麗子は良人のかたわらへ行って、斜めに抱かれた。その胸ははげしく波立ち、悲しみの情緒と喜悦とが、強い酒をまぜたようになった。中尉は妻の顔を眺め下ろした。これが自分がこの世で見る最後の人の顔、最後の女の顔である。（中略）中尉はやがて麗子が自ら刺すだろう白い咽喉元を、何度も強く吸ってほの赤くしてしまった。唇に戻って、唇を軽く圧し、自分の唇をその唇の上に軽い舟のたゆたいのように揺れ動かした。」

『憂国』（『花ざかりの森・憂国』新潮文庫に収録）

死を覚悟した2人の最後のセックスですが、三島らしい美文が続きます。

後半には切腹のシーンがあり、これもまた思わず顔を歪めてしまうほど生々しく、それでもなお美しい言葉が次々と結ばれていきます。

「エロスと死の一致」を追い求め続けた三島は、こう綴っています。

「エロスと大義のとの完全な融合と相乗作用は、私がこの人生に期待する唯一の至福であると云ってよい。しかし、悲しいことに、このような至福は、ついに書物の紙の上にしか実現されえないのかもしれず、それならそれで、私は小説家として、『憂国』一編を書き終えたことを以って、満足すべきかもしれない」

『憂国』解説（『花ざかりの森・憂国』新潮文庫に収録）

『憂国』を書いたのは、三島35歳のときです。自分が45歳で切腹することになるなんて、思ってもいなかったでしょう。

ただ、三島の死への欲求みたいなものは、この『憂国』の解説に書いているとおり、ずっと根底にあったのかもしれません。

三島由紀夫のおすすめ著作

○『美しい星』（新潮文庫）

人間と宇宙人が討論するというユニークなSF小説。物語の中心となる4人家族の大杉家はそれぞれ、人類の未来や地球の運命について悩まされ、やがてそれぞれの信念と現実との折り合いをつける必要に迫られます。私が中学生のとき、初めて読んだ三島作品ですが、最初は「なんだ、これ？」と違和感を覚えました。ところが気がつくと、夢中になってぐんぐん読み進めていました。

○『行動学入門』（文春文庫）

三島が自決する直前に出版された、若い人向けのエッセイ集。「人々は長い一生を費やして一つのことに打ち込んだ人を尊敬するけれども、（中略）一瞬の火花に全人生を燃焼させた人もまた、それよりもさらに的確、簡潔に人生というものの真価を体現して見せたのである」など、三島の人生観・死生観がストレートに綴られたエッセイで、比較的読みやすいので、小説が苦手な人にもおすすめです。

○『豊饒の海』（新潮文庫）

最後のライフワークであり、全4巻からなる壮大な長編小説。第一部『春の雪』から始まり、第二部『奔馬』、第三部『暁の寺』、そして第四部『天人五衰』で完結する本作。面白いのは、それぞれの巻をまたぎ、キャラクターたちが「輪廻転生」していく仕かけ。主人公・松枝清顕を中心に、各登場人物が異なる時代に転生し、それぞれの人生を歩む様子が描かれています。また、清顕の友人であり、物語の観察者とも言える本多繁邦が全巻を通して登場し、転生の謎に迫ります。三島が自決したのは、文学的集大成である本作の最終回を書き終え、入稿したその日だったと言われています。

話題の引き出し★豆知識

「太宰さんの文学が嫌い」とわざわざ本人に言う

三島は『小説家の休暇』というエッセイで「生活で解決すべきことに芸術を煩わしてはならない」と心身をボロボロにしながら小説を書く太宰を批判しています。太宰のいる料理屋にわざわざ会いに行き、「僕は太宰さんの文学が嫌いです」と伝えたそうです。三島の『仮面の告白』と太宰の『人間失格』は文学的共通点も多く、2人はある種、対のような存在。比べられることも多く、太宰のことを強く意識していたのでしょう。

宮沢賢治

宮沢賢治（みやざわ・けんじ　1896〜1933年）

岩手生まれ。盛岡高等農林学校（現・岩手大学農学部）卒。代表作は『銀河鉄道の夜』『雨ニモマケズ』『注文の多い料理店』など。商家の長男として生まれるが、幼少期から病弱で内向的な性格だった。早くから仏教に関心を抱き、特に法華経に傾倒。盛岡高等農林学校在学中に文学への関心を深め、在学中に詩や童話を書き始める。卒業後は農学校の教師として働きながら創作活動を続けた。大正13（1924）年には自費出版で童話集『注文の多い料理店』を刊行するも、当時はほとんど評価されなかった。自身の理想郷を「イーハトーヴ」と名づけ、無料で肥料計算の相談にのったり、土地を開墾して自身で野菜を売り歩いたりした。昭和8（1933）年に37歳で急性肺炎のため早世。

37歳まで童貞を貫いた⁉
禁欲生活の果てに見つけた真実とは

○病気がちだった幼少期の体験が〝禁欲信仰〟につながる

宮沢賢治は37歳という若さで、肺炎により亡くなっています。その人生は、ある種の禁欲への信念や信仰といったもので貫かれました。

賢治が独特の文学的世界観を生み出せたのには、そういった禁欲信仰が影響しているのは間違いありません。

幼少のころから病弱で、赤痢に感染したり、鼻炎の手術を受けたあと高熱を発してチフスの疑いで入院することになったり、さらには看病中の父親も倒れるなど、とくに若いころはさんざんな目に遭ったようです。

転機が訪れたのは、18歳のときでした。僧侶にして東京大学講師だった島地大等著『漢和対照妙法蓮華経』を読んだことがきっかけで妙法蓮華経（法華経）に感銘を受け、熱心な浄土真宗の信徒だった父親に無断で、日蓮宗に入信することを決意します。

そのため賢治の作品には、法華経の教えが影響しています。

◯入院先の看護師に片思いするも両親に反対される

賢治は、禁欲への信念を貫いたとはいえ、幼いころからずっと禁欲だったというわけでもありません。

18歳のとき、賢治は鼻の粘膜が腫れて鼻づまりや嗅覚障害を起こす「肥厚性鼻炎」の手術をするため、岩手病院（現・岩手医科大学附属病院）に入院しました。

しかしその後、発疹チフスの疑いのある高熱を発症し、再入院。そこで賢治は、高橋ミネという看護師に片思いながら初恋をします。

かなり強く好意を抱いていた賢治は、退院後、ミネと結婚したいと両親に申し出ましたが、強く反対されました。しかし、そもそも賢治の片思いなのです。

このエピソードから、賢治はけっして恋愛に無頓着だったわけではなく、恋心を抱いていた時期もあったことがうかがえます。

○菜食主義だった5年間、日蓮宗への興味関心

実は賢治は21歳から5年間、肉や魚を摂らず、野菜だけを食べていたベジタリアン（菜食主義者）でした。友人に「私は春から生物のからだを食うのをやめました」と伝えています。

よく知られる賢治の代表作である詩「雨ニモマケズ」には、「一日ニ玄米四合ト味《み》噌《そ》ト少シノ野菜ヲタベ」という一節がありますが、これぞまさしく賢治の菜食思想をよく表しています。

それにしても、なぜベジタリアンになったのか？　それは、盛岡高等農林学校（現・岩手大学農学部）に在籍していたとき、獣医科で解体実験される動物の悲鳴を聞いて、肉を食べることに嫌悪感を抱いたこともありますが、日蓮宗の影響を強く受けています。

先にも触れたように、宮沢家は古くから浄土真宗の家系でしたが、賢治は18歳のとき、法華経に心を奪われ、熱烈な信者となりました。

そして24歳のとき、法華経を信奉する日蓮系信仰団体「国柱会」に入会したのです。

国柱会は政治的な活動も行っており、国家主義やナショナリズムと結びついた独特な集

まりでした。

◯顔に灰を塗りたくって、言い寄る女性に嫌われようとした

賢治の禁欲主義は、一時期、おかしな方向に向かったこともあります。

賢治が学校の先生や農業の仕事をしているとき、とある女性が、賢治の身の回りの世話をしたいと申し出てきたことがありました。

彼女は小学校の教師をしていて、近くに住んでおり、おそらく賢治に好意を抱いていたのでしょう。

洗濯物や買い物の世話をかいがいしくしていたのですが、これに対して賢治は困って居留守を使ったり、はたまた顔に灰を塗りたくって出てきたりして、彼女の好意を退けてしまったのです。

これも一種の禁欲の表れだったのかもしれません。

賢治は生涯独身を通し、友人に対して「性欲の乱費は、君自殺だよ、いい仕事はできないよ」とまで語っていました。岩手の牧場で一晩中歩きまわり、性欲と戦ったという妙なエピソードもあります。

○性欲を抑圧しすぎて春画をコレクションした？

「宮沢賢治は童貞を貫いた」という噂もありますが、その真偽については疑問が残るところです。

「遊郭に行った」とニコニコ顔で語ったという説もあるからです。晩年には友人に「禁欲主義は、まるで無駄でした」と語り、草や木や自然を書くように、エロスについても書きたいと話していたという話もあります。いずれにしても、本当に試行錯誤していたことがうかがえます。

賢治は浮世絵の春画のコレクションもしていたそうです。

春画というのは、江戸時代に流行した性風俗を描いた絵画で、浮世絵の一種でもあり、いわば〝エロ本〟ともいえるような女性の裸体や局部が描かれています。

性欲を抑圧しすぎて、逆に噴き出してしまったのでしょうか。ただ、賢治の禁欲主義が、途方もない力を持っていたことは間違いなく、「性」を超えた何かを求める求道者だったのかもしれません。

○人間の欲望を超越した存在になりたい

さて、そんな賢治の作品で面白いところは、人間の持つ「エゴ」や「あらゆる生物は生きるためにほかの生物を犠牲にしなくてはならない」という現実から逃れたいという渇望にあります。

たとえば、短編童話『よだかの星』には、「人間の欲望を超越した存在になりたい」という賢治の願いが読みとれます。

主人公は、見た目が不気味な鳥・よだか。その醜い容貌のせいで、ほかの鳥たちから嫌われ、鷹には「たか」と「よだか」で名前が似ているのが嫌だから、改名しろとまで言われてしまいます。

困ったよだかが空を飛んでいると、今度は自分の口のなかに、カブトムシが入ってきてしまいます。

「ああ、かぶとむしや、たくさんの羽虫が、毎晩僕に殺される。そしてそのただ一つの僕が、こんどは鷹に殺される。それがこんなにつらいのだ。ああ、つらい、つらい。僕はもう虫をたべないで飢えて死のう。いやその前にもう鷹が僕を殺すだろう。いや、その前に、僕は遠くの遠くの空の向こうに行ってしまおう」

『よだかの星』（『新編 銀河鉄道の夜』新潮文庫に収録）

こうしてよだかは、空に高く高く昇っていき、夜空の星に助けを求め、最終的には永遠に燃え続ける星になって、このお話は終わります。

ときにはいびつなかたちで禁欲をしていた賢治。ただ引きこもって我慢しているというより、自身の欲望を直視してあがき続けました。

それが童話や詩の世界に昇華されたおかげで、神秘的な物語が生まれたのです。

宮沢賢治のおすすめ著作

○『心象スケッチ　春と修羅』（『宮沢賢治コレクション6 春と修羅：詩I（シリーズ・全集）』筑摩書房に収録）

大正13（1924）年に刊行された詩集。商業出版ではなく、賢治自身が製作費を担った自費出版で、岩手・花巻にある「吉田印刷所」というところで1000部を印刷しました。「禁欲」という重い枷を自分自身に科した理由や、自然と調和するために賢治が求めていたことなどが垣間見える詩集です。

○『新編 銀河鉄道の夜』（新潮文庫）

『よだかの星』『セロ弾きのゴーシュ』など名作14篇が収録されています。表題作の『銀河鉄道の夜』では、主人公ジョバンニと親友カムパネルラを中心に物語が進みます。銀河を走る列車に乗り、宇宙を旅する2人。ジョバンニが星々や自然に対して救いを求める姿は、賢治自身の宗教的な探求や自然への愛着と共鳴しているようにも読みとれます。

○『新編 宮沢賢治詩集』（新潮文庫）

生前に発表された詩だけでなく、賢治のノートに残されていた草稿も含めた全132篇を収録した作品集。特におすすめなのが、『生徒諸君に寄せる』という詩。賢治が書き続けた「自然と人間の共生」というテーマは、SDGs（持続可能な開発目標）など現代の課題にもつながり、賢治の洞察力に驚かされます。

話題の引き出し★豆知識

賢治の才能をいち早く見抜いた中原中也

賢治は『心象スケッチ　春と修羅』を1000冊、自費出版しました。それを東京で売るため出版社「関根書店」の経営者・関根喜太郎に500冊の配本を頼みましたが、関根はそれを新刊本にもかかわらず、新本ながら正規の定価よりも安く売られる「ゾッキ本」として古本屋に安く流してしまったのです。定価は2円40銭でしたが、古本屋ではわずか50銭で売られていたところもありました。ところが、それを偶然見つけたのが248ページで紹介する中原中也でした。夜店で5銭で売られていた『心象スケッチ　春と修羅』を中也は買い集め、知人に配ったのです。

第2章

文豪と「病」

——血反吐を吐いても書き続けた作家たち——

夏目漱石

夏目漱石（なつめ・そうせき　1867〜1916年）

江戸（現・東京）生まれ。本名・夏目金之助。帝国大学英文科卒。代表作は『吾輩は猫である』『こころ』『坊っちゃん』など。明治時代を代表する近代日本文学の巨匠。幼少期に養子に出されるなど、波瀾に満ちた少年時代を過ごす。漢学を学んだことが、小説における儒教的な倫理観や東洋的美意識を磨いた。幼いころから病気がちで、大学予備門時代には、結膜炎にかかって進級試験が受けられず落第する。明治33（1900）年、文部省の留学生としてイギリスに留学するも、神経衰弱となり帰国。その治療の一環として小説を書き始め、38歳のとき『吾輩は猫である』でデビュー。その後も次々と名作を発表する。晩年は複数の病気や神経症に苦しみながらも執筆活動を続けるが、胃潰瘍が悪化して49歳で死去。

「病気のデパート」と呼ばれた虚弱体質

○自分の顔にコンプレックスを抱えていたワケ

本章のテーマ「病」といえば、なんといっても夏目漱石です。「病気のデパート」と呼ばれるほど、実に多くの病歴があります。

まずは3歳のとき、当時としては致死的なウイルス感染症の痘そう（天然痘）に罹患します。これは発熱とともに全身に発疹ができる病気で、致死率が極めて高く、たとえ死を免れて治ったとしても、顔面に発疹の跡が残ります。

「あばたもえくぼ」ということわざがありますが、これは本来「好きになれば、天然痘の発疹跡が残った醜いあばたさえ、かわいらしいえくぼに見える」という意味です。

漱石の顔には発疹跡のくぼみが残ってしまいましたが、これがコンプレックスとなり、ロンドン留学中に神経衰弱になった一因とされています。

漱石は、できるだけあばたが目立たないように、写真を修正したこともありました。

○吐血して意識を失い、死の淵をさまよう

また、17歳のときには虫垂炎（俗称・盲腸）、20歳のときにはトラホーム（伝染性の結膜炎）、中年以降には胃潰瘍や痔、糖尿病を患っています。神経質でストレス耐性が低い漱石の性格は、こうした病歴によって助長されたともいえるでしょう。

糖尿病になった漱石は、インスリンや経口薬が開発されていなかった当時、「厳重食」と呼ばれた最新の食事療法、いわば近年認知度が高まった「糖質制限食」をとり入れたのですが、ストレスからくる過食傾向もありました。

特に甘いものを好み、ジャムをそのまま舐めることもあったそうです。こうした食生活が糖尿病に悪影響を及ぼしたことでしょう。

漱石が43歳の夏の日、胃潰瘍が悪化して多量の吐血をして、30分ほど意識を失い、死の淵をさまよったこともあります。

胃潰瘍による大量出血で49歳の若さで亡くなるまで、さまざまに抱えた心身の病巣が、漱石の作品にどんどん投影されていきました。

○人生の節目節目で「病」に振り回される

漱石は慶応3（1867）年生まれで、明治の年号と満年齢が重なります。慶応4年が明治元年となり、このとき漱石の年齢は1歳。明治2年に2歳、明治3年に3歳……というように、まさに明治時代とともに成長したわけです。

漱石の人生は、幼いころから波瀾に満ちていました。

そもそも漱石は、生まれてすぐに養子に出されます。ところが、養父母の間で問題が起こり、9歳のとき、また夏目家に引きとられることになります。どこにも居場所がないなかで幼少期を過ごしたのが、漱石なのです。

その後、帝国大学英文科に進学しますが、23歳のときにコレラ（細菌性の感染症）が大流行。漱石自身はコレラの罹患を免れたのですが、前述のように20歳のときにトラホーム（伝染性の結膜炎）にかかっています。

初恋の相手は、24歳のときに通院していた眼科の待合室でひと目惚れした女性でした。

とにかく人生の節目節目において、「病」が漱石を振り回します。

◯座禅で精神を鎮めようとするも挫折、留学で神経衰弱が悪化

肉体的な病が重なったことに加え、幼少期の精神的な負担の影響もあって、漱石には心理的なストレスが積み重なるようになります。

大学を卒業してから士官学校で英語の嘱託教師になりますが、この仕事がかなり厳しく、精神的に追い詰められたこともありました。

そのため、漱石は鎌倉・円覚寺で座禅を組むなど、自らの精神を鎮めようとしますが、結局のところ解決策は見つかりません。この体験は、漱石の神経衰弱や精神的な苦しみと結びついており、著作における本質的なテーマになります。

32歳のときにはロンドンへ留学しますが、当時は黄色人種に対する人種差別が厳しく、漱石自身、外出することを嫌がりました。

また、留学費の不足や孤独感から、神経衰弱はますます悪化してしまいます。「夏目漱石がロンドンで発狂した」という噂まで広まったくらいです。

結局、2年の留学期間を終え、ようやく日本に戻ります。ところが、漱石のトラブルはまだまだ終わらなかったのです。

◯英語教師として戻ってくるも生徒から反発をくらう

帰国後、漱石は明治政府の西洋学問の推進にともない、英語の嘱託教師として、第一高等学校（現・東京大学教養学部）で教壇に立つことになりました。

この仕事自体はよかったのですが、問題は前任の英語の先生のほうが、人気があったということです。

漱石の前任者は、ラフカディオ・ハーンという人物。帰化して日本人女性・小泉節子と結婚し、「小泉八雲」と名乗るようになった明治の文豪です。

アイルランド、フランス、アメリカ、西インド諸島、日本と放浪を続けた経験の豊かさと話のうまさが相まって、生徒たちの興味・関心を巧みに引き込んだのです。

それに対して漱石は文法や訳文に重点を置き、元来神経質なところも相まって生徒たちの人気は高まりませんでした。

結果として、生徒たちに人気のあったハーン先生が解雇され、人気のない漱石が新しい英語の先生になることに反発した生徒たちが、「前の先生のほうがよかった」と授業をボイコットしたのです。

漱石は、その反発を突っぱねて、生徒たちを厳しく指導しましたが、精神的に悪影響を及ぼしたことは想像に難くないでしょう。

しかし、漱石の悲劇はまだまだ終わりません。

○叱った生徒が滝で投身自殺してしまい本格的な神経症に

漱石が教えていた生徒のなかに、藤村操《みさお》という生徒がいました。成績優秀で、中学校を飛び級で進学。普通は18〜20歳で入学するところ、16歳で第一高等学校（現・東京大学教養学部）に入った秀才です。

あるとき、漱石の英語の授業に出席していた藤村に、漱石が訳文の課題を出しました。ところが、藤村は不遜な態度で「やってきませんでした」と言い放ちます。漱石は驚きましたが、怒りを抑えて「なぜやってこなかったのか」と尋ねました。すると藤村は「やりたくないからやってこなかった」と反発したのです。

漱石は怒りを感じましたが、冷静に「次回までにやってくるように」と注意するにとどめました。しかし、次の授業でも藤村は、同じように「やってきませんでした」と反発してくるではありませんか。

2度目ということで、さすがに癇癪《かんしゃく》を起こした漱石は、「勉強したくないなら、もう教室に出てこなくていい」と、藤村を叱りつけました。

これで済めばよかったのですが、なんとその数日後、16歳の藤村は栃木・日光の名瀑、華厳滝に投身自殺をしてしまうのです。

藤村は「巌頭に立つに及んで、胸中何等の不安あるなし。始めて知る、大なる悲観は大なる楽観に一致する」などと哲学的な問答を書いた遺書を残しました。

これは世間でも大きなニュースになり、新聞などでも報じられます。この話は、当時「煩悶《はんもん》青年」という流行語まで生み、もだえ苦しむことを哲学的な自殺ととらえる議論も盛んになったのです。

◯胃潰瘍、痔、リウマチ、糖尿病とさんざんな晩年

さて、「自分は生徒を叱っただけ、自殺は彼自身の問題だ」などと、わり切って考えられる漱石ではありません。自分が藤村を叱ったことが原因だと気に病んでしまいます。

その後、教壇に立つなり、最前列の生徒に「藤村はどうして死んだんだい」と尋ねるなど、神経衰弱を抱えていた漱石の心に、また新たなストレスがのしかかります。

小説家として活動してからも、胃潰瘍、痔、リウマチ、糖尿病などさまざまな病気に悩まされ、ついに胃潰瘍で血を吐いてしまいます。

療養や入退院を繰り返し、それでもまた小説を書き始めるのですが、そうすると、今度は胃潰瘍が再発してしまう。それから、痔の手術もしなければならなくなるという、さんざんなあり様です。

胃潰瘍は毎年のように再発し、最終的にはリウマチの治療もあって療養していた神奈川・湯河原で倒れ、さらに糖尿病も悪化し、さらにさらに胃潰瘍がどんどん悪化。もはや、何が原因かわからないくらい病に侵され、49歳で亡くなってしまいます。

◯明治以降の国民の病気を一身に背負った

漱石は「新しい日本語」をつくり上げ、明治を牽引してきた作家です。

明治の日本は、西洋の文明、文化の影響を受け、古いものを壊していき、新しいものをつくり上げるという作業を繰り返しました。それ自体が、日本人という民族にとって、非常にストレスだったわけです。

明治維新で西洋列強の植民地になることからは逃れられたものの、それでも、なんとかして西洋に追いつかなければならない。だから、古いものはどんどん捨て、近代化しなくてはならない。

そうやって日本の国民たちは、ものすごく無理をしてきました。その国民的ストレスを、近代文学の第一人者たる漱石は、個人のストレスのように引き受けてしまった。

国民の病気を一身に背負ったと言っていいかもしれません。巨大なストレスを背負い、闘い続けた漱石の作品は、仕事でつらい思いをしているビジネスパーソンにもぜひ読んでもらいたいと思います。

夏目漱石のおすすめ著作

○『吾輩は猫である』（新潮文庫）

「吾輩は猫である。名前はまだ無い」という書き出しで有名な処女作。名前のない猫の視点から、明治以降の人間社会のさまざまな問題を風刺的に描きました。漱石の友人・正岡子規や俳人・高浜虚子らが中心となった俳句誌『ホトトギス』に掲載されたところ好評だったため連載が決定し、結果的に長編小説となりました。中学校教師の家に住む主人公の猫は自分を「吾輩」と称し、観察者として人間たちの言動を鋭く見つめ、その様子をユーモラスかつ皮肉な口調で語ります。

○『草枕』（新潮文庫）

明治39（1906）年に発表した初期の代表作。都市生活から離れ、心身を癒やすために温泉宿を訪れた1人の画家。そこで彼は複雑な過去を持つミステリアスな女性と出会い、その美しさに強く心を惹かれます。初期作品ということもあり、やや読みづらい印象を受けるかもしれません。そういうときは、韻を踏むようなリズミカルな文体なので、音読しながら読み進めてみるのもおすすめです。

○『こころ』

『草枕』から8年後、大正3（1914）年の長編小説。人間の心の奥底に潜む孤独や罪悪感を描いた名作です。大学生の「私」は、1人の「先生」と出会い、親しくなります。あるとき私のもとに、先生から手紙が。そこには、若いころに三角関係に陥り、そのせいで友人が自殺したという懺悔の言葉が綴られていて……。漱石文学の頂点といっていい名作です。

話題の引き出し★豆知識

“漱石の脳みそ”は、東大医学部に保管されている

以前、とある仕事でご一緒させていただいた解剖学者・養老孟司さんのツテで、漱石の脳を見せてもらったことがあります。漱石の脳は、東大医学部の解剖学研究室に、標本として保管されているのです。そこには漱石のほか、内村鑑三や西田幾多郎、歴代総理大臣など、明治以降の傑出した人物のホルマリン漬けにされた脳が並べられていました。専門家によると、漱石の脳は大きく、特に前頭葉が発達しているそうです。

正岡子規

正岡子規（まさおか・しき　1867～1902年）

伊予国温泉郡（現・愛媛県松山市）生まれ。本名・正岡常規《つねのり》。帝国大学文科大学中退。代表作は『歌よみに与ふる書』『病牀六尺』『寒山落木』など。俳句・短歌の革新者として、近代文学に大きな影響を与えた。幼少期から祖父の営む私塾に通い、漢書などを読む。10代から20代前半は勉学のかたわら俳句をつくり始めたほか、野球に打ち込むが、21歳で喀血《かっけつ》。結核のため大学を中退し、日本新聞社に入社、新聞連載をスタートする。新聞記者として日清戦争に従軍するが、その帰路でふたたび喀血。晩年は結核の悪化により病床に伏しながらも、随筆『病牀六尺』を新聞連載で書き続ける。これらの作品は、病と闘う日々の記録として話題となったが、明治35（1902）年に結核により34歳で死去。

21歳で「難病」に冒された明治の俳人

○文学と病気が一体となったような俳人・歌人

「柿くへば鐘が鳴るなり法隆寺」

正岡子規といえば、この俳句が有名ですね。現代風にいえば、「柿を食べていたら、法隆寺（奈良・聖徳宗総本山の寺院）の鐘が鳴った。ああ、秋を感じるなあ」という句です。

当たり前のことを言っているだけのように思えるかもしれません。しかし、これがまさに子規が編み出した「写生」という句作のスタイルなのです。

絵画にたとえるとわかりやすいのですが、水墨画のように墨でふわふわと描く絵画もあれば、目の前にあるものをリアルにデッサンする写実的な絵画もあります。

リンゴならリンゴの形をシャッと描く写実主義を自らの俳句の世界で実践したのが、子規なのです。風景を観察し、言葉にする写生句を重視しました。

そんな子規ですが、「正岡子規」というのは雅号（ペンネーム）で、本名は「正岡常規」といいます。

21歳のときに結核を患い、せきとともに血を喀出（喀血）したのですが、「子規」というのはホトトギスの別名。「鳴いて血を吐くホトトギス」という言葉から、喀血に苦しんだ自分自身になぞらえたペンネームにしたのです。

子規の俳句の出発点には病気、特に結核による喀血が深く関わっており、これこそが子規の俳句の原点となっています。まさに文学と病気が一体となったような俳人・歌人なのです。

◯漱石が説得するも大学を中退して新聞記者になる

病に冒されたというとインドア系の印象がつきまといますが、もともと子規はスポーツ好きの活発な青年でした。

明治5（1872）年、第一大学区第一番中学（そののち開成学校、現・東京大学）

のアメリカ人教師、ホーレス・ウィルソン（2003年野球殿堂入り）が、日本に初めてベースボールを紹介し、生徒たちに教えたといわれます。

子規は明治17（1884）年、東京大学予備門時代にベースボールを知り、試合にも積極的に参加していました。

明治22（1889）には、郷里の愛媛・松山にバットとボールを持っていき、松山中学の生徒たちにベースボールを教えたりもしました。

また、子規といえば、夏目漱石との関係も外せません。帝大の同窓生であり、ともに病気に悩まされた仲でもありますが、同じ慶応3（1867）年生まれの漱石とは、親友同士だったのです。

第一高等学校（現・東京大学教養学部）時代に漱石と苦楽をともにして、帝国大学にも進みますが、前述のとおり、21歳での喀血をきっかけに学校をやめようか考えるようになります。

親友の漱石は考え直すように子規を説得しましたが、学業よりものを書くこと、俳句をつくることに心が向いたことや、病気で死ぬかもしれないという懸念から、最終的には退学を決意しました。

その後、子規は、叔父の友人であった陸羯南《くがかつなん》のもとを訪れます。新聞『日本』の創始者の陸に「新聞記者として働かせてほしい」と直談判したのです。

こうして子規は、大正3（1914）年まで発刊されていた『日本』の新聞記者として働きました。結局、陸は仕事を任せただけではなく、子規が亡くなるまで生活の面倒も見るなど、全面的にサポートしたのです。

◯療養をかねて漱石と52日間のルームシェア

新聞記者としての仕事や句作を続けていた子規の転機は、明治27（1894）年の日清戦争でした。子規は従軍記者として戦場である中国東北部・遼東《りょうとう》半島へと赴き、戦地の様子を報道しましたが、中国から帰国する途中、船上で大量に喀血をして、歩くこともままならない重体となってしまいます。

28歳のときでしたが、それ以上仕事を続けられなくなった子規は、療養生活をするため地元・松山に移ります。そこで子規が頼ったのが、親友の漱石でした。

一時期、松山で中学教員をしていた漱石は、子規といまでいうところのルームシェアをしていたのです。

2人は52日間、同じ家を借りて暮らしましたが、子規は療養に努め、漱石は2階を居間として使用していました。もともと漱石が住んでいた家に、日清戦争の従軍記者として中国から瀕死の状態で帰国した子規が転がり込んできたという感じです。

その間、漱石のつくった俳句を、子規が添削することもありました。

漱石はロンドン留学へと発ちますが、ロンドンから子規に宛てて手紙を書いたりもしています。

○「死ぬまで書かせてくれ」と100回の連載をやり遂げる

明治の言論界を代表する新聞『日本』に、子規は随筆『病牀六尺』を連載し、34年と11カ月の人生を終える死の2日前まで執筆を続けました。

最期の年となる明治35（1902）年、当時は死に至る感染症だった結核菌が脊椎《せきつい》に感染したことによる「脊椎カリエス」に襲われ、背骨が痛み、寝たきりになったことから、連載が一時中断されることがありました。

しかし、そんな困難な状況にあっても、子規は「自分は書きたいんだ」と強く訴え、こんなことを手紙に綴っています。

「拝啓　僕の今日の命は『病牀六尺』にあるのです。毎朝寝起きには死ぬほど苦しいのです。その中で新聞を開けて『病牀六尺』を見るとわずかに蘇るのです。今朝新聞を見た時の苦しさ、病牀六尺がないので泣き出しました。どーもたまりません。もしできるなら少しでも（半分でも）載せていただいたら命が助かります。僕はこんな我儘を言わねばならぬほど、弱っているのです」

（明治35年5月20日ごろ　古島一念宛書簡）

この手紙を受けて、新聞『日本』の編集長は「死ぬまで毎日載せる」と約束し、連載が再開。子規は連載記事を新聞社に送るための封筒を依頼し、１００枚の原稿を送り続けました。

これに対して新聞社は３００枚の封筒を送り、子規を励まし続け、子規は１００回の連載をやり遂げました。

「この百日といふ長い月日を経過した嬉しさは人にはわからんことであらう。しかしあとにまだ二百枚の状袋がある。二百枚は二百日である。二百日は半年以上である。半年以上もすれば梅の花が咲いて来る。果たして病人の眼中に梅の花が咲くであらうか」

『病牀六尺』（岩波文庫）

そうやって子規は死の直前まで連載を書き続け、ついに最後までやり遂げたのです。

「余は今まで禅宗のいはゆる悟りといふ事を誤解して居た。悟りといふ事は如何なる場合にも平気で死ぬる事かと思つて居たのは間違ひで、悟りといふ事は如何なる場合にも平気で生きて居る事であつた」

『病牀六尺』（岩波文庫）

子規はそう語り、どんなに苦しくても生きることによって楽しみを見出すことが大切だと説きます。子規にとっては、書くことが唯一の生きる証しであり、楽しみでもあったのでしょう。

正岡子規のおすすめ著作

○『病牀六尺』(『子規人生論集』講談社文芸文庫に収録)

結核で床に伏していた晩年に執筆した随筆集。タイトルの「六尺」とは、子規が寝ていた病床の広さを示したもの。自らの病状や痛み、病床から見える風景や季節の移ろい、訪れる友人たちとの会話が、飾らない率直な言葉で描かれています。『子規人生論集』には、漱石に宛てた書簡も収録されており、病気で心細い子規の本音が読みとれ、おすすめです。

話題の引き出し★豆知識

野球好きが高じて野球用語を翻訳

子規は、野球好きが高じて多くの野球用語を翻訳したことでも知られています。外来語だった「ランナー」を「走者」、「バッター」を「打者」、「ストレート」を「直球」に訳したのは子規なのです。さすが俳人・歌人というべきネーミングセンスですね。

梶井基次郎

梶井基次郎（かじい・もとじろう　1901〜1932年）

大阪生まれ。東京帝国大学英文科除籍。代表作は『檸檬』『桜の樹の下には』など。幼少期から病弱で、10代後半で肺結核の初期症状との診断を受ける。電気エンジニア志望で第三高等学校理科（現・京都大学総合人間学部および岡山大学医学部）に入るが、友人たちや病気の影響で、文学に目覚めていく。作家を志して東京帝国大学英文科に進学するも、病気のため授業に出られない日も続き、授業料が払えず除籍に。文学仲間と同人誌『青空』を発刊し、短編小説を次々と発表。病床で書き続けたが、初めて原稿料を得たのは、亡くなる直前だった。没後に評価が高まり、名声を得た稀有な作家である。昭和7（1932）年、肺結核が悪化し31歳で亡くなる。

評価されなくても病床で書き続けた貧乏作家

◯「桜の樹の下には屍体が埋まっている」という都市伝説

「桜の樹の下には屍体が埋まっている」という都市伝説を聞いたことがあるでしょうか？

そのネタ元は、梶井基次郎の短編小説『桜の樹の下には』なのです。なにせ、「桜の樹の下には屍体が埋まっている」という物騒な話題から物語が始まるのですから。

「これは信じていいことなんだよ。何故って、桜の花があんなにも見事に咲くなんて信じられないことじゃないか。俺はあの美しさが信じられないので、この二三日不安だった。しかしいま、やっとわかるときが来た。桜の樹の下には屍体が埋まっている。これは信じていいことだ」

『桜の樹の下には』（『檸檬』新潮文庫に収録）

美しい桜の花が咲き乱れる様子を見て、主人公はその下に屍体が埋まっていると想像します。この短編は1800字にも及ばない、文庫版で3ページ程度の非常に短い作品ですが、インパクトは強烈です。

昭和2（1927）年、26歳の梶井が書いた作品ですが、19歳のときには肺を包んでいる胸膜に炎症が起こる「胸膜炎（肋膜炎）」に罹患して発熱し、肺結核の初期症状ともいえる「肺尖カタル」に冒されるなど、31歳で亡くなるまで肺結核に苦しみました。

病気に蝕まれ、死が迫ってきている気配がしたのか、『桜の樹の下には』は静岡・伊豆で療養していたころに書いたものでした。

◯「肺病にならんとええ文学はでけへんぞ」と橋の上で叫ぶ

20歳になるころには、肺結核の症状が出ていた梶井ですが、一方で「肺病になりたい」と叫んでいたという逸話もあります。

第三高等学校（現・京都大学総合人間学部）に通っていた梶井は、肺結核の症状が出始めたころ酒を飲んで酔っ払い、京都の中心街にある三条大橋の上で、胸を叩きながらこう叫んだのです。

「肺病になりたい。肺病にならんとええ文学はでけへんぞ！」

梶井は自分が肺結核であることを自覚していましたが、同時にこの病を「神話化」させていた節があります。

フランスの作家が、痩せ細ることで醸し出す独特の繊細さや文壇的なイメージに影響され、自身も結核によって痩せ細ることを、文学的なステータスとみなしていたところがあるのです。

このような病と文学の結びつきは、日本の病気の歴史にとっても、興味深いテーマといえます。

たとえば、89ページで紹介した正岡子規は明治35年（1902年）、35歳で肺結核から脊椎カリエスに罹患して亡くなりましたが、背中や腹部に穴が開いて膿があふれて、痛くて寝返りもできず、声を上げて泣いたほどでした。

結核は、ただの悲惨な病であり、文学とは結びついていませんでしたが、昭和7（1932）年に肺結核により31歳の若さで亡くなった梶井の時代になると、結核と文学の関係が変化し始めていたのです。

梶井のように結核を一種の〝文学的アイコン〟としてとらえる作家も現れました。もっとも「肺病にならんとええ文学はでけへん」という梶井の叫びは、病気の怖さを吹き飛ばすため、また自分を奮い立たせるための発言だった可能性もありますが……。

◯「俺に童貞を捨てさせろ」と酔っ払って叫ぶ

梶井が酔っ払って叫んだことは、ほかにもあります。

梶井は病を患いながらも、わりと活動的で、ある日の夜、小説家・中谷孝雄と津守萬夫という人物とともに琵琶湖の疏水《そすい》にボートを浮かべて遊んでいました。

その後、路に上がって月見をしていたところ、ボートが下流に流されてしまいました。それを見つけた梶井と津守は、疏水に飛び込んで、流されるボートを止めることに成功します。

しかし、それと引き換えに体が冷えてしまいました。

そこで、街に戻って酒を飲んで体を温めることにしたのですが、そこで泥酔した梶井は、京都・祇園町にある八坂神社の前で大の字に寝転び、「俺に童貞を捨てさせろ！」と恥じらいもなく、友人たちに大声で叫んだのです。

当時の粗野でバンカラな学生らしく、強がってはいたものの、「自分の人生は短いんだ」という自覚を持っていたからこそ、「何かをやり遂げたい」という思いが強かったのかもしれません。

梶井の要望を真に受けた友人たちによって、梶井は近くの遊郭に連れていかれましたが、遊女があてがわれたところでゲロを吐いてしまいました。

それでも結局、望みどおりに童貞を捨てられたのですが、のちに背徳感が募り友人たちに愚痴をこぼしていたといいますから、なんとも面倒くさくも、憎めない男です。

◯『檸檬』が認められたのは死の直前だった

梶井が短い生涯で残した作品は、わずか20編ほど。それもほとんどが短編であり、さらには同人誌に発表されたものばかりです。

無名のまま死んでしまったものの、死んだ後に作品の評価が高まり、「屈指の名作」

として読み継がれ、ついには教科書に作品が載るほどになったのです。

昭和7（1932）年に梶井が亡くなったのち、昭和の後半から現在まで、梶井の作品が読み続けられていますが、もっとも有名な代表作は、なんといっても梶井の処女作である短編小説『檸檬』でしょう。


「えたいの知れない不吉な塊が私の心を始終圧《おさ》えつけていた。焦躁《しょうそう》と云おうか、嫌悪と云おうか――」

『檸檬』（『檸檬』新潮文庫に収録）

こうして始まる名作を、みなさんも教科書で読んだことがあるかもしれません。

その異常な美しさに魅惑され、買い求めた一顆のレモンを洋書店の書棚に残して立ち去る――梶井は生前に名声を得ることはありませんでしたが、没後に鮮烈さとイメージ豊かな新しい作風が、徐々に人気を集めるようになったのです。

念願の作家デビューを果たした『檸檬』は、大正14（1925）年1月、梶井が23歳のときに同人誌『青空』の創刊号に発表したものです。しかし、そのときには後世にわたって読み継がれるほどの反響は得られませんでした。

◯初の原稿料を得たのも死ぬ直前

それがなぜ教科書に載るほどの名作として残ったのか。

それは梶井が亡くなる前年、昭和6（1931）年、雑誌『中央公論』で234ページで紹介する小林秀雄に賞賛されたことがきっかけでした。

この再録は知人の推薦によるものでしたが、これにより梶井は亡くなる直前になって、作家として初めて原稿料を手にしたのです。

梶井は死の2カ月前に、友人宛ての手紙に、このように綴っています。

「呑気な患者が呑気な患者でいられなくなるところまで書いて、あの題材を大きく完成したいんですが、それができたら、僕の一つの仕事と言えましょう」

デビュー作『檸檬』から死の直前に『中央公論』に発表した短編小説『のんきな患者』までをわずか7年で駆け抜け、死後になって評価が高まった、あるいは現在も文豪になり続けている作家が梶井なのです。

なにせ『のんきな患者』の原稿料が、初めて梶井が手にした原稿料だったのです。梶井自身を投影した結核で病床生活を送る主人公の「吉田」が、母親とのユーモラスな会話や同じ病で死んだ人や家族など、庶民の暮らしぶりを回想交じりに綴っているストーリーですが、いま読んでも新鮮さを感じられる作品です。

文庫本で数ページの短い作品が多いため、すぐに読めると思います。

断片だけでもいいので、ページをめくってみると、パッと別な世界が見えてくることでしょう。なかでも『檸檬』は、まさに小さな言葉の玉手箱に、1つの爆弾が仕込まれたような、不思議な魔力を持つ作品です。

梶井基次郎のおすすめ著作

○『**檸檬**』（新潮文庫）

病にかかり鬱屈した日常から逃れるため、京都・四条通や寺町通を歩き回る主人公。果物屋で見つけた鮮やかな黄色のレモンに魅了された彼はあることをひらめき、丸善書店に立ち寄りますが……。あっと驚くような展開や物語性はほとんどないのですが、1行1行の表現が冴えわたっています。薄っすらと忍び寄る死の影の到来に怯えながらも、なんとか生きたいと願う複雑な心象風景が見事に描写されています。

○『**蒼穹**』（『梶井基次郎全集』ちくま文庫に収録）

病気療養中の主人公が、蒼穹（青空）を眺めるなかで感じる孤独や絶望、そして一瞬の美しさを描いた短編小説。光と闇の対比など、風景描写が秀逸で、まるで西洋の印象派の絵画のようにも感じられます。

○『**のんきな患者**』（『梶井基次郎全集』ちくま文庫に収録）

生前唯一、同人誌ではなく商業誌に掲載された短編小説。奇しくも梶井は、この作品を執筆してからおよそ3カ月後に亡くなりました。衰弱しつつある自身の病状を投影したものではありますが、タイトルのとおり、どこかのんきな態度の主人公。病気の苦しみを抱えながらも、日常のなかに楽しみや笑いを見出そうとする姿には、梶井らしさがよくあらわれています。

話題の引き出し★豆知識

肺病で死ぬのはアーティストの憧れ？

ヨーロッパでは18世紀半ばくらいまで「結核」は、なんとなくロマンティックなものでさえありました。結核は上品で繊細で、感受性が豊かなことの指標だと考えられ、「事実は小説よりも奇なり」という言葉で知られる詩人バイロンは「肺病で死にたい」と言ったそうです。フランスの文豪、アレクサンドル・デュマは、太っていて健康そうに見えるのが嫌で、なんとかして弱々しい肺病患者のように見せかけようとしていたこともありました。

中島敦

中島敦（なかじま・あつし　1909〜1942年）

東京生まれ。東京帝国大学国文科卒。代表作は『山月記』『李陵』など。生後間もないころに両親が別居し、父方の親戚に育てられる。小学5年生のときに父の仕事の都合で、当時日本が占領していた朝鮮に移住。思春期の合計5年半を朝鮮半島で過ごした。帰国後は第一高等学校を経て東京帝国大学に進学し、国文学を専攻。幼いころから学校の成績がよく高学歴のエリートだったにもかかわらず、いい就職先を見つけられず、くすぶっていた時期が長かった。死が迫った1年間で集中して創作にとり組み、名作を残す。30歳前後から気管支喘息の発作がひどくなり33歳で早世。

「もうすぐ死ぬ」ことで創作の才能に着火

○亡くなる前のわずか10カ月間で後世に残る作品を書く

中島敦は昭和17（1942）年、持病の喘息が悪化したことによって、わずか33歳で早世しました。最期は「書きたい、書きたい」「俺の頭のなかのものを、みんな吐き出してしまいたい」と作家として生きる思いを涙ながらに語ったのです。

中島といえば、中国古典を題材とした『李陵』や南洋を舞台にした『光と風と夢』などが読み継がれていますが、なかでも有名なのは、教科書にも載っている短編小説『山月記』です。

高級官吏の職を捨てて詩人になる夢を抱くものの、一流になり切れない主人公の李徴が、やがて獰猛な虎になってしまうという「変身譚」ですが、この中島のデビュー作は、なんと亡くなる10カ月ほど前に書かれたものなのです。

実は中島が「プロの作家」として活動したのは、わずか10カ月ほどでしかなかったのです。

その間、後世に残るような作品を一気に書き上げました。作家には誰しも、傑作が次々に生まれる豊饒《ほうじょう》な時期がありますが、中島の場合、それが最後の10カ月に集中して訪れたわけです。

○東大卒のエリートでも就職難で苦労して女学校の教職にありつく

中島は、幼いころから学業優秀で、第一高等学校（現・東京大学教養学部）を卒業後、昭和5（1930）年、東京帝国大学文学部国文学科に入学し、卒業しました。帝大出（東大卒）とはいえ、当時の就職難に苦しみ、朝日新聞社の入社試験を受けるも、身体検査で落ちるという悔しい経験もしています。

結局、中島は横浜高等女学校（現・横浜学園高等学校）の教職に就きました。

中島は、ゲーテやニーチェ、パスカルやプラトン、カフカやスピノザなど海外の作家・学者、芥川龍之介や谷崎潤一郎、森鷗外に井伏鱒二、永井荷風に小泉八雲などの日本の作家にも大きく影響を受けるなど、多方面にわたる教養を持ち、発表こそしないものの、さまざまな作品を書いていました。

しかし、自分の道が定まらず、ふらふらしていたこともあったのです。真面目ではあったものの、さまざまなことを試みては続かないという下積み時代も経験しています。

そんな中島が、病気の悪化や死の到来を前に、一気に形になったかのように素晴らしい作品を生み出します。

同じような現象は、146ページで紹介する樋口一葉にも見られますが、中島もまた最期の瞬間に弓を引くかのように短期間で数々の傑作を残し、特異な文豪としての地位を確立したのです。

◯「俺には才能がないのではないか」と苦悩した下積み時代

中島は、自分の才能に自信が持てず悶々としていた時期がありました。その苦悩が日記に綴られています。

「才能のない私は才能のないことを悲しみながら頭をたれて明るい町をのそのそと歩いていた。私はもう二五だ。私は何かにならねばならぬ。ところで一体私に何ができる。

うはべばかりの豪語はもうあき〳〵だ。なかみのないボヘミアニズムも、こり〳〵だ。人に笑はれまいとするきがねも、もう沢山だ。

感心したものには大人しく帽子をぬげ。自信ありげなかほをするのは止めろ。自信も何もないくせに。だが、それは結局自分の無能を人に示すことになる。何ということだ。何と情けないことだ。一体。才能がないということは、才能のない男が裸にならねばならぬということは」

『断片九』（県立神奈川近代文学館所蔵、中島敦直筆資料より）

この日記からもわかるように、中島は「何かにならねばならぬ」という焦燥感を抱えていました。現代の若者たちが「何者かになりたい」と自分探しをする姿と、重なる部分があります。

中島は東大卒のエリートではありましたが、それでも20代には自分の才能や将来に対する不安を抱えながら過ごしていたのです。

のちに作家として名を馳せる作品を書いた背景には、このような内面的な葛藤が生きているともいえます。

○南洋パラオでの国語の教科書をつくる仕事が転機になる

中島は昭和16（1941）年、喘息が悪化したことから横浜高等女学校を退職して、療養をかねて南洋庁国語教科書編集書記としてパラオにわたり、8カ月ほど役人として過ごします。亡くなる前年のことです。

パラオは南洋諸島（ミクロネシア）の一部であり、中島はそこで日本語の教科書を作成し、現地で日本語を教える仕事に就いたのです。

当時の日本は第1次世界大戦後、南洋諸島を国際連盟の委任統治地域として管理していました。「南洋庁」という機関が設置され、日本人の子弟や現地の子どもたちに日本語教育を行うことが、国策として進められていたのです。

喘息を抱えていた中島は、暖かい気候のパラオでの生活が、喘息の回復に役立つかもしれないと期待していました。ところが、パラオは雨が多く高温多湿で、逆に喘息が悪化してしまいます。また現地の島民たちとの交流も容易ではなく、日本語教育は思うように進みませんでした。

○パラオから帰国して〝文学的爆発期〟を迎える

パラオの高温多湿な気候とともに、食べ物も合わず、日本食を食べたいという気持ちが、どんどん強くなっていきました。

妻と2人の子どもを日本に残していたため、精神的にも追い詰められていき、完全にホームシックにかかってしまい、小説も書けない状態に陥ったのです。

暖かい気候が喘息によいと思ってパラオに行ったものの、結局は小説も書けず、心身ともに衰弱してしまい、帰国。心臓性喘息のため、パラオでの激務に耐えられないという理由で、東京の出張所の勤務に戻ることになり、船に乗り込みました。

しかし、ここでついに中島の文才の炎が燃え上がります。帰国してからの中島の活躍は目覚ましいもので、次々と原稿を書き始めたのです。

プライドが高いゆえに傷つくことを恐れる「臆病な自尊心」、恥をかいて自信を失いたくないゆえに他人を見下す「尊大な羞恥心」というフレーズで有名な『山月記』。

パラオへ赴任する前、友人の小説家・深田久弥に預けていた作品が、知らないうちに雑誌『文學界』に掲載され、中島の名前が知られるようになっていたというラッキーパンチもありました。

結局、南洋パラオでの生活や経験は、中島が期待していたようなものとは異なりましたが、作品を花開かせるために、大きく貢献してくれました。

「何かにならなければならぬ」という焦りも孤独感も仕事のストレスも生活の苦労も、すべての作品に一気に反映され、〝文学的爆発期〟を迎えたのです。

○死に際に「書きたい、書きたい」と言って泣く

その後も、快進撃は続きます。『光と風と夢』という作品を発表し、芥川賞候補になったのです。室生犀星や川端康成から高く評価され、中央公論や筑摩書房から多くの執筆依頼が届くようになりました。

作品集の出版も求められ、昭和17(1942)年には、第一作品集が刊行されました。その後、パラオ時代の経験を題材にした小説『南島譚』を第二作品集として出版、これが11月のことです。しかし、この第二作品集が刊行された直後、体調が悪化し、中島は病院に入院。12月4日に喘息のため、33歳で亡くなってしまいます。

パラオから帰国し、職業作家として立ち上がろうと決意した中島でしたが、作家とし

て認められるという悲願を達成し、作品集が次々と出版されるなかで、命は尽きてしまいました。

死の間際、涙を浮かべながら「書きたい、書きたい」「俺の頭のなかのものを、みんな吐き出してしまひたい」と言ったというのは前述のとおりです。その生涯を通じて、文学に対する強い情熱を持ち続けた作家ともいえるでしょう。

◯「いつになったら芽が出るんだろう」という思いにかられたら

平成31（2019）年9月から11月に、神奈川近代文学館で特別展「中島敦展――魅せられた旅人の短い生涯」が開催されました。

編集委員を務めた作家・池澤夏樹は、本展の公式図録に寄せたエッセイ『知の系譜と自我の飛翔』で、このように綴っています。

「中島敦の作品はどれも自立している。これを読むのに事前の知識などは必要ない。それでも、彼のような非私小説的な作家でも、その生涯を辿ることには意味がある。なぜならば、彼にあっては生涯もまた一つの作品であったから。あるいはそれこそが彼の最大の傑作であるから」

命が限界に達した瞬間に、積み重ねてきたものがポンッと突然、形になった。自分の「生《な》り年」がいつ訪れるかは誰にも予想できません。

読者のみなさんにも、「いつになったら芽が出るんだろう」と漠然とした思いにかられることがあるかもしれません。そんなときは、中島の人生を思い出し、作品に触れてみてほしいと思います。

中島敦のおすすめ著作

○『**山月記**』(『山月記・李陵』集英社文庫に収録)

中国・唐の時代。詩人としての名声を追い求める李徴は、人食い虎に変身してしまいます。人間のエゴや虚栄心が引き起こした悲劇の結末は……。「臆病な自尊心」と「尊大な羞恥心」というフレーズに、聞き覚えがある人も多いのでは。漢文調の硬質さが、非常に美しい響きを作り、彼の作品世界をより魅力的に際立たせています。

○『**名人伝**』(『山月記・李陵』集英社文庫に収録)

弓の名人になることを目指す男の修行と、その過程で彼が出会う師匠との交流を描く。技術を「極める」とはなんたるかを教えてくれる寓話的作品。少年漫画のような、胸が熱くなる展開もあり、仕事のやる気がほしいときにもおすすめ。

○『**南島譚**』(『斗南先生・南島譚』講談社文芸文庫に収録)

パラオでの経験をもとに書かれた小説。南島で出会った島民たちとの触れ合いを通じて、自らの内面を見つめ直す過程が描かれます。結果的に、中島の死を早めてしまった南島行きですが、生身で暮らす土着の人々と交流したことで得られた知見が、存分に結晶された作品です。

話題の引き出し★豆知識

漢文に囲まれた少年時代

中島は、儒学者の家系で生まれ育ちました。父方の祖父は、江戸末期から明治初期にかけて活躍した儒学者・中島撫山。父・田人も中学校で漢文を教えており、母・チヨも小学校の教員として働いていました。中島が2歳のときに両親が離婚すると、埼玉県久喜市にある父の実家で暮らすようになりましたが、祖父の遺した漢文の書籍や儒学・漢学に精通している親族に囲まれながら、幼少期を過ごしたことが、中島の作品に大きく影響しています。

大原富枝

大原富枝（おおはら・とみえ　1912〜2000年）

高知生まれ。小学校校長だった父のもとに生まれる。高知県女子師範学校中退。代表作は『婉《えん》という女』『アブラハムの幕舎』など。高知県女子師範学校は全寮制の学校だったが、入寮中の18歳時に喀血し、結核で入院。学校も中退せざるを得ず、以後約10年間を療養に費やす。故郷で病気の治療をしながら小説を書くようになり、昭和7（1932）年、20歳のときに初めて投稿した『姉のプレゼント』が、『令女界』という雑誌に入選。以後も執筆活動を続け、29歳のとき創作に集中するため上京。48歳で講談社から刊行した『婉という女』がヒット。亡くなるまで、精力的に執筆活動を続け、数々の文学賞を受賞した。平成12（2000）年、87歳で心不全により死去。

病気に自由を奪われた青春時代の10年間

◯人間が暮らすのではなく「モノが置かれる」ような扱い

大原富枝は、平成12（2000）年に87歳で亡くなりました。長生きして多くの作品を残しましたが、若いころに結核を病んだ経験があります。

18歳からの10年間にわたり療養生活を強いられ、青春期の自由を奪われたことが、大原の作家人生に深く根ざしているのです。

代表作であり、俳優・岩下志麻主演で映画化された小説『婉という女』は、土佐藩執政の父・野中兼山（良継）が失脚したのち、わずか4歳から40年にわたり幽閉された実在の女性に焦点をあてた歴史物語です。

大原の故郷・土佐（現・高知県）を舞台にしており、狭い場所で自由を奪われ、どこにも行けない主人公・野中婉の葛藤や苦しみは、若いころに病気で自由を奪われた大原自身と重なります。印象的なのは、こんな描写です。

「門外を一歩を禁じられ、結婚を禁じられ、40年間をわたくしたちはここに置かれた」

「他人との面会を許されず、他人と話すことを許されないで、わたくしたち家族はここに置かれた」

「わたくしたち兄弟は誰も生きることはしなかったのだ。ただ置かれてあったのだ」

『婉という女』（『婉という女・正妻』講談社文芸文庫に収録）

このように、大原は「置かれた」という表現を繰り返し使っています。「生きていた」でも「暮らしていた」でも「いた」でもなく、「置かれた」なのです。

つまり、人間が暮らすのではなく「モノが置かれる」のと同じような扱いをずっとされていたと感じているわけです。

主人公の切実な訴えが、胸を締めつける作品です。

封建的な社会での女性の立場、自由の追求とその限界、それに対する深い絶望を描いた同書は、昭和35（１９６０）年、大原が48歳のときに発表され、大きな話題を呼びました。
　ほかにも社会に居場所がなく、宗教的コミュニティに惹かれてしまう若者たちを描いた長編小説『アブラハムの幕舎』は、１９８０年代のバブル期に派手な社会の表舞台からは見えない、孤独や弱さを抱えてとり残された人々の姿に光を当てており、とても読み応えがあります。

◯病のせいで結婚できなかった心の傷

　このように自由を奪われたり、社会からとり残されたりした人々を生々しく描いた大原ですが、エッセイ『あれからの三十年』では自身の過去について、次のように振り返っています。

「戦前不治の病と言われた結核を患って、私の人生はそこで歪んだはずである。そういう娘が恋をすれば傷つくのはむしろ当然だろう」

『あれからの三十年』（『大原富枝全集 第8巻』小沢書店に収録）

病を患ったために相手の家族に結婚を許してもらえなかったこともありましたが、相手の男性は戦争にとられ、戦死を覚悟して大原に絶縁状を送りました。ところがのちになって、その男性がほかの県で結婚して家庭を持っていたことがわかり、大原は裏切られたような気持ちになったこともありました。

そんな大原の作品でとくに紹介したいのは、昭和31（1956）年に結核について描いた短編小説『ストマイつんぼ』です。同書はベストセラーになり、第8回女流文学者賞を受賞しました。

タイトルにある「ストマイ」とは、結核の特効薬となった抗生物質「ストレプトマイシン」の略で、「つんぼ」とは「耳が聞こえない人」のことを指します（いまでは差別語として扱われています）。

○結核のことを「彼」と表現した想い

ストレプトマイシンのおかげで、多くの結核患者は病を克服しましたが、その副作用で難聴になるケースが多発したのです。

大原は、10年間も結核と闘いました。ただ単に肉体的な苦しみだけではありません。

死ぬかもしれないという恐怖、まわりに置いていかれるという寂しさ、悔しさ……そこにきて、さらにストレプトマイシンによる「耳が聞こえづらい」という新たな苦しみや「ストマイつんぼ」と社会からの揶揄にまで襲われます。

大原自身の経験がもとになった『ストマイつんぼ』では、大原は結核のことを「彼」と表現しています。

「十年あまり息を進めていた彼が再び肉体の奥で狼煙を上げるのを感覚する」

『ストマイつんぼ』（角川書店）

結核は、一度は症状が落ち着いても、しばらくしてから結核菌が活性化することがあり、やっかいな病気なのです。

結核のことを「彼」と表現した『ストマイつんぼ』からは、長年患ってきた結核菌との馴れ合いと闘争を読みとることができます。結核を患った大原自身もストレプトマイシンの副作用により難聴になったのですが、さらには表情も変貌してしまいました。

「馴染みのうすいその顔のなかにわたしは、いったい何を考えているのやら、幸福なのか不幸なのか、まるでわからない他人を感じ、持主であるわたしへの疎遠のようなもの、裏切りのようなものを感じました」

『ストマイつんぼ』（角川書店）

このように自分自身の顔に対しても、「裏切り」のようなものを感じたことを綴っています。

◯87歳まで「社会から置き去りにされた人々」を書き続けた理由

結核菌による感染症で、多くの人を蝕んだ恐ろしい病で、正岡子規のように早くに亡くなってしまった人もいれば、大原のように長年治療を続けて克服し、作家としての生涯を87歳まで遂げた人もいました。

大原の人生、そして彼女の作品から読みとれるのは、病とは「治療したら終わり」ではないということです。

87歳までの作家人生で、一貫して負の世界に伏せ置かれた弱い人間の姿を描き続けたのは、やはり病に伏した10年間の経験が、魂に深く刻み込まれてしまったからなのです。

病にかかってしまった体でも、家族、他者、社会と折り合わない人でも、どうしても生きていかなければならない。大原とは、そういうテーマを書き続けた作家です。

どちらかというとマイナーな作家ではありますが、これまでとり上げてきた女性作家たちとは違うタイプで、社会への本質的な問いを深く掘り下げています。

私も若いころは大原文学を読んだことがなく、文芸評論家になってから初めて読んだのですが、自分の生き様をこんなふうに作品に投影する人がいるのかと驚きました。機会があれば、ぜひ読んでもらいたいと思います。

大原富枝のおすすめ著作

○『**アブラハムの幕舎**』（**講談社文芸文庫**）

バブル期の経済的繁栄と対照的に、居場所が見つからず、新興宗教に救いを求める若者たちの姿を描いた長編小説。1970年代にあった宗教団体「イエスの方舟」をめぐる、実際の事件を題材にした作品です。小説としてとても面白く、大原文学の頂点だと思っています。

○『**ストマイつんぼ**』（**角川書店**）

結核治療のための「ストレプトマイシン」の副作用に苦しむ1人の女性。ストレプトマイシンは結核の特効薬ではあるものの、耳が聞こえにくくなるという副作用が……。「病によって変わっていく自分の身体」というテーマを通して、家族や社会と折り合いがつかず、どんどん置いてけぼりにされてしまうことへのとまどいや、現代社会の酷薄さが生々しく描かれています。

話題の引き出し★豆知識

ストレプトマイシンで治った「クロネコヤマト」中興の祖

結核に人生を翻弄された人は多いですが、ヤマト運輸（現・ヤマトホールディングス）のトップをつとめ「宅急便」を生んだ小倉昌男もその1人です。大学卒業後の昭和23（1948）年、小倉は2代目の跡とりとして、当時の「大和運輸」に入社します。しかし、その半年後に肺結核に侵され、20代の4年間を療養に費やさざるを得ませんでした。大和運輸がGHQ（連合国総司令部）に関連する業務を担当していたことから、米軍ルートで国内ではほとんど入手困難だったストレプトマイシンを入手。奇跡的に回復し、仕事に復帰することができたのです。

北條民雄

北條民雄（ほうじょう・たみお　1914～1937年）

ソウル生まれ。本名・七條晃司。代表作は『いのちの初夜』。高等小学校を卒業後、上京し、法政中学夜間部で勉強するなどプロレタリア文学を志すが、19歳でハンセン病を発症。東京・東村山のハンセン病療養所「全生病院」（現・国立療養所多磨全生園）への入院を余儀なくされる。病院から川端康成に作品を見てほしいと手紙を書き、作品を執筆。自身の経験をもとに書いた代表作『いのちの初夜』は、小林秀雄が「文学そのもの」と評するなど文壇から高い評価を得て、第2回文學界賞を受賞、芥川賞候補にもなった。作品集『いのちの初夜』がベストセラーになったものの、腸結核のため、その短い一生を23歳で終えた。

宿痾《しゅくあ》に直面してもひるまず、たくましく人間性を表現

◯こういう作家がいたことを知ってほしい

北條民雄を知る人は、けっして多くはありませんが、文学史に刻まれるべき作家の1人だと私は思っています。「文豪」と呼ぶべき作家かどうかといえば、正直なところ、そうではないかもしれません。

なぜなら、ハンセン病の療養施設に入所した自分自身の体験をベースに、ハンセン病を発症した主人公が療養所で過ごす最初の一夜を描いた『いのちの初夜』を始め、23歳で亡くなるまでに書いた8篇を収めた短編集くらいしか作品がないからです。

ただ、北條という作家がいたということ、そして自ら抱える病のなかで、人間の命をこれほど鮮明に描き切った作家がいたという事実を、ぜひ知ってほしいのです。

『いのちの初夜』は昭和11（1936）年、文芸誌『文學界』に掲載され、第2回文學

界賞を受賞しました。

実のところ当初は『最初の一夜』という原題だったのですが、14ページで紹介した川端康成によって『いのちの初夜』に改題されたという経緯があります。この作品は、第3回芥川賞の候補にもなっています。

私が『いのちの初夜』を読んだのは高校時代でしたが、「なんと清純な小説なのだろう」と衝撃を受け、読後1カ月くらいは、その衝撃のなかに棲んでいたような感覚でした。

◯自分の著作に出身地を載せない差別の背景

北條と『いのちの初夜』についての理解を深めるには、まず「ハンセン病」について知る必要があります。

ハンセン病は、おもに皮膚と末梢神経を病変とする抗酸菌感染症で、かつては「らい病」と呼ばれていました。ノルウェイの医師が明治6（1873）年に「らい菌」を発見して、らい病（ハンセン病）が感染症だと判明しました。

感染力は極めて弱く、遅くとも昭和35（1960）年には、特効薬で治療法が確立したにもかかわらず、ハンセン病患者は差別や偏見の対象となった歴史があります。

日本で昭和6(1931)年に「らい予防法」が成立し、ハンセン病患者の強制隔離が法制化されると、患者を収容するために隔離施設が設立されました。全患者が隔離対象となったのです(その後、平成8〈1996〉年にらい予防法が廃止され、隔離政策も撤廃されています)。

ハンセン病を患った北條も、療養施設に入所しています。

北條民雄の本名は、「七條晃司」といいますが、ハンセン病患者が社会的な差別や偏見の対象となっていた時代、北條は本名だと家族に迷惑をかけると考え、ペンネームを使っていたのです。

いま私の手元にある『いのちの初夜』(角川文庫)の奥付には「昭和47年3月の改訂版」とあります。つまり、50年以上も前に出版されたバージョンですが、そのプロフィール欄には、北條の生まれた場所や本名などの情報が書かれていません。

出身地については、「大正3年9月5日某県に生まれる」と書かれています。

◯没後77年にしてようやく本名を公開

北條の本名「七條晃司」と出身地「徳島県阿南市」が公表されたのは、平成26(20

14）年になってからのことです。
徳島に住む北條の親族に、関係者が2年余りにわたって本名を公表するように働きかけ、北條の生誕100年にあたる平成26（2014）年、親族の了承を得て、出身地の徳島県阿南市の文化協会が発行した本のなかで、初めて本名を公表したのです。

そのとき、すでに没後77年が経っていました。

これを機に、北條の直筆原稿や川端康成との書簡などを展示した「北條民雄特別展」が、徳島の文学書道館で開かれました。

この特別展では、北條が書き上げた『最初の一夜』の感想を川端に求めたり、のちに『最初の一夜』を『いのちの初夜』に改題することになる川端が、題名についてアドバイスしたりする直筆の書簡などを、北條の本名の部分も隠さずに展示されました。

私も徳島の文学書道館に行って図録を手に入れたのですが、そこには書棚を背景に座る眼鏡をかけた北條の肖像画が掲載されていました。

その薄い冊子を手にしたとき、それまでにない北條の短い人生に思いを馳せ、得も言われぬ感情が込み上げてきたことを覚えています。

○幸せな結婚も病への差別と偏見から破綻をきたす

長らく明らかになってこなかった北條の人生について、振り返りましょう。

北條の父親は陸軍の経理部に勤め、当時の勤務地であるソウルで、大正3（1914）年に生まれました。

しかし、翌年に母が病死し、祖父母が育てるため、母の出身地の徳島・阿南に移ります。一度は上京しますが、兄が亡くなったこともあり、ふたたび徳島に戻り、家事を手伝いながら、友人らとプロレタリア文学の同人誌『黒潮』を創刊。警察に目をつけられ、原稿を押収されたこともありました。

育ての親である北條の祖父母は身を案じ、昭和7（1932）年、北條が18歳のときに親戚の娘と結婚させました。

幸せな結婚生活を送るはずでしたが、わずか翌年、それはハンセン病によって一気に破綻してしまいます。

◯「らい病」の宣告後に映画館で喜劇を観るも1人笑えず

足に麻痺を感じ始め、鏡に映る自分の顔の血色が妙にいい――急にどうしたのだろうと不思議に思っていたところ、偶然、ある雑誌でらい病（ハンセン病）の記事を見かけます。

どうも、自分の身に起こった症状と似ていると思っていると、眉毛が抜け落ち、これでハンセン病であることが決定的になったと、のちに随筆に書いてます。

「妙に眉毛がかゆく、私はぽりぽりと掻きながら自分の部屋へ這入った。そして何気なく指先を眺めると抜けた毛が五六本かたまってくっついているのである。おかしいと思ってまた掻いてみると、また四五本くっついているのであった。おや、と思い、眉毛をつまんで引っぱって見ると、十本余りが一度に抜けて来る。

胸がどきりとして、急いで鏡を出して眺めて見た時には、既に幾分薄くなっているのだった。私は鏡を投げすてて五六分の間というもの体をこわばらしたまましっと立竦んでいた。LEPRA！という文字がさっと頭にひらめいた」

『北條民雄 小説随筆書簡集』(講談社文芸文庫)

北條は自宅から20キロほど離れた病院に行き、「らい病」と診断されました。その宣告にショックを受け、家に帰る気にならず映画館に行って、当時人気だったバスター・キートン主演の『喜劇王』を観て、気を紛らわせようとしました。

笑いが起こる館内にあって北條はショックを拭いきれず、ほかの観客と同じように笑えないことに孤独感を覚えたと振り返っています。

◯強制的に入院させられ全裸で消毒される

差別と偏見の対象となっていたハンセン病の感染によって、結婚した翌年、昭和8(1933)年に早々と離婚。幸せになるはずだった結婚生活が終わりを告げ、社会から隔離された北條は、絶望して自殺することを考えます。

同郷の年上の友人と華厳滝に行き、滝つぼに飛び込もうとしたり、睡眠薬を飲んだりと、何度か自殺をしようかと思ったものの、死にきれませんでした。

華厳滝では、友人だけが死んでいます。

昭和6（1931）年に成立した「らい予防法」で、ハンセン病患者の強制隔離が法制化されていたため、北條は離婚した翌年、昭和9（1934）年に上京した父親に連れられ、東京・東村山のハンセン病療養所「全生病院」（現・国立療養所多磨全生園）への入院を余儀なくされました。

全生病院に入院すると、北條は入浴させられたのち、全裸で消毒されました。それから縞《しま》模様の着物に着替えさせられ、しばらくは病歴の聞きとりや余病の検査を受けさせられたのです。

逃走防止のためか、金品を含むすべての持ち物が没収され、収容された病院内でしか使えない「金券」などと交換させられたといいます。

最初は重度のハンセン病患者がいる病棟に入れられたのですが、その光景にショックを受けました。

◯何もかも奪われ、ただ1つ命だけが残される

入院して最初の夜の経験を投影したのが短編小説『いのちの初夜』です。著者である北條自身を彷彿とさせる主人公が、ハンセン病の収容施設に入れられた初日を描いたフ

ィクションで、物語の中心には21歳の青年・尾田高雄がいます。

診断を受け、消毒のために身ぐるみをはがされた尾田は、先輩患者に連れられて重病室に入ります。そこで鼻の潰れた男、口の歪んだ女、骸骨のような目玉のない男などを目撃し、言葉を失うほどの衝撃を受けます。

その夜、尾田は施設を抜け出し、雑木林で首をくくろうと試みますが、結局死ぬことができませんでした。そんなとき、半分潰れたような顔を持つ先輩患者の男・佐柄木に「きっと生きる道はある」と声をかけられます。


「なんというもの凄い世界だろう。この中で佐柄木は生きると言うのだ。だが、自分はどう生きる態度を定めたらいいのだろう」

『いのちの初夜』（角川文庫）

何もかもが奪われ、ただ1つ命だけが残された尾田は、発病して以来、初めて自分の心に問いかけます。

命とは何か、生きるとはどういうことか――まわりの患者たちや佐柄木の姿勢を見ているうちに、尾田は生きる決意をして、物語は終わります。
最後には、こんな一文があります。

「佐柄木の世界へ到達し得るかどうか、尾田にはまだ不安が色濃く残っていたが、やはり生きてみることだ、と強く思いながら、光の縞目を眺め続けた」

『いのちの初夜』（角川文庫）

主人公の尾田がハンセン病を患い、全生病院に入院し、一夜の強烈な体験のなかで生と死を見つめ、その先にわずかな光明を見出そうとする物語。ここには、絶望のなかで見出される希望と、人間の生命力の強さが描かれています。

◯川端康成が改題して作品の公表へと道を拓く

本書が世に出るきっかけとなったのは、川端康成でした。
すでに作家としての地位を確立しており、小林秀雄や林房雄とともに文芸誌『文學界』を手がけていた川端に、北條は作品を送ったのです。

川端は、北條が描き下ろした短編小説に衝撃を受け、高く評価して『文學界』への掲載を決めます。最初は『最初の一夜』というタイトルでしたが、川端の助言で『いのちの初夜』に改題され、『文學界』（１９３６年２月号）に掲載されました。

このように川端を介して『いのちの初夜』が日の目を見て、北條の創作活動が大きく広がるきっかけとなったのです。

『文學界』で発表された同じ昭和11年（１９３６）年の12月、北條の生前唯一の作品集『いのちの初夜』が発売されると、大きな反響を呼び、わずか１カ月で５刷の重版となるほどの人気となりました。

ところが北條は、作品の成功の陰で体調を崩してしまいます。年が明けて正月を迎えると、激しい神経痛と結核に苦しみ、重病患者の病室へと入れられたのです。

その後も体調は悪化の一途をたどり、時おり外出はしたものの、下痢が続きます。大腸に炎症が起きることで、腹痛や下痢・下血が起きる「大腸カタル」や「腸結核」と診断されました。ハンセン病だけでなく、さまざまな病気が体を蝕んでいったのです。

病室から動けなくなった北條は、日記に次のように記しています。

「慟哭したし、泣き叫びたし。この心いかんせん」

『北條民雄 小説随筆書簡集』（講談社文芸文庫）

昭和12（1937）年12月5日、北條はわずか23歳でこの世を去りました。青春の絶頂期にハンセン病を発症し、結婚生活も短命に終わったその人生は、あまりにも短く、あまりにも過酷なものでした。

○亡くなったその日に川端康成が亡骸《なきがら》と対面

北條が亡くなった日、川端は全生病院に弔問して亡骸と対面しています。

そのときのことを川端は『寒風』で、詳細に描きました。全生病院に川端が到着すると、亡骸は柔道場のような、がらんとした広い畳敷きの部屋に安置されていました。上がり口には古びたわら草履が並べられており、亡骸は正面奥の板の間に祭壇風に置かれていました。

川端が見た北條の姿は、小さく痩せ細り、人間の体らしい厚みのないものでした。その顔を見た川端は、次のように記述しています。

「綺麗じゃありませんか。
綺麗ですね。
私と出版社の人とはすぐにそう言い合って、ほっと安心した。少し身をかめながら、死に顔を覗き込んだ。随分ひどく衰弱して死んだんですねと私は言うと、自責に似た痛みが胸にしみた。全く衰えてきて、力尽きて死んだ顔だった」

『寒風』(『非常/寒風/雪国抄 川端康成傑作短篇再発見』講談社文芸文庫に収録)

◯原稿用紙に向かっているときだけ生き甲斐を感じられる

ハンセン病は特効薬によって治るようになり、不治の病ではなくなりました。かつてのような社会的な差別や偏見も、なくなりつつあります。

しかし、北條が生きたのは、非常に厳しい差別や偏見と闘わざるを得なかった時代でした。

そんな時代、隔離生活を余儀なくされていた北條にとっては、原稿用紙に向かっているときだけが、苦しくも生き甲斐を感じられる時間だと、友人に語っていたのです。

書くことによって、かろうじて短い命の炎を燃焼させたというのでしょうか。

「文豪の生き様が、人生の武器になる」というのは、本書の大きなテーマの1つですが、長く治らない病、宿痾に直面してもひるむことなく、たくましく人間性を表現した北條の人生を知ること自体が、何か大きな励みになるのではないでしょうか。

命の危機がやってきたとき、人間の心はどんなふうに動くのか。ふだんは鈍っている〝心の運動神経〟のようなものを刺激してくれる作品だと思います。

北條民雄のおすすめ著作

○『**いのちの初夜**』(**角川文庫**)

川端康成、小林秀雄を始め多くの作家や編集者たちが、この作品を世に広めたいと尽力した傑作。ハンセン病にかかったことそのものを特殊なケースとしてとらえた単なる記録文学ではなく、そのことを通して、現代人の抱える苦しみが見事に表現されています。

○『**寒風**』(**『非常/寒風/雪国抄 川端康成傑作短篇再発見』講談社文芸文庫に収録**)

北條の死後、川端が全生病院に弔問したときの出来事をもとに書いた短編小説。マイナーで作品集にまとめられることも少ないですが、『いのちの初夜』と合わせてぜひ読んでもらいたい作品です。この川端の文庫は私が編集しましたが、『寒風』を入れたいと最初から考えていました。

話題の引き出し★豆知識

文学界のスーパースターが集結した雑誌

川端康成、小林秀雄、林房雄……名だたる小説家たちの手によって、昭和8(1933)年に文芸同人誌『文學界』が創刊されました。昭和11(1936)年、その『文學界』2月号に『いのちの初夜』は掲載され、第2回文學界賞を受賞するに至りました。最初はハンセン病の症状がそれほど重くなく、外出も許されていた北條は、文學界賞の賞金を受けとりに東京まで出てくることになったのですが、当時の『文學界』は資金繰りがうまくいっておらず、賞金の準備ができていませんでした。そのため、当時の文士の溜まり場であった洋食文化の草分け的存在、東京・銀座の「資生堂パーラー」に招待し、作家たちと面会をしたのでした。

第3章

文豪と「金」

——貧乏作家、金持ち作家、成り上がり作家——

樋口一葉

樋口一葉（ひぐち・いちよう　1872〜1896年）

東京生まれ。本名・樋口奈津。代表作は『にごりえ』『十三夜』『たけくらべ』など。２００４年から５０００円札の肖像に採用された明治時代の小説家。東京府の下級官吏だった父の家庭に、次女として生まれる。幼少期から知的好奇心が旺盛で歌人・中島歌子の私塾「萩《はぎ》の舎《や》」に14歳で入門。文学の道を志すも事業に失敗した父が亡くなり、17歳で借金を肩代わり。母とともに生計を立てるため商売するも儲からず……と、お金の悩みが尽きないなか死に物狂いで生き、日本初の女性職業作家となる。明治29（１８９６）年、肺結核により24歳で夭折。

17歳で父の借金を肩代わり

◯わずか14カ月で文壇に爪痕《つめあと》を残す

プロフィールの末尾に記した「夭折」という言葉を、ご存知でしょうか。「ようせつ」と読み、若くして亡くなることを意味します。

「夭折した文豪」なんていうと、なんとなくドラマチックな響きがありますね。

前項の北條民雄は23歳で夭折していますが、樋口一葉も「まだまだこれから」という24歳で夭折した文豪です。明治5（1872）年に生まれた一葉は、19歳で小説家を目指します。

『たけくらべ』『にごりえ』『十三夜』など、後世に残る話題作を次々と書き上げたのは、驚くべきことに晩年のわずか14カ月のことです。

新たな才能が彗星のごとく現れたかと思えば、あっという間に亡くなってしまったので、出世作を生み出したその晩年は、「奇跡の14カ月」とも呼ばれます。

さて、そんな経緯を聞くと、「死ぬ間際に創作意欲を爆発させ、艶やかに散った天才」のようなイメージを持つかもしれませんが、実は一葉が創作活動を始めたきっかけは意外なものでした。

文学への志はあったのでしょうが、それ以上に、一葉には原稿料がどうしても必要な理由があったのです。

家族を守るため、日銭を稼ぐため、ストイックに書き続けた――これが一葉という作家の原点です。

◯事業に失敗した父親の借金を肩代わり

一葉の父・則義は、もともと徳川幕府の臣下でしたが、妻となる古屋多喜と駆け落ちをして一緒になりました。

明治維新を迎えると、まだ幕藩体制の名残りのあった明治9（1876）年に「廃刀《はいとう》令《れい》」が発せられ、特別の場合を除いて刀を身につけることができなくなりました。すると、侍たちは次々と路頭に迷うことになったのです。

それまでのキャリアがいっさい通用しなくなり、いまでいう「転職」も難しい……そういう時代の転機を迎えて、仕事を失った幕臣の多くは、当時の東京府の役人になったり、自分で事業を興したりしました。

しかし、一葉の父・則義は、あまりうまく世わたりできなかったのです。事業が失敗して多くの借金を抱え、その末に病没してしまいます。

そこで父親の借金を肩代わりすることになったのが、当時17歳の一葉だったのです。きょうだいもいましたが、兄はすでに亡くなっており、姉は他家へ嫁いでいます。結局、一葉が父の借金を返すしかない状態でした。

「星まわりが悪い」という表現がありますが、なんというか、一葉の人生を追っていくと、逐一そういう印象を受けます。

◯どうにかこうにか生計を立てつつ原稿料目当てに作家を志す

17歳という若さで多額の借金を背負う状況に追い込まれた一葉は、当初は質屋通いでなんとか糊口《ここう》をしのぎました。

家財を片っ端から売り払って、どうにかこうにか生計を立てて貧しいながらも暮らしていたのですが、モノを売ってお金にかえるのには限界が訪れます。

そこで一葉は、小説を書いて、その原稿料で日銭を稼ぐことを思いついたのです。

元来、本を読むのが好きだった一葉は、14歳のときに教育熱心な父のすすめで小石川水道町（現・東京都文京区春日）にある歌塾「萩の舎」に通っていました。これは歌人・中島歌子が主宰する塾で、政治家や華族といったいわば〝いいところの妻子〟が教養を身につけるサロン的な場でした。

このころに『源氏物語』など日本の古典文学に触れて培った教養が、その後の一葉の作品にとても役立ちました。

こうした背景があって、一葉は19歳にして小説家を目指すようになったのです。

◯日銭を稼ぐためストイックに書き続けた日々

一葉が小説家デビューしたのは、明治25（1892）年、20歳になる春のことでした。東京朝日新聞（現・朝日新聞東京本社）の記者兼専属作家・半井桃水《なからいとうすい》が、若手の作家向けに創刊した同人誌『武蔵野』の創刊号に、樋口一葉のペンネームで短編小説『闇桜』を寄稿し、初めて文壇に登場したのです。

文芸誌『都之花』には短編小説『うもれ木』を寄稿し、原稿料11円50銭を稼ぎ、そのうち6円を借金返済にあてました。翌年には『文學界』に短編小説『雪の日』を寄稿しています。

そのころは、それまでの常識だった難しい文語体（書き言葉）の文章ではなく、より読みやすい口語体（話し言葉）に近い文章を書こうという「言文一致運動」が盛んになっていました。明治維新による開国にともなって、話し言葉と書き言葉の区別のない新しい言文一致で書かれた小説が数多く発表されたのです。

小説家への道が切り開かれ、借金返済の目処が立ったかと思いきや、一葉の人生は順風満帆にはいきませんでした。

彼女をデビューさせた半井桃水は、なかなかの男前だったそうで、はっきりとした男女関係には発展せずとも、一葉とちょっといい雰囲気になってしまったらしいのです。

これにムッとしたのが、桃水の門下の女弟子たちです。若い才能ある新人がいきなりやってきたかと思えば、憧れの桃水先生とちょっといい仲になって、同人誌ですぐさまデビューさせるというのですから、それは心中穏やかではいられないでしょう。

一葉は結局、デビューした翌年には桃水の門下を出て行かざるを得なくなり、「原稿料で借金を返済する」という道が閉ざされることになります。

◯酌婦たちの「恋文の代筆屋」を始める

生活のため、そして母と妹の食い扶持《ぶち》を稼ぐため、次に一葉が向かったのは、吉原遊廓（現・東京都台東区千束）の近くにある「下谷龍泉寺町」でした。

その下町で小さな長屋を借り、荒物（桶・ほうきなどの家庭用品）や駄菓子を扱う店を始めましたが、商売はうまくいかず借金がかさむばかりでした。

結局10カ月で店を畳むことになり、いよいよ追い込まれた一葉が始めたのは、「恋文の代筆屋」でした。

商売に失敗した樋口一家は、「本郷区丸山福山町」（現・東京都文京区西片）に転居します。このあたりは当時、酒場が多く立ち並ぶいわゆる歓楽街で、いまでいうキャバクラやガールズバーのような店がたくさんあり、酒場でお酌をする「酌婦」がいる飲み屋がひしめいていました。

貧しい家庭で育った酌婦たちは、読み書きできないことも多く、一葉は仲よくなった酌婦たちから男に出す恋文の代筆の依頼を受け、せっせと書いていたのです。

このようにしてふたたび文筆の道が開けた一葉は、「やっぱりものを書くことで食べていきたい」と気持ちを新たにして、背水の陣で自分の小説を売り込んでいく覚悟を決めます。

◯大きくなったら遊女になる少女たちの思春期を描く

一葉の作品には、当時の貧しい女性像がよくあらわれています。

たとえば、代表作『にごりえ』では、「酌婦」として生活する女性の生涯が描かれています。

もう1つの代表作『たけくらべ』も、一葉が借金の返済をしようと四苦八苦していたころに過ごした東京の下町を舞台にして、日本屈指の歓楽街「吉原遊郭」の周辺で暮らしていた、思春期の少年少女の姿に光を当てています。

吉原周辺にいる少女たちが大人になるということは、その多くが、遊女（娼婦）になるということでもあります。そういう少女たちの淡い姿を描いており、実際にその街で暮らした一葉ならではの視点が、小説としての強さ・面白さにつながっています。

一葉といえば、旧5000円札の顔としても知られる文豪で、それゆえに高尚でとっつきにくい印象を持っていた人がいるかもしれません。

しかし、一葉が短い生涯を通してとり組んできたのは、社会の成長からとり残された人々だったのです。

自分自身も貧困に苦しみ、アンダーグラウンドでも生き生きと生活する人々の懐に入っていった経験を作品に結晶させているところが、一葉の作品の見どころです。

◯体を売らず妾《めかけ》にもならず文章で稼ぐ「女性職業作家」第1号

職業作家として生きる決意をした一葉ですが、借金の肩代わりに「体を売れ」「妾になれ」と言われたことも、何度かあったようです。

当時、お金を返すためにそのような選択をする女性は少なくなかったようですが、そういう誘いを一葉は突っぱねて、あくまでも小説を書くことにこだわり続けたのです。

女性職業作家というと43ページで紹介した田村俊子もそうですが、とにかく食べるために小説を書いたという意味では、一葉が「女性職業作家」として第1号でしょう。

もともと日本文学は、紫式部や清少納言など、時間もお金もたっぷりある貴族たちの遊びとして、徒然に書き綴ったものが発展してきた面があります。その点、明治以降の近代化という新しい日本で、初めて「女性職業作家」という立場に立ったのが一葉です。

２０２４年７月から、５０００円札の顔は樋口一葉から津田梅子に変わりました。私としては、ぜひ樋口一葉の顔が印刷された旧５０００円札をとっておいてほしいと思います。

旧５０００円札に印刷された一葉の表情を見ていると、明治の社会の陰を必死に生きた彼女の息遣いが聞こえてくるような気がするのです。

親の借金を背負わされ、とにかくお金がなく、それでも「小説で稼ぐ」という意志を貫き通そうとした。物書きとして活躍したのはたった14カ月と短いですが、これだけ後世に残る作品を書いたということは、明治以降の女性作家たちに大きな影響を与えたと思います。

樋口一葉のおすすめ著作

○**『にごりえ』**（**『にごりえ・たけくらべ』新潮文庫に収録**）

東京の下町を舞台に、「酌婦」として生活する女性の生涯を描いた短編小説。恋文の代筆をしていた一葉の経験が色濃く反映された作品だと言われています。

○**『たけくらべ』**（**『にごりえ・たけくらべ』新潮文庫に収録**）

吉原遊郭の周辺で暮らし、遊女を姉に持つ少女が主人公。子どもたちは、周囲の特異な環境に翻弄されながらも、自らの道を模索していきます。思春期の少年少女たちの淡い時間が、非常に生き生きと描かれた作品です。

○**『大つごもり』**（**『大つごもり 他五篇』岩波文庫に収録**）

年の瀬の大晦日を舞台にした借金小説。借りるはずだったお金が借りられなくなった、貧しい家庭の女中。なんとかお金を工面しようと、ある作戦を思いつきます。職業作家として最初の代表作。「お金」に翻弄されてきた　葉らしさがよくあらわれた非常に面白い小説です。一葉は「雅俗折衷体」という、文語体と口語体を混合させた文体の使い手。はじめは読みづらいと思うので、慣れるまでは音読するのがおすすめです。

話題の引き出し★豆知識

吉原遊廓の遊女たちの「投げ込み寺」

吉原遊廓にいる遊女には、身寄りがない人も少なくありませんでした。そうした遊女が亡くなると、近所のお寺に放り込まれることもあったようです。そのお寺は「投げ込み寺」と呼ばれ、「吉原の掟《おきて》を破った人に限られて葬られた」という説もあります。この投げ込み寺は、東京・南千住にある寺で「浄閑寺」といいます。409ページで紹介する『濹東綺譚《ぼくとうきだん》』『断腸亭日乗』などの作品で有名な永井荷風の墓がある寺で、その一帯は文豪にゆかりのあるエリアでもあります。文学散歩のコースとしてもおすすめです。

大佛次郎

大佛次郎（おさらぎ・じろう　1897〜1973年）

神奈川生まれ。本名・野尻清彦。東京帝国大学法学部政治学科卒。代表作は『鞍馬天狗』『パリ燃ゆ』『天皇の世紀』など。歴史小説の巨匠。父は日本郵船に勤めており、横浜の裕福な家庭で育つ。小学生のころから作文を雑誌に投稿するなど、創作活動をしていた。東大時代には劇団を結成し、同人誌もつくる。語学が堪能で、卒業後は外務省に勤務し、翻訳の仕事をしていた。大正13（1924）年、生活費を稼ぐために書いた『鞍馬天狗』がヒット、以後40年近くにわたりさまざまな雑誌で連載される大人気シリーズとなる。晩年は病床でも執筆を続けたが、昭和48（1973）年に肝臓がんにより75歳で亡くなった。

センスあふれる大富豪の優雅な執筆生活

◯一流ホテルを貸し切って書斎にする〝金持ち作家〟

大佛次郎という名前を「だいぶつ・じろう」とか「おおふつ・じろう」と読んだ人も少なくないのではないでしょうか。

正しくは「おさらぎ・じろう」。金持ちの文豪として、私がいの一番に思い浮かべるのは、この大佛次郎です。

大豪邸に住み、一流ホテルを貸し切って書斎にするなど、桁外れのお金持ちだった〝鎌倉文士〟です。鎌倉文士とは、私の地元でもある神奈川県鎌倉市に住む（あるいは住んでいた）文豪の総称として使われる言葉です。

大佛は、一般的にはそれほど知名度が高いわけではありませんが、私は大佛こそ〝文豪中の文豪〟だと思っています。

大佛が生まれたのはとても裕福な家庭で父親は三菱グループ（旧・三菱財閥）の大手海運会社「日本郵船」に勤め、文学好きでもありました。そんな父親の影響もあってか、大佛自身も大の読書好きで、小学生のころから作文が得意だったようです。

◯エリート街道を歩んだものの仕事に馴染めず迷走

大佛は、外交官になるつもりで第一高等学校（現・東京大学教養学部）に入学します。その後、東京帝国大学法学部を卒業するというエリート街道まっしぐらの人生を歩みました。

第一高等学校時代もたくさんの本を読み、フランス語の勉強も熱心でした。フランス文学は、なんと原書で読んでいたそうです。

そんなエリート然とした大佛ですが、いわゆる一般的な「社会人生活」は、あまり向いていなかったようです。帝国大学を卒業後、鎌倉に移り住んだ大佛は、鎌倉の女学校で教職に就いたり、外務省の嘱託社員として翻訳の仕事をしたりしますが、どれも馴染めなかったことを『現代日本文学全集』のために書いた自記（年譜）で語っています。

「どこへ勤めても落着かず人に迷惑ばかりかける。相変らず、金のある間は一度に浪費し、あとは貧乏して暮す。本だけは買い頻りと読む」

『現代日本文学全集』のために書いた自記〈年譜〉(『新潮日本文学アルバム　63　大佛次郎』新潮社に収録)

結局、翻訳の仕事で好きな本や洋書を買うお金を稼ぎ、あとは物書きの仕事に集中しようと、大正12(1923)年に女学校を辞めてしまいました。

さあ心機一転、新しいスタートを切るぞと意気込んだ矢先、悲劇が起こります。9月に起きた関東大震災です。

○大ヒット誕生のきっかけは関東大震災による失業

大佛は雑誌『新趣味』で外国文学の翻訳をしていましたが、関東大震災の影響で廃刊になりました。外務省でも人員整理が行われ、もともと仕事が肌に合っていなかった大佛は、退職届を出します。

生活費と書籍代を払うお金に事欠く生活に追い込まれた大佛が書いたのが、娯楽小説でした。知り合いの編集者・鈴木徳太郎から「まげもの（時代物）を書いたら見せてください」と言われたのを思い出したのです。作家・大佛次郎が生まれたのは、この瞬間でした。

外国の小説を参考にしながらなんとか書き上げた『隼の源次』が雑誌に掲載されます。これが幕末を舞台にした時代小説「鞍馬天狗」シリーズの原型になり、大変な人気になったのです。

207ページで紹介する江戸川乱歩でも触れますが、大正15（1926）年ごろから本を「1冊1円」で廉価販売したことによる「円本ブーム」が巻き起こり、江戸川乱歩を始め、新進気鋭のさまざまな作家が登場するようになりました。

そのブームの流れに、大佛も乗ったのです。ちょうどこのころ「映画」が日本社会にも浸透し始め、『鞍馬天狗』も映像化されて映画館で公開されたこともあり、その人気に拍車がかかりました。

そういったこともあって、大佛の作品はエンターテインメント（大衆小説）として親しまれ、そこから知名度が上がって、ベストセラー作家となっていったのです。

◯国内外のVIPが集まる名門ホテルが書斎

売れっ子作家として名を馳せた大佛の書斎は、なんと高級ホテルの一室でした。横浜出身で大の横浜好きの大佛は、観光名所・山下公園に隣接する「ホテルニューグランド」の一室を借り切り、そこにこもって執筆活動をしていたのです。

ホテルニューグランドは昭和2（1927）年に開業した名門ホテルで、大佛は昭和6（1931）年から10年もの間、318号室を借り切って仕事場にしていました。

ホテルニューグランドは、いまも同じ場所で営業しており、大佛が仕事場にしていた318号室は、現在も客室として泊まることができます。大佛が『鞍馬天狗』を執筆していたことにちなんで、「天狗の間」と名づけられているのです。

窓から山下公園と海に浮かぶ日本郵船氷川丸を眺めることができて、港町横浜のゆったりとした景色とともに、ちょっとした文豪の気分を味わえます。

ちなみに隣の「マッカーサーズスイート」と呼ばれる315号室は、あのマッカーサー元帥が宿泊した部屋で、「勝利の間」とも呼ばれ、実際に使われた机と椅子が残されています。

それほどまでに国内外のＶＩＰが利用したホテルの一室で、大佛は執筆に励み、仕事が終わるとホテル内のバーで洋酒を飲むのが日課となっていました。

○フランスで噂になるほど資料を〝爆買い〟

大佛が金持ちっぷりを発揮したのは、それだけではありません。作品を書くときの資料集めの方法も、また豪快でした。

大佛は時代小説の名手でしたが、昭和に入ってから『パリ燃ゆ』を始め、フランスの歴史を題材にした作品も数多く手がけました。

当時のフランスが直面した危機的な事件を題材にしたノンフィクション『ドレフュス事件』『ブゥランジェ将軍の悲劇』『パナマ事件』に続く4部作の集大成となる『パリ燃ゆ』の執筆が決まった昭和36（１９６１）年には、およそ2カ月にわたりパリに滞在します。

そして、自身のエッセイ『買物ぶくろ』に、こんなふうに書くほど、資料を買い集めたのです。

「古本屋の倉庫の鍵をあけて貰い、ほこりと鼠の小便臭い中で長い時間奮闘した。買物にやっきになるとは、我ながら異例のことである。古本屋の主人がフランスのコミュヌの本を、皆日本へ持って帰るつもりか、と高い書棚の梯子の上から大げさなお世辞を言ってくれた」

『買物ぶくろ』(『大佛次郎エッセイ・セレクション3時代と自分を語る——生きている時間』小学館に収録)

大量に買い集めた資料は、船で日本に持ち帰りました。気軽に海外旅行をする時代ではなかったころに、パリの古本屋をめぐり、本を大量に買い集めたおかげで、現地の人たちに「パリコミューン関係の本を、買い占めた日本人がいる」とちょっとした噂になったくらいだったのです。

大佛は、長編の歴史小説も多数手がけていますが、それだけのものを書けたのは、こうした財力がものを言うところもあったといえるでしょう。

◯生涯500匹の猫と暮らした豪邸で、猫と本に埋もれた生活

大の猫好きの大佛は、生涯500匹以上の猫と暮らしたという逸話もあります。
たまたま迷い込んできた猫を飼い始めたのがきっかけですが、野良猫がくつろぎにくることが増えたこともあり、最終的には延べ500匹以上の猫を飼った愛猫家となったのです。

大佛の豪邸があまりに広く、「あそこの家には猫がたくさんいるらしい」という噂が立ったからか、近所の人が大佛の家に猫を捨てにくることもありました。

ところが、大佛のところで飼われた猫は、捨て猫であっても野良猫であっても、大事に育てられているうちに、上品に変貌していったという話もあります。

大佛の生涯の伴侶・酉子《とりこ》夫人（1898～1980年、本名・野尻登里《とり》＝通称・酉子、愛称・コン）も猫好きで、外国の猫や、珍しい猫などもたくさん飼っていました。

ちなみに、本名が「登里」で、通称が「酉子」なのは、なんとなくわかるとしても、愛称が「コン」なのはなぜなのでしょうか？

これは、「とり→とりこ→とりコン→コン」と変化したようです。数多くの飼い猫のなかに白い描がいるのですが、この猫には「コン」と似た「コトン」という名前がつけられています。

横浜にある「大佛次郎記念館」では、定期的に大佛の飼っていた猫たちの写真展を開催していますが、猫グッズなども販売されており、人気の企画展となっています。

多くの大佛ファンたちが集っているのを見ると、つくづく大佛次郎という文豪は、亡くなったあとでさえ、「お金に縁がある作家だな」とも感じます。

本の買いすぎで生活がままならなくなった青年時代を乗り越え、洋書だろうとなんだろうと好きなだけ本が買えるようになり、膨大な資料を駆使して、時代小説という１つの宝物をつくり上げることができた。

そんな大佛の人生を追いかけていると、やはり人生はどこに分岐点があるかわからないものだと考えさせられます。

大佛次郎のおすすめ著作

○『**鞍馬天狗**』(1~5、小学館　P+D BOOKS)

大正13(1924)年から昭和40(1965)年にかけて約40年もの間、執筆された時代小説シリーズ。弱者を守り悪を討つ英雄・鞍馬天狗が、幕府の圧政に苦しむ人々を救うために戦う大衆小説です。そもそもこの作品を書くようになったきっかけは、大佛が洋書を買いすぎて生活費を稼がなければならなくなったため。大人気を博して映像化もされ、長期シリーズになり、金銭的に大いにうるおいました。

○『**終戦日記**』(文春文庫)

昭和19(1944)年9月から20(1945)年10月まで、第2次世界大戦の終戦直後混乱する人々の様子が綴られた日記。大佛自身の体験や考えが率直に記されており、戦後日本における貴重な証言の1つです。

○『**天皇の世紀**』(1~12、文春文庫)

70歳から朝日新聞で連載開始した長編小説。明治天皇が生まれたころから幕末・維新期にかけての日本の激動の時代を、複数の視点から描き出しています。連載は1555回続き、登場人物は4000人以上に及びます。「歴史を動かすのは特別なヒーローではなく、民衆だ」という大佛の歴史観が伝わってくる、エネルギーにあふれた傑作です。

話題の引き出し★豆知識

鎌倉在住の作家たちと貸し本屋「鎌倉文庫」開店

食料や物資が少ない第2次世界大戦末期、娯楽に触れる機会もなく、世の中の空気が重くなっていたとき、川端康成や小林秀雄など鎌倉を拠点に活動していた鎌倉文士たちは「鎌倉文庫」という貸本屋を営んでいました。これに大佛も協力しています。いまのようにスマホもなければインターネットもSNSもない時代、娯楽となる本も出版されず、鬱屈としていた鎌倉市民のために、大佛は自分が持っていた大量の本を無料で提供し、自ら貸本屋の店番もしていたのです。

菊池寛

菊池寛（きくち・かん　1888～1948年）
香川生まれ。本名・菊池寛《ひろし》。京都帝国大学文学部英文科卒。代表作は『恩讐の彼方に』『真珠夫人』など。貧しい家庭で7人きょうだいの4男として生まれる。中学生のころは図書館に通い詰めて、文学への関心を深めた。第一高等学校の同期には芥川龍之介、久米正雄などがおり、学生時代の友人たちとの縁は、その後も長く続く。大学在学時から小説の投稿をスタート。卒業後は、新聞『時事新報』の記者として働くかたわら創作活動を続け、大衆向けの新聞小説『真珠夫人』が大ヒット。その後、雑誌『文藝春秋』を創刊し、若い小説家を多く育てるなど、経営者・プロデューサー・編集者などマルチな才能を発揮した。昭和23（1948）年、狭心症により59歳で急逝。

貧乏作家にお金を貸しまくる出版界のリーダー

○文豪たちを育てたマルチに活躍する名プロデューサー

芥川龍之介、太宰治、川端康成など、後世に語り継がれる作家が活躍した背景には、菊池寛という名プロデューサーの存在がありました。のちに文豪と呼ばれるようになる才能を見出し、執筆の機会を与え、ときにはお金を貸すなど生活面でのサポートをして、世に送り出してきたのです。

菊池は、小説家としてはそれほど有名ではないかもしれませんが、日本の文芸界にとっては欠かせない存在です。

小説家であり、文芸芸術のプロデューサー、著名人のスキャンダルやスクープで〝文春砲〟を放つ『週刊文春』でお馴染みの出版社「文藝春秋」の創設者でもあります。

菊池自身も人気作家として活躍しながら、さまざまな顔を持つ、とてもユニークな存在です。なんと一時は、芥川よりも菊池のほうが人気だったこともあるともいわれます。

菊池の人生をひもといていくと、ビジネスパーソンとして非常に優秀であるとともに、大変な努力家だったことがわかります。

何をやらせても一流だったといってても過言ではないのですが、経営者として働くかたわら、休日を使って個人で仕事をする「副業」や、複数の仕事を兼任する「複業」など、1つの職場環境に依存しないのが当たり前になった現代のビジネスパーソンにとってのロールモデルになるような人物ともいえます。

◯貧乏暮らしのなか図書館の蔵書を読み尽くす〝本の虫〟

菊池の幼少時代は、あまり恵まれたものではありませんでした。

香川県香川郡高松（現・高松市）に生まれ、父親は小学校の庶務係、母親は内職をしていました。のちに菊池は、「少年時代は貧乏で嫌な思い出しかない」と語っています。

経済的に恵まれない家庭に生まれ、ほしいものも買ってもらえなかったのでしょう。

菊池が入り浸っていたのは、中学3年生のときにできた地元の公共図書館でした。

その図書館には約1万8000冊が蔵書されていましたが、文学や歴史など興味のある本はすべて読んだそうです。まさに〝本の虫〟だったのです。

成績優秀だった菊池は、中学を卒業すると上京し、学費免除で東京高等師範学校（現・筑波大学）に入学しました。師範学校は教師を養成する学校ですが、菊池は教師になるつもりはなく、授業をサボっては芝居見物をしたりテニスをしたりしたことから、除籍処分となってしまいます。なんとなく豪放磊落な性格がうかがえます。

その後、地元のお金持ちから将来を見込まれた菊池は、養子縁組をして経済的な支援を受け、明治大学法学部に進学しましたが、わずか3カ月で退学。さらには、兵役を逃れるため早稲田大学に籍を置きつつ、第一高等学校（現・東京大学教養学部）を受験する準備をしたのですが、これが養子縁組をした地元の養父にばれて、縁組を解消されてしまいます。

しかし、実家の父親が、貧しい状況ながら借金をしてでも学費を送ると申し出てくれたことから、菊池は22歳にして第一高等学校第一部乙類に合格。ところが卒業間際になって、盗品と知らずにマントを質入れした通称「マント事件」によって退学処分となります。

すると、今度は京都帝国大学文学部英文科に入学。ところが、旧制高校卒の資格がないため、「本科」ではなく、規定の学課の一部のみを選んで学ぶ「選科」に進まざるを得ませんでした。

そのときに短編小説『禁断の木の実』を書き上げ、日刊紙『萬朝報』の懸賞に応募したところ当選したことで、小説家としての第一歩を踏み出したのです。

その翌年には、旧制高校の卒業資格検定試験に合格して、京都帝国大学文学部英文科の本科に進むことができましたが、それにしても七転び八起きのなかなかお目にかかれないほどの、なんとも波瀾に富んだ遍歴です。

○大衆小説『真珠夫人』が一世を風靡して一躍人気作家の仲間入り

かなりの紆余曲折を経た菊池は、大正5（1916）年に京大を卒業後、昭和11（1936）年に廃刊するまで東京五大新聞（東京日日新聞、報知新聞、時事新報、國民新聞、東京朝日新聞）の1つに数えられた『時事新報』の社会部記者となり、月給25円のうち10円を毎月実家に送金していたといいます。

入社の翌年（大正6〈1917〉年）、資産家である高松藩旧藩士・奥村家一族の奥村包子《かねこ》と結婚。これは、生活のための〝戦略結婚〟ともいわれます。

お金の心配がなくなったこともあってか、このころから菊池は執筆活動に軸足を置き始めます。そして大正8（1919）年、雑誌『中央公論』に短編小説『恩讐の彼方に』を寄稿したのを機に時事新報を退社して、執筆活動に専念することにしました。

すると、その翌年（大正9〈1920〉年）、大阪毎日新聞・東京毎日新聞に連載した大衆小説『真珠夫人』が話題を呼び、一気に人気作家の仲間入りをしたのです。

このころになると日本の識字率は向上し、新聞や雑誌、小説を一部のブルジョワジーだけでなく一般大衆が読んだり買ったりする風潮ができてきました。

芥川龍之介など、名だたる作家たちと親しくしていたこともあり、タイミングを読むのもうまかったのでしょう。大正12（1923）年、菊池が35歳のときに、若手の作家たちに活躍する場を与えようと雑誌『文藝春秋』を立ち上げたのです。

○『文藝春秋』創刊号がわずか3日で売り切れ

菊池が立ち上げた『文藝春秋』創刊号は、発行した3000部がわずか3日で売り切れになるほどのヒットを記録。2号目からは、すでに小説家として名を馳せていた自身のネームバリューを利用して、表紙に「菊池寛編集」という文字を大きく入れました。

この狙いが的中して、販売部数をさらに伸ばします。また、創刊と同じ年に発生した関東大震災の復興支援の空気が醸成されていたこともあって、『文藝春秋』は部数を重ねるごとに人気を博していきました。

関東大震災といえば、「鎌倉文士に浦和画家」といわれます。これは関東大震災で壊滅状態になった東京から鎌倉へと移り住んだ文学者と、埼玉・浦和へと移り住みアトリエを構えた画家が多かったことに由来します。

それほど大きなダメージから復興需要が生じた影響が、文化・文芸にも浸透してくるようになったのです。161ページで触れた「円本ブーム」に加え、外国作家の翻訳本なども、ものすごい勢いで売れるようになりました。

首都・東京の災害復興によって、広く日本全体の文化力を底上げするムードが満ちていました。そういう状況下にあって、菊池は『文藝春秋』をただの文芸誌ではなく、世の中の「流行」や「ゴシップ」など扱うネタの間口を広げていったのです。

こうして、小説家、新聞記者、プロデューサー、編集者、「文藝春秋」の経営者と、菊池の肩書きは次々に増えていきます。

○いままでは当たり前だけれど「実はすごい雑誌の発明」

実は、菊池が『文藝春秋』で発明したことが、2つあります。

1つは「座談会記事」です。いまでは複数人が集まって特定のテーマについて議論する座談会を記事にして雑誌に掲載するのは、ごく当たり前になっていますが、このスタイルを確立したのは菊池なのです。

とはいうものの、これはいわば〝苦肉の計〟でした。原稿を依頼しても執筆を拒むことのある高名な作家たちに、気軽に発言してもらうための策だったのです。

菊池の手口はこうです。作家たちを料亭に呼び、高級な料理と酒でもてなして、「どうぞ勝手にしゃべってください」と促します。当時は小型の携帯録音機はありませんでしたから、話す内容をその場で記者が速記して、あとで記事にまとめるのです。

芥川も座談会に呼び出されて「俺、何もしゃべることないよ」などとごねたこともありましたが、菊池は「適当に飲み食いして、しゃべってくれればそれでいいよ」といなしたそうです。

まったく菊池というのは、つくづく人心掌握術に長けた人物なのでしょう。

◯「人気」「性欲」作家たちの〝通信簿〟を作成して辛辣《しんらつ》に評価

もう1つの発明は、「ゴシップ記事」です。

いまでは『週刊文春』が著名人のスキャンダルやスクープをとり上げ、〝文春砲〟などと呼ばれていますが、「ゴシップ記事」を流行させたのは菊池なのです。

『文藝春秋』で最初に扱ったのは、作家のゴシップ記事でした。刊行の翌年、大正13(1924)年2月号で、「文壇諸家価値調査票」という企画を掲載したのです。

学校の成績表のように、文壇の作家たちのあれこれを採点するという〝皮肉を込めたゴシップ記事〟です。

芥川龍之介、有島生馬、泉鏡花……と作家を並べ、「学殖(学問の素養)」「天分(天から与えられた才能)」「修養(養い蓄えている教養)」「度胸」「風采(容姿・態度など見かけ上の様子)」「人気」「資産」「腕力」「性欲」「好きな女」「未来」と11項目にわたり、独断と偏見を交えたような採点を掲載しています。

「大正十三年十月末現在」と正確性を期すような但し書きがある半面、「例により誤植

文壇諸家価値調査表

大正十三年十月末現在
例により誤植多かるべし

六十点以上及第
六十点以下五十点までを仮及第
八十点以上優等

人名　種類	学殖	天分	修養	度胸	風采	人気	資産	腕力	性欲	好きな女	未来
芥川龍之介	九六	九六	九八	六二	九〇	八〇	骨とう	〇	二〇	何んでも	九七
有島生馬	五二	六〇	八三	七三	九三	三〇	土地と家	七〇	七八	素人	七二
泉鏡花	三八	九九	六五	一〇	六二	七〇	三千円	一	六〇	娼妓	八〇
犬養健	六七	六二	八七	五	九一	七五	親爺	六七	九〇	令嬢	八五
伊藤貴麿	七三	八六	四二	三一	八七	三五	親爺	七八	九六	娘	八二
宇野浩二	七五	八九	七六	七六	頭を除く八九	七八	芸者	六六	〇	芸者	八五
葛西善蔵	四六	八〇	二〇	九〇	八六	四一	酒	九二	八〇	向いの娘	七二
加藤武雄	五一	四八	六〇	七八	七一	五九	主婦之友	八一	八八	何んでも	六七
金子洋文	四九	四九	七五	七六	七三	六二	遊泳術	八五	八九	同	六六
加能作次郎	六二	五二	八八	六七	六八	六一	神楽坂	六〇	七〇	芸者	六四
川端康成	七八	六七	八五	七〇	六〇	三九	文学士	六一	八八	何んでも	七二
片岡鉄兵	六九	七四	七六	七三	八六	六八	月評	五二	六六	妻君（人の）	七九
久保田万太郎	七六	七〇	九七	六五	二一	七〇	遅筆	六七	八〇	女中	六七
久米正雄	八九	八九	八六	六〇	七九	九五	艶子	八八	九八	お酌	九〇
小島政次郎	九二	二一	七九	七二	七八	一〇	講師と愛妻	七〇	九六	妻	四三
今東光	八一	六〇	五二	八七	九二	四八	不良性	一〇〇	九二	女優	七七
佐々木味津三	七三	六八	六七	九六	六三	六二	苦楽と直木	七二	七二	金のかからぬ女	七六
同茂索	六九	七八	七八	八六	九五	七九	美貌	七二	八九	妾（人の）	八七
里見弴	八二	九五	九九	七〇	九九	九〇	子供	六七	七五	玄人	九八

『文藝春秋』大正13（1924）年2月号掲載「文壇諸家価値調査票」

人名 種類	学殖	天分	修養	度胸	風采	人気	資産	腕力	性欲	好きな女	未来
十一谷義三郎	六二	六四	六九	七〇	七八	四一	友人	七〇	八〇	娘	七二
志賀直哉	七一	八九	九七	六〇	九〇	九〇	不発表	八九	九〇	吉原の	九〇
田中純	七八	六六	八〇	九九	八八	七〇	一物	八八	一〇〇	来る女	七〇
谷崎潤一郎	七二	九五	八七	七一	七六	九六	糖尿病	七六	九六	洋装	九一
谷崎精二	八三	六〇	七八	七〇	九〇	四六	情婦	八九	七〇	不見転	五九
田山花袋	六九	五六	八五	七七	六七	五二	借家	八〇	九九	弟子	四六
近松秋江	二一	六一	七一	七八	六二	三九	妻と着物	二〇	五六	按摩	四二
徳田秋声	三九	五二	八六	七二	六五	六七	家作	五九	六七	女中	五七
豊島与志雄	七七	五八	七八	六八	七〇	六七	友人	四二	八七		六〇
中川与一	七一	六二	八二	六九	七八	三九	科学	六七	八八	娘	七八
長田秀雄	三二	三一	八六	九七	三〇	八	妻君	七二	九六	不良少女	一〇
直木三十三	七四	八〇	二〇	九六	八六	七八	負債	二〇	五	芸者	八〇
中戸川吉二	三八	七六	二一	八一	八〇	一〇	親爺	八〇	八九	不良少女	七〇
中村武羅夫	四一	六五	三六	九八	八二	六一	新潮	七二	七二	未定	六五
南部修太郎	〇	四九	五八	八七	九七	六	女学生	五六	八八	女学生	二六
広津和郎	六九	八〇	七九	六八	九五	七〇	手下	九〇	七〇	女給仕	七八
細田民樹	五八	六七	八二	九七	七一	五九	力作	八〇	八九	女子大学生	六一
細田源吉	五二	五九	八六	九八	七八	四〇	競争心	七二	九八	齢上の女	五八
正宗白鳥	四九	六六	九一	六六	六〇	七六	小金	三一	三二	淫売	八一
三上於菟吉	七八	七八	八〇	九七	七九	七〇	精力	八六	一〇〇	海千山千	七九
水守亀之助	四〇	六六	七六	八二	五二	五一	喧嘩	九八	七七	手軽な	五三
水上瀧太郎	六八	七二	七六	六七	八〇	三九	百万円	八二	八六	芸者	六〇
宮地嘉六	二六	四六	五二	八八	七六	四一	離婚	七四	九七	下女	四七
室生犀星	三八	七六	七七	七〇	七五	六七	女の肌	六〇	七二	不見転	七二

山本有三	八六	八〇	八六	八七	八一	八〇	寡（かん）作	七六	六七	お酌	七八
横光利一	七五	六〇	八九	九〇	五二	七三	菊地寛	六二	六九	娘	六六
吉田弥二郎	八一	六六	六九	九八	七八	六一	蛙とバラ	八八	七六	芸者	三九
吉井勇	七六	七二	六二	七九	八六	六五	爵位	八六	九八	お酌	六〇
岡栄一郎	七九	七九	二〇	六六	七六	五八	怠惰	七二	八二	娼妓	七九
小川未明	三一	六二	七七	八九	六八	一六	鉄道線路	六八	八〇		三二
武者小路実篤	六八	九二	九五	六二	六三	八〇	女二人	五二	九〇	素人	九二
倉田百三	七二	四六	八九	九九	九八	七九	病気	一〇	一〇〇	女学生看護婦	七〇
菊地寛	八九	八七	九八	六九	三六	一〇〇	二十八万円	七二	六八		九六
中村吉蔵	八三	三一	七五	九二	八九	一六	沢田正二郎	七九	八八	女優	一〇
前田河広一郎	二六	四七	八二	八八	七六	二三	文藝春秋	八八	八七	淫売	二五
藤井真澄	四〇	四五	八六	八九	五八	一八	表現派	八六	八六	同	二〇
藤森淳三	六	一六	四一	九九	七〇	三六	元気	六八	七〇	女学生女絵師	三六
藤森成吉	七二	三八	七八	六一	九二	四九	熱血	九一	五二	妻君	六〇
佐藤春夫	六六	九〇	八九	七一	八七	八二	ネクタイ	五〇	四九	芸者	九〇
小山内薫	九二	三一	三六	八九	九八	一一	本	七八	五八	同但洋装	二〇
上司小剣	四六	六七	七二	九六	六六	五六	貯金帳	六二	六二	事務員	一八
柳原燁子	二	五二	六	九七	九六	七一	改造	五六	八七	龍介	〇
長谷川時雨	五一	六〇	三二	七六	五〇	七	三上於菟吉	六二	三〇	於菟吉	一
野上弥生子	六〇	七五	七八	八八	七〇	六八	中央公論増刊	八六	七六		三〇
中条百合子	七二	七三	八一	八二	六五	六〇	火消壺	八八	九九	夫	二〇
鷹野つぎ	六二	七〇	七七	八七	六〇	四二	不別嬪	六二	四二		二
大橋房子	七四	六二	六七	九七	七〇	三六	独身	五〇	八九	茂索耕作	三
宇野千代	三二	六七	七一	八八	五二	五八	女流作家少い事	七六	八六	尾崎士郎	一〇
九条武子	一〇	一八	一六	一〇〇	九九	一六	信徒	三〇	七〇		〇

『文藝春秋』大正13(1924)年2月号掲載「文壇諸家価値調査票」

多かるべし」と自虐的なエクスキューズも交えており、ユーモアたっぷりで笑いを誘います。

また、点数の目安として、「六十点以上及第」「六十点以下五十点までを仮及第」「八十点以上優等」としています。

たとえば、芥川龍之介は「学殖　九六」「天分　九六」「修養　九八」「度胸　六二」「風采　九〇」「人気　八〇」「資産　骨と う」「腕力　〇」「性欲　二〇」「好きな女　何んでも」「未来　九七」とあります。

総じて高得点のなか、「腕力0点」「好きな女　何んでも」と、ひどい言われようです。

このころの作家たちは、いまでいう「インフルエンサー」的な立場にあったこともあり、一般大衆からの注目度も高かったので、この企画は大きな反響を得ました。

◯総勢68人をやり玉に挙げた〝文春砲〟

インターネットがない当時、一大メディアである雑誌に名を連ねる小説家たちの影響力は、いまでは考えられないほど大きなものでした。

そんな時代に川端康成や谷崎潤一郎、南部修太郎など、大物から無名に近い書き手まで、総勢68人をとり上げて〝文春砲〟を放ちました。

『文藝春秋』の創刊から参加していた作家の横光利一は、一方的にあれこれ書かれて激怒し、菊池と「絶交する」とまで言い出したそうですが、親友の川端康成に「まあまあ」となだめられたそうです。

ちなみに横光利一の評価は「学殖 七五」「天分 六〇」「修養 八九」「度胸 九〇」「風采 五二」「人気 七三」「資産 菊地寛」「腕力 六二」「性欲 六九」「好きな女 娘」「未来 六六」とあります。

菊池は売れない小説家にもお金を貸したり、仕事を与えたりと、公私ともに世話を焼きました。結局、菊池に多大な恩がある作家たちは、こういうことを好き勝手に書かれても、あまり文句を言えなかったようです。

○新人作家の金銭的援助のため立ち上げた芥川賞・直木賞

座談会やゴシップの記事もそうなのですが、菊池は新しい社会の到来や時代の波を鋭敏に観察しながら、雑誌を運営しました。そこに優秀で可能性のある書き手たちを集合させたのです。

文芸誌のプロデューサーとして先鋭的で、それを大正時代にやったという先見性と創造性が卓越していると思います。

昭和10（1935）年に「文藝春秋」は、芥川龍之介と直木三十五の名前を冠して「芥川賞（正式名は「芥川龍之介賞」）」と「直木賞（正式名は「直木三十五賞」）」を設立しました。

芥川賞は雑誌に発表された新進作家による純文学の中・短編作品、直木賞は新進・中堅作家によるエンターテインメント作品の単行本（長編小説もしくは短編集）が対象ですが、菊池には「芥川賞は作品に、直木賞は手腕に」という考えがあったようです。

芥川龍之介という人気作家と直木三十五という大衆作家――惜しくも亡くなった2人の親友の名前をうまく冠したことで注目を浴び、文壇の新進・中堅作家を世に送り出す登竜門になります。

第1回受賞者の正賞は懐中時計で、副賞賞金は500円だったそうですが、第1回直木賞受賞者の川口松太郎は、仲間を一流レストランに招待しておごったものの使い切れず、200円ほど余ってしまったといいます。

いずれにしても、菊池がいかに新人作家のプロデュースに力を入れていたかがわかります。

「これは」という人物には、惜しみなく投資し、縁をつくる。

〝頼りになる兄貴分〟という感じですが、菊池が自分の上司だったらと思うと、手のひらの上で踊らされていることにも気づけないくらいうまくコントロールされそうで、少し怖くもありますね。

菊池寛のおすすめ著作

○『真珠夫人』(文春文庫)

『大阪毎日新聞』と『東京日日新聞』の2紙で同時連載されていた大衆長編小説。美しく高貴な令嬢・瑠璃子。彼女には愛する青年がいたものの、父の仇敵で船成金の壮田の卑劣な策略により、彼の後妻となることを余儀なくされます。しかし、瑠璃子は決して体を許さず、壮田に復讐を誓います。「大正デモクラシー時代の新しい女」を体現したようなキャラクターとドラマチックな展開が人気を博し、連載は196回にわたりました。

話題の引き出し★豆知識

面白い小説を効率的に書く秘訣は、あらすじを採集させるアルバイト

菊池はアルバイトを雇い、「あらすじを集めさせる」仕事をやらせていたという逸話があります。英語やフランス語の小説を購入して、英文科出身の優秀な女性たちにその小説を読ませ、日本語で要約を書かせていました。その要約をもとにして現代日本の話にまとめ、オリジナルの小説をつくるという手法をとっていたそうなのです。まるでベルトコンベア方式のように、小説を効率的に大量生産するやり方を発明したわけですね。

志賀直哉

志賀直哉（しが・なおや　1883〜1971年）

宮城生まれ。東京帝国大学国文科中退。代表作は『暗夜行路』『城の崎にて』『小僧の神様』など。父親は明治財界の重鎮で、直哉は東京・港区麻布にある1682坪の大豪邸で育つ。中学生から約7年間、キリスト教思想家・内村鑑三に師事。学習院時代の友人たちとともに同人誌『白樺』を発刊し、創作活動を開始。参画した作家たちは「白樺派」と呼ばれた。大正6（1917）年、『城の崎にて』を発表し、注目を浴びる。デビュー後は、リアリズムの手法を駆使し、人間の内面を描写する作品を次々と発表。日本の私小説の礎を築き、「小説の神様」とも呼ばれる。昭和46（1971）年、肺炎と老衰により88歳で亡くなる。

反抗期をこじらせた「港区男子」のお坊っちゃま

◯現在の東京・六本木のど真ん中にある敷地1682坪の大邸宅

最近よく耳にするようになった「港区男子」という言葉があります。都内、いや、日本屈指の高級住宅街である東京都港区に住み、高収入・高学歴・高身長という3高を備えているような男性が、そう呼ばれているみたいです。

その点、志賀直哉は、〝元祖・港区男子〟的な存在といえます。直哉の父・直温《なおはる》は、港区・麻布の生まれ。慶應義塾大学卒で、第一銀行（現・みずほ銀行）に勤めた当時のエリートですが、その後、総武鉄道や帝国生命保険の取締役を経て、明治の財界で実業家として名を馳せた人物です。

直哉が暮らした麻布三河台町（現・東京都港区六本木）にあった邸宅は、1682坪という広大な敷地にありました。場所は、いまでいえば上層階に高級ホテル「ザ・リッツツ・カールトン東京」が入居する「東京ミッドタウン」にほど近い〝港区六本木のど真ん中〟です。

いまでは高級マンションやタイヤメーカー大手・ブリヂストンの社宅が建っていますが、直哉はこの地で14歳から29歳まで過ごし、デビュー作『或る朝』を始め『網走まで』『正義派』『大津順吉』など、初期の名作を書いています。

ちなみに家屋は、第2次世界大戦の戦災で消失してしまいました。

◯いまなら400万円の〝超高級自転車〟に乗っていた?

そんな志賀家の御曹司として、幼少期を過ごした直哉は、3歳のときに東京で2番目に開設された幼稚園「芝麻布有志共立幼稚園」に入園し、その後、学習院初等科に進みました。

学習院はもともと、戦前の貴族階級のために設立された国立の教育機関でしたから、この事実だけ見ても、直哉がいかにブルジョワジーたる環境で育ったかがわかります。

そんな直哉は、幼いころはあまり勉強熱心なタイプではなく、むしろ運動好きの少年でした。なかでも熱中したのは、自転車。お気に入りの自転車2台を乗り回し、前輪を持ち上げて後輪だけで走る「ウィリー走行」に熱中したりしていました。

随筆『自転車』(『ちくま日本文学021　志賀直哉』ちくま文庫に収録)には、「十円あれば一人一ヶ月の生活費になった時代」に「私のデイトンは百六十円で買った」と綴られています。

「一人一ヶ月の生活費」を現在の貨幣価値で25万円とすると、直哉の自転車「デイトン」は、なんと400万円もの代物だったことになります。

そのほかにも歌舞伎や寄席、ボートレースや棒高跳びなども好きだったようで、〝裕福な家庭のお坊っちゃま〟ならではの幼少期を過ごしています。まさに、誰もがうらやむような暮らしをしていたのです。

◯恵まれた家庭に育ちながらもコンプレックスをこじらせる

さて、そんなお坊っちゃまの直哉が、なぜ名だたる文豪たちが憧れる「小説の神様」になり得たのか。恵まれた環境で育ち、何不自由なく育った直哉は、どんな思いを作品に吐き出したのか。

ここが面白いところなのですが、現代風にいうと直哉は、とことんコンプレックスを

「こじらせて」いたのです。

10代後半から20代くらいの青年なら、誰もが抱いたことのあるような悩みを凝縮させつつ、精緻で美しい日本語で結晶させたのが、志賀文学のすごさです。

たとえば、明治44（1911）年、直哉が学習院の仲間たちと同人誌『白樺』を創刊した直後の日記には、こんなことが書かれています。

「全ての人が嫌だ。全ての人が自分を遠くからからかっている。自分は、友人はこうなるとみんなくだらない奴らばかりだ。偉い奴は一人もいない」

どうでしょう。みなさんにも、こういったグチャグチャとした思いを抱えた〝心の葛藤〟があったのではないでしょうか。

「まわりの人を誰も信用できない。自分は孤独だ」という思い込み……金持ちの家庭に生まれ、ほしいものは何でも買ってもらうことができ、やりたいことにも挑戦させてもらえる恵まれた環境。学習院では、一緒に同人誌を創刊するほどの文学仲間にも出会えた。にもかかわらず、友人たちと離れたいという矛盾……。

こうした「自己肯定」と「自己否定」の間をつねに行ったり来たりしているような入り組んだ心情も、志賀文学の魅力の1つといえます。

◯性欲をコントロールできない自分に悩む

別の日の日記には、こんなことも書いています。

「健康が欲しい。健康な体は強い性欲を持つことができるか、みだらでない強い性欲を持ちたい」

つまり、1人の健康な男性として、性欲は持っていたいけれども、みだらではいたくない。倫理的な人間でありたいと書き綴っているわけです。これも、矛盾に苦しんでいることがうかがえます。

性欲をコントロールできない自分に悩んでいる様子を、こう素直に書かれると、なんだか恥ずかしさを交えた親近感さえ湧いてきます。

もし、いま直哉が生きていたら、こういった青年の悩みを、SNSでつぶやいていたかもしれません。一見、小難しい印象の文豪作品も、「現代だったら」と空想しながら読んでみると、きっと身近に感じられると思います。

私たちの悶々とした悩みを、文豪たちはちょっと先どりしてくれているともいえるのです。

◯電車にはねられて重傷を負うも2週間で奇跡の回復

文豪たちのエピソードには、「本当にそんなことあったの？」と声をあげたくなるほどの内容も多いですが、なかでも直哉の「山手線で電車にはね飛ばされた」という話はトップクラスの奇想天外ぶりです。

大正2（1913）年、直哉が30歳のときのこと。この前年、直哉は明治財界の重鎮だった父親と仲違いし、ずっと住んでいたあの港区の大豪邸を離れ、遠く広島・尾道で生活するようになっていました。

その後、久しぶりに東京へ戻ってきたとき、山手線の電車にはね飛ばされたのです。重傷を負ったものの、奇跡的に2週間で回復したというのですから驚きです。100年以上前のことですから、いまとは列車のつくりも速度も違うとはいえ、鉄の塊である電車にはねられたのですから、よほど運がよかったのでしょう。

この事故をきっかけに、直哉は「なぜ自分は死ななかったのか」と、自問するようになります。

そんな思いを吐き出したのが、代表作となった短編小説『城の崎にて』です。

直哉は電車にはね飛ばされてから回復し退院したのち、但馬（兵庫）・城崎温泉に湯治に出かけます。温泉につかり、傷を癒やすためにしばらく逗留《とうりゅう》していたのですが、そこで考えたことや見かけた風景を、随筆風に書きとめたのです。

◯悩みのパターンを「追体験」する

恵まれた環境で生まれ育ち、それでもさまざまな悩みを抱え、シンプルな言葉でそれを綴ってきた直哉の作品を、私は人生に困ったとき、悩んだときのための「処方箋」として、手にとってみてほしいと思っています。

文学作品の面白さの1つは、いろいろな「悩みのパターン」を描き出してくれることです。

人は、どんなことで悩むのか。その悩みが、どうやって深まっていくのか。深まっていった果てに、どこに、どうやって出口を見出そうとするのか。

そういう、いくつかのパターンを、名作は教えてくれてます。

宗教のように「こうやったら救われます」「こういう手順で、こういうふうにすれば解決します」など、はっきりとした答えを示してくれるわけではありませんが、文学作品を読めば、私たち読者は主人公と同化し、ともに悩むことができます。

つまり、悩みを「追体験」することができるのです。

◯悩みや不安が募ったら……困ったときの志賀直哉

「言葉」というものは、ただ情報を伝えるためだけにあるのではなく、読者を別の世界へと誘ってくれる力もあります。ひとたび小説のページを開けば、その小説だけが持つ「異空間」へと没入することができるのです。

1つのフレーズなり、1つの言葉なりが、読者の心に乱反射して、忘れていた気持ちを思い起こさせてくれるとか、ふたたび発光させてくれることもあるわけです。

そうした意味でいうと、直哉は小説の持つ牽引力を使って、人間が普遍的に持つ「悩みのパターン」を描き出してくれたともいえます。

あまりに言葉が平明でシンプルなので、「なにがすごいのかわからない」という感想を抱く人もいます。そう感じるのは、直哉が近代文学の1つの型をつくり、言葉の可能性を広げてきたからこそなのです。

どうしてこんなことで悩んでしまうんだろう、苦しくなってしまうんだろう。自分はなんて情けないヤツなんだ――そうして自分自身を責めたくなったときが、直哉の小説を読むべきタイミングかもしれません。

まさに「困ったときの志賀直哉」なのです。

志賀直哉のおすすめ著作

○**『城の崎にて』**（『小僧の神様・城の崎にて』新潮文庫に収録）

自身のけが療養中に滞在した城崎温泉を舞台にした短編小説。日本の私小説の金字塔的作品です。なお、直哉が泊まったのは兵庫県豊岡市城崎町にある「三木屋」という宿で、国登録有形文化財になっています。現在も宿泊可能なので、『城の崎にて』を携えて訪れてみるのもいいかもしれません。

○**『暗夜行路』**（新潮文庫）

「短編小説の名手」と呼ばれた直哉が唯一書いた長編小説。主人公・時任謙作は単身、旅に出て、尾道で暮らすようになります。そして、幼少期のトラウマや家族との葛藤を経て、自身の傲慢さや執着を捨て去り、成長する姿を描いています。注目は、鳥取県にある大山に登る有名なシーン。大自然と一体化していく夜明けの景色を、ぜひ一度読んでみてもらいたいです。

話題の引き出し★豆知識

「私小説」は日本独自のジャンル？

明治維新で「近代小説」と呼ばれる西洋の文学が、日本にも入るようになりました。近代小説は17～18世紀のヨーロッパで、市民社会の成熟とともに、自分たちの身近な生活や社会問題を描く新しい表現方法として登場しました。これに対して「私小説」は、作者自身の経験や感情をそのまま作品に反映させるジャンルで、その代表的な作家が直哉です。西洋の小説では、作者と作中人物の人格が分かれているのが一般的でしたが、日本では「作中人物＝作者」という自伝的な手法が発展しました。こうして「私小説」は、日本独自の小説ジャンルとして確立していったのです。

星新一

星新一（ほし・しんいち　1926〜1997年）

東京生まれ。本名・星親一。東京大学農学部卒。代表作は『ボッコちゃん』『悪魔のいる天国』『未来いそっぷ』など。「ショートショートの神様」と称される掌編《しょうへん》小説の名手。父は「東洋一の製薬会社」といわれた星製薬の創業者・星一《はじめ》。昭和26（1951）年、父の急逝により東大大学院を中退して、星製薬の取締役社長となる。会社を譲ったのち、執筆活動をスタート。短編小説『セキストラ』を同人誌に発表したところ探偵小説作家・大下宇陀児《うだる》の目にとまり、江戸川乱歩編集の商業誌『宝石』に転載されデビュー。新進気鋭のSF作家として話題になる。生涯執筆したショートショートは、1001編を超す。平成9（1997）年に口腔がんの手術で併発した間質性肺炎により71歳で死去。

「ショートショートの神様」は財閥の御曹司

○父親は「東洋一の製薬王」と呼ばれた実業家

かつて「東洋一の製薬会社」と評された会社がありました。作家・星新一の父親・星一が、明治39（1906）年に設立した星製薬所（現・星製薬）です。

明治時代の日本では、外科手術で医療用の麻薬性鎮痛剤「モルヒネ」が使われていました。当時、モルヒネは輸入品を使っていましたが、それを日本で初めて国産化したのが星製薬所だったのです。

星一は明治から大正にかけて多大な功績を残した実業家で、「星薬科大学」の創設者でもあります。政治家・著名人との交流があったことでも知られており、旧1000円札の顔である医学者・野口英世とも付き合いがあったそうです。

新一は、そんな父親のことを伝記『明治・父・アメリカ』（新潮文庫）にまとめています。それだけ父親の存在が、作家・星新一にとって、大きな意味を持っていたということが推測できます。

○20歳でアメリカにわたり、住み込みで働きながら勉強

福島県の村会議員の家に生まれた星一は、苦学して上京し、夜間の商業学校で勉強します。明治20年代当時は、西洋の文化が活発に入ってきていたころでもあり、「天は自ら助くる者を助く」で知られるイギリスの作家サミュエル・スマイルズの書いた『自助論』に影響された一は、低い身分の生まれでも自分の運命は自らの行動で切り拓けると、渡米を決意しました。

20歳という若さで米サンフランシスコにわたり、アメリカ人の中流家庭に住み込みで働きながら学費を蓄え、昼間は学校に通って必死に勉強します。

当時は黄色人種に対する差別もありましたが、熱心に働いたこともあり、住み込みで働いていた家族に「立派な青年だ」と認められ、なんと学費まで出してもらいました。

そして、22歳でニューヨークのコロンビア大学に入るのですから、かなりの努力家です。

このように高い志を持ち、なおかつ勤勉だった一は、コロンビア大学在学中に、ニュ

ーヨーク・ウォール街のほど近くで新聞社を興し、近郊の日本人向けに日米情報紙『ジャパン・アンド・アメリカ』を創刊します。27歳のときのことです。

その過程で、アメリカに留学中だった野口英世とも交流が生まれました。

明治38（1905）年、一は新聞事業を譲渡し、所持金400円とともに日本に帰国。その翌年に「星製薬所」を創設し、前述のとおりモルヒネの国産化で莫大な利益を得ました。

大正10（1921）年には、製薬会社として東洋一と言われる規模となり、一は「東洋の製薬王」と言われるほどの存在にのし上がったのです。

作家・星新一は、そんな偉大な父のもとに生まれ、その背中を見ながら育ちました。

◯父親が急死、経営悪化した会社を引き継いだものの……

こんなふうに話すと、一代で立身出世した優秀な実業家のもとに生まれ、順風満帆な人生を送ったんじゃないかと思われるかもしれませんが、問題はここからです。

昭和26（1951）年、一は肺炎により77歳で急死します。新一が24歳のときのことです。

東京大学農学部に入り、農芸化学や医学について勉強していた新一は、このときすでに同人誌にショートショート作品を発表するなどして、小説の執筆を始めていました。大学院に進んで博士号をとる準備を進めていましたが、父のあとを継ぐため、大学院を中退し、星製薬の社長に就任することになりました。

しかし、第2次世界大戦で工場が消失するなどして星製薬は戦後、経営不振に陥っていたのです。

ひたすら勉強に励んでいた学生が突如、経営不振に陥っている製薬会社の経営者になったわけですから、相当な戸惑いや軋れき、苦労があったことでしょう。実際、まわりの人に裏切られたり、揉めたりと、人間関係でのいざこざもあったようです。

結局、社長に就任した翌年の昭和27（1952）年、経営破綻し、新一は早々と会社を手放すことになりました。その後、破綻処理と経営譲渡に追われることになります。

新たに経営者となったのは、戦後の日本で「三大億万長者」と呼ばれていたうちの1人で、のちに「ホテルニューオータニ」を創業した大谷米太郎でした。

経営から離れた新一は、父親が設立していた星薬科大学の非常勤理事として収入を得ながら、しばらくは決まった仕事もせずに生活を送りました。その後、同人誌で発表していた作品が、江戸川乱歩が編集長だった雑誌『宝石』に転載され、プロデビュー。207ページで紹介するように乱歩自身は若いころ、ニートのような生活をしていましたが、そんな乱歩が大御所作家になり、新一の作品が広まるきっかけをつくったのかと思うと、不思議な縁を感じます。

◯生涯1001編も書き抜いたショートショートの神様

星新一はデビュー後、瞬く間に掌編《しょうへん》小説の名手として、売れっ子作家になりました。いまも書店の「新潮文庫」コーナーに行くと、星新一作品がずらっと並んでいます。「読書の入門編」として子供向けに編集されたショートショート短編集も発売されているくらい、誰が読んでも読みやすく、楽しめるのが特徴です。

そもそも「掌編小説」とは、400字詰めの原稿用紙10枚にも満たない、ときには1枚から2枚程度で完結してしまうような、非常に短い小説です。

川端康成も掌編小説を熱心に書いたことで知られており、掌編122編を収録した『掌の小説』（新潮文庫）もありますが、新一が書いたのは、それをさらに上回る1001編以上。昭和58（1983）年に、1001編目を書き終えたことが明らかになっているのです。

それぞれの作品は奇想天外で、しかも短く、面白い。短い物語のなかに、イソップ寓話的な教訓や現代文明の風刺、壮大なスケールが盛り込まれているのが、星新一文学の醍醐味といえます。

たとえば、代表作『ボッコちゃん』は、こんな書き出しから始まります。

「そのロボットは、うまくできていた。女のロボットだった。人工的なものだから、いくらでも美人につくれた。あらゆる美人の要素をとり入れたので、完全な美人ができあがった。もっとも、少しつんとしていた。だが、つんとしていることは、美人の条件なのだった」

このロボットをつくったのはバーのマスター。「ボッコちゃん」という名前をつけ、バーのカウンターに置くことにしました。

ロボットだから酒はいくらでも飲めるし、精巧な美人だったので、バーの客たちには大好評。ボッコちゃんの体内に入った酒は、足にとりつけたプラスチックの管から回収し、また再利用する……と、なかなか小狡いやり方を思いつきます。
そんなボッコちゃんをロボットと気づかず、ある青年が恋をしてしまって……というストーリーです。あっと驚かされるような明確なオチがあるのは星作品の特徴でもありますが、この『ボッコちゃん』のラストは、その代表格ともいえます。

◯社会問題を「誰が読んでもわかる寓話」にまとめる圧倒的文才

最後にどんでん返しがあり、なおかつ社会風刺の効いた作品といえば、『おーいでてこーい』が有名です。
舞台は、都会から離れた小さな村。台風で崖崩れが発生し、村にあった社が流されてしまいました。すると、その跡から1メートルくらいの穴が見つかったのです。

「みんなが集まってきたところには、直径一メートルぐらいの穴があった。のぞき込んでみたが、なかは暗くてなにも見えない。なにか、地球の中心までつき抜けているように深い感じがした」

『ボッコちゃん』（新潮文庫に収録）

村人たちは試しに「おーい、でてこーい」と呼びかけてみたり、石ころを投げてみたりしますが、穴の底に届いた感じはありません。

この穴はビジネスに使えるとかぎつけたのは、「利権屋」です。いくらでもゴミを捨てられると喧伝すると、官庁も許可を出してしまいます。

「原子力発電所は、争って契約した。村人たちはちょっと心配したが、数千年は絶対に地上に害は出ないと説明され、また、利益の配分をもらうことで、なっとくした」

『ボッコちゃん』(新潮文庫に収録)

この作品が発表されたのは、昭和33(1958)年です。

昭和30(1955)年から昭和48(1973)年にかけての高度経済成長期で発生した公害問題を風刺しています。

熊本県水俣市で工場から排出された有機水銀が原因で発生した公害「水俣病」や、窒素酸化物や炭化水素が紫外線と反応して生成される有害な大気汚染物質「光化学スモッグ」など、日本の経済的成長の背景で、さまざまな公害問題が発生していたのです。

原子力を平和目的で利用することを定めた「原子力基本法」が定められたのも昭和30（1955）年のことです。これ以降、原子力発電所が地方の村に誘致されるようになり、1960年代には、国は原発の商業利用を推進しようと力を入れます。

産業が豊かになる一方で、原子炉の廃棄物の処理をどうするのかといった問題から、見て見ぬふりをしていた風潮を背景に、『おーいでてこーい』は書かれています。

こうした社会問題をいち早くとり上げ、さらに誰が読んでもわかりやすい寓話としてこれだけ短い作品のなかでまとめる。これこそ、星作品が長く読み継がれている所以だと思います。

◯母方のおじいさんが森鷗外

新一には、意外な縁がもう1つあります。

399ページで紹介する『舞姫』『ヰタ・セクスアリス』『高瀬舟』など、数々の名作を生み出してきた大文豪・森鷗外は、新一の大伯父なのです。

ちなみに、新一の母方のおばあさんが、森鷗外の妹。つまり母方は文豪・森鷗外と同じ血筋で、父方は「東洋の製薬王」の血筋。新一は、ものすごい血統のサラブレッドともいえるわけです。

知的なユーモアと鋭い風刺で、意外な結末に導くショートショート作品を、1001編も世に送り出した新一。常識を剝ぎとるような鋭い目線もあり、短い言葉の切れ味のよさは、森鷗外にも通じるところを感じます。

なかには1〜5分ほどで読めてしまうくらいの短編もあります。ふだん、あまり小説に馴染みのない人でも、読みやすい作品が多く、ぜひ手にとってほしいと思います。

星新一のおすすめ著作

○『ボッコちゃん』（新潮文庫）

新一自身が選んだ50編をまとめた自選短編集。表題作の『ボッコちゃん』では、人間そっくりの美しい女性ロボット「ボッコちゃん」に恋に落ちてしまう青年の皮肉な運命が描かれます。そのほか、フジテレビ系『世にも奇妙な物語』でドラマ化された『おーいでてこーい』など、有名作が多く収録されています。星新一入門編としていかがでしょうか。

○『明治・父・アメリカ』（新潮文庫）

父・一の生涯と星家の歴史を描いた伝記。肉親のことを書いた作品でありながら、非常に簡潔な文章で客観的に書かれており、とことんコンパクトで切れ味のいい短編を大量に書いてきた新一の筆力が、存分に発揮されています。

○『未来いそっぷ』（新潮文庫）

『アリとキリギリス』『北風と太陽』など、イソップ童話をモチーフに書かれた物語のほか、読み応えのある33篇が収録されたショートショート集。これぞ星新一と膝を打ちたくなるようなピリッと風刺の効いたストーリー展開に、あっという間に読み終わってしまうこと間違いなし。

話題の引き出し★豆知識

渡米のきっかけとなった明治のベストセラー『自助論』

星一がアメリカ行きを決めたきっかけの1つが、明治時代にベストセラーになった『自助論』です。イギリスの作家サミュエル・スマイルズの書いた同書は、当時『西国立志編』というタイトルで出版され、血気盛んな日本の青年たちの心を打ちました。西洋の文明国において、ニュートンなど貧しい生まれの者が、どのようにして成功していったのかという立身出世伝を並べた内容です。「天は自ら助くる者を助く」という格言とともに、「自尊自立の精神」や「新しい明治国家を作る」というムードが、若い人たちの間に広がっていきました。

江戸川乱歩

江戸川乱歩（えどがわ・らんぽ　1894～1965年）
三重生まれ。本名・平井太郎。早稲田大学政治経済学部卒。代表作は『D坂の殺人事件』『怪人二十面相』『人間椅子』など。日本の推理小説の先駆者として知られる。幼いころは母親が海外の探偵小説や日本の怪奇小説などを読み聞かせた。造船所や貿易会社、ラーメンの屋台などさまざまな職を転々とするが、推理小説への情熱は冷めず、大正12（1923）年、『二銭銅貨』でデビューして一躍注目を集める。その後、探偵小説や怪奇小説を次々と発表し、日本のミステリー文学に多大な影響を与える。昭和40（1965）年、くも膜下出血により70歳で死去。

失業中の29歳ニートが一発逆転、推理小説の大家に

◯推理・探偵小説を日本に広めた文豪の意外な一面

江戸川乱歩といえば、「推理小説」「探偵小説」というジャンルを日本に定着させた小説家として知られています。私も子どものころは「少年探偵団」や「怪人二十面相」のシリーズを夢中になって読むなど、乱歩の作品に親しんで育ちました。

乱歩は、物心ついたころに西洋化がある程度進んでいたこともあり、外国文学に影響を受けた世代を代表する作家でもあります。

その原点になったのは、コナン・ドイルの「シャーロック・ホームズ」シリーズを始めとする海外の推理小説です。20のまったく違った顔を持つ盗賊「怪人二十面相」は、作家モーリス・ルブランの「怪盗アルセーヌ・ルパン」がモデルになったといわれます。

有名な話ですが、「江戸川乱歩」というペンネームは、『モルグ街の殺人』などで知ら

れ、推理小説のジャンルを確立したともいわれるアメリカの小説家「エドガー・アラン・ポー」をもじったものです。また、『名探偵コナン』の主人公・江戸川コナンの名前の由来でもあります。

さて、そんな乱歩に、みなさんはどんなイメージを持つでしょうか。推理作家というだけあって、頭がよく切れ者の印象があるかもしれません。

実際の乱歩は、朝起きられず、すぐに会社を辞めるなど、かなりぐうたらな生活を送った、いまでいう「社会不適合者」的なところがあったのです。

◯生涯46回引っ越し、寮を抜け出して停学になったことも

乱歩は70歳のとき、脳の動脈にコブができてある日突然破裂する「くも膜下出血」で亡くなるまで、第1次・第2次世界大戦を乗り越え、戦後も長らく活躍した長命な作家です。

乱歩の父親は武士出身の実業家で、輸入機械や外国保険の代理店、出版など、さまざまな事業を展開していました。そんな父親の影響か、それとも血筋なのか、息子の乱歩もさまざまな職を転々としています。

いままでは短期間で転職を繰り返す人のことを「ジョブホッパー」と呼んだりしますが、乱歩の場合、それどころではすまないほど職を転々としています。

小説家として芽が出る40歳ごろまで、貿易会社、造船所、古本屋、チャルメラを吹いてラーメン屋台で中華そばを売り歩いていたこともあれば、探偵事務所で働いていたこともあるのです。

1つのところでじっとしていられない気質は、仕事を転々とするだけでなく、住まいにも表れており、生涯で46回も引っ越しをしました。中学生のころには、寮を抜け出して停学になったという記録もあります。

そんなわけで、江戸川乱歩という人物は、「文豪」と聞いてパッとイメージするような、子どものころからじっと本ばかり読んできて……というタイプとは大きく違っています。

結果的に、業種を問わずたくさんの職に就き、住む場所もたくさん変えてきたことは、のちに作家になって、多くの発想のもとになったことでしょう。

貧乏生活や事業の失敗、放浪や転職などといったことは、常識的にはいかにもネガティブな印象を持たれるかもしれません。しかし、そうした非常識的な経験があってこそ、乱歩は人間が根源的に持つ欲望などを見極めることができたともいえますし、乱歩の小説に独特の力強さが宿ったのではないかと推測できます。

◯29歳でデビュー、芽が出たのは40歳ごろの遅咲き作家

そんな乱歩は、29歳で作家デビューしました。大正9（1920）年創刊で30年にわたり、ミステリー小説やファッション、スポーツなど最先端の大衆文化の記事を掲載し、大正から昭和初期のモダニズムを代表するような雑誌『新青年』に、短編小説『二銭銅貨』が掲載されたのが作家としてのスタートです。

お金もろくにない、生活に行き詰まった青年2人が、偶然手にした紙切れに書かれた暗号をもとにお宝を探すというストーリー。仕事でいろいろと苦労した乱歩が、「お金」をテーマにした小説をデビュー作品の題材に選んだというのは、なんだか面白いですね。

明治以来の日本の作家は、20代前半でデビューすることが多いなか、乱歩は30歳近くになって初作品を書き、本格的に売れるようになったのは40歳ごろと、けっこう遅咲きです。

そのぶん、さまざまな職業遍歴と数多くの引っ越しが、乱歩の創作世界においてネタの蓄積になっている面があります。「怪人二十面相」シリーズなど、子どもたちを熱狂

させる小説だけでなく、〝怪奇的な美〟をモチーフにするなど、大人向けの作品を書かせても一流なのです。

関東大震災後、空前の〝円本ブーム〟が起こる

乱歩が大正末期から昭和初期に活躍した背景には、〝時代の波に乗る運〟もありました。というのも、161ページでも触れたように、関東大震災をきっかけとして巻き起こった〝円本ブーム〟があったからです。

大正12（1923年）に発生した関東大震災では、木造の建物が多かったこともあり、数え切れないほどの家屋が倒壊・焼失し、甚大な被害が広がりました。死者・行方不明者は約10万5000人にも及んだといわれます。

その震災の影響で関西方面に移住した人も多かったようですが、その後、東京は復興し、その過程で〝新しい消費の波〟が訪れます。

戦後の高度経済成長期の「大量生産・大量消費」には及ばないものの、昭和初期にも新しいモノが大量につくられ、大量に売れるようになります。この影響で、本もずいぶんと安く売られるようになりました。

1910年代～1920年代とされる「大正デモクラシー」で、大衆が自由を求める傾向が強まり、それにともなって文字を読める人が増え、知的水準が上がったというのも後押しになりました。

震災の影響で倒産寸前になっていた出版社が、エンターテインメントがなく読書欲に駆られていた庶民のニーズに応えるべく、社運をかけて1冊1円という本の廉価販売に乗り出したのです。

すると、この戦略が見事にハマり、瞬く間にブームになりました。ほかの出版社も続々と追随し、いつしか1冊1円の本は「円本」と呼ばれるようになり、史上空前の〝円本ブーム〟を巻き起こしたのです。

ちなみに、きっかけをつくったのは、『現代日本文学全集』（改造社）でした。

○日本でミステリーが成立するようになったワケ

大正の終わりから昭和にかけては、関東大震災の影響もあり、特に東京の社会や文化は瞬く間に変わっていきました。震災以前にはメジャーだった古い日本家屋はほとんど焼けてしまい、西洋型のアパートメントが建てられるようにもなりました。

庶民の多くは従来、個室のない畳敷きの一間で暮らしていましたが、西洋型の個室を備えたアパートメントで暮らすようになったのです。こうした生活空間の変化が、文学にも変化をもたらしました。

その1つの変化は、「密室殺人」などミステリー小説が成立するようになったことです。そうした当時の新しい時代の流れにうまく乗ったのが、乱歩でした。

小説というのは、言うまでもなく読者に読んでもらうことによって成立するものです。その点、「個室」というものをうまく想像できなかった読者が、個室を備えたアパートメントで暮らし始めたことによって、密室的なエッセンスを実感をともなって読み解けるようになったわけです。

◯「椅子のなかで人が暮らす」というトリッキーな設定

「明智小五郎」シリーズの5作目『屋根裏の散歩者』では、「屋根裏がある家屋」の構造が謎解きに活かされています。

また、乱歩の代表作の1つである短編小説『人間椅子』は、ある女性作家が、椅子職人の不気味な手紙を受けとるところから物語が始まります。

「こんなことを申上げますと、奥様は、さぞかしびっくりなさる事で御座いましょうが、私は今、あなたの前に、私の犯して来ました、世にも不思議な罪悪を、告白しようとしているのでございます」

『人間椅子』（『江戸川乱歩傑作選』新潮文庫に収録）

椅子の内部に大きな空洞をつくり、椅子のなかで暮らすようになった職人による懺悔が綴られています。その職人がつくった椅子はホテルの一室に置かれることになり、入れ替わり立ち替わり、さまざまな人物が、まさか椅子のなかに人が暮らしているとは知らずに座ります。

椅子に座る人々の体の感触を、その職人は事細かに手紙に綴っているというゾッとする展開なのです。

「彼等は声と、鼻息と、跫音と、衣ずれの音と、そして、幾つかの丸々とした弾力に富む肉塊に過ぎないのでございます。私は、彼等の一人一人を、その容貌の代りに、肌触りによって識別することが出来ます。あるものは、デブデブと肥え太って、腐った肴の様な感触を与えます。それとは正反対に、あるものは、コチコチに痩せひからびて、骸骨のような感じが致します」

『人間椅子』（『江戸川乱歩傑作選』新潮文庫に収録）

『人間椅子』は大正14（1925）年に大衆向け雑誌『苦楽』に発表され、好評を博しました。「椅子のなかで人が暮らす」というトリッキーな設定ではありますが、畳の上に正座をするのが当たり前だった時代から、西洋式の椅子を見かけるようになったからこそ、読者に受け入れられたという面もあるでしょう。

◯「社会不適合者」だからこそ書けた小説

このように従来の日本文学になかった面白さを形づくったのは、乱歩がいい意味で〝飽きっぽい性格〟だったからとも言えます。

乱歩は子どものころから、西洋から入ってきた映画や写真などの新たな文化に興味津々だったようです。そうしたものへの強い愛着は、ことごとく乱歩の小説にも活かされています。

そういう意味では、若いころに金欠で苦しみながらも、いろんな仕事を転々として、あちこちに引っ越ししたりしてふらふらしてきた経験は、まわりの人からは〝変わった人〟と見られていたかもしれませんが、小説を創作するという面においては、やはり好影響を及ぼしたといえます。

『怪人二十面相』では、変装して多重人格のように次々と仮面をつけかえていきますが、もしかするとこれも、乱歩自身が原型になっているのかもしれません。

人間というのは複雑であり、誰しも多面的で、いろいろな顔を持ち合わせています。社会生活を送るなかで、他人に見せている自分とは別の「自分じゃないもう1人の自分になりたい」という欲望と戦いながら生きているところがあるのではないでしょうか。

○どんな選択が、どこで花開くのかわからない

乱歩も「本当の自分」を追い求めて、いろいろな街に引っ越したり、職業を転々としたりしていたのかもしれません。あるいは別の世界に行くことで、「本当の自分を発見したい」という願望があったのかもしれません。

近ごろは「何者にもなれない若者たち」などともいわれますが、もし若いころの乱歩が現代に生きていたら、そう呼ばれていたかもしれません。

そうやってもがき続けた生き様が、結果として小説家になってから見事に反映され、現代の読者にまで大きな影響を与えて、読み継がれてきたのです。

乱歩に限らず、文豪たちの人生を追いかけていると、どんな選択が、どこで花開くのかわからないとつくづく思います。

江戸川乱歩のおすすめ著作

○**『二銭銅貨』**（『江戸川乱歩傑作選』新潮文庫に収録）

デビュー作。貧乏な青年2人が、1枚の二銭銅貨に隠された暗号を見つけ、謎解きをするというストーリー。二転三転していく先の読めない展開で、いま読んでも新鮮です。

○**『人間椅子』**（『江戸川乱歩傑作選』新潮文庫に収録）

乱歩の代表作の1つ。とある女性作家のもとに1通の手紙が届くところから物語が始まります。そこには、1人の椅子職人が、自らつくった椅子のなかに体を隠し、座る客の動きや生活を感じとるという奇妙な告白が書かれていました。息もつかせぬ展開と驚きのラストに、あっと声をあげたくなるはず。

○**『パノラマ島綺譚』**（角川ホラー文庫）

地上に理想の楽園「パノラマ島」をつくり上げた夢想家の男。ところが、美と幻想に包まれたこの楽園は、美しい女性の死体を円柱の内部に埋め込むなど、狂気的な企みによって構成されていたことが徐々に明らかになっていきます。谷崎潤一郎『金色の死』に影響を受けて描いた作品。怪奇的で美しい、文豪による「言葉の人工楽園」に、ぜひ足を踏み入れてみてください。

話題の引き出し★豆知識

下積み時代を乗り越えて新人を育てる大先輩に

人気作家になった乱歩は、後進の育成にも力を入れるようになりました。推理小説誌『宝石』の編集長を務めていた時代、新人作家に執筆のチャンスを与えています。また、乱歩の寄付金をもとに昭和29（1954）年に発足した「江戸川乱歩賞」の副賞は賞金1000万円と、数ある文学賞のなかでもトップクラスの高額でした（令和4〈2022〉年以降は500万円に減額）。ニートのような生活を送っていた乱歩が人気作家になり、多くの若手作家を育てるようになったというのですから、なんとも人生とは数奇なものです。

第4章

文豪と「酒」

――アルコールに溺れた先に見えたもの――

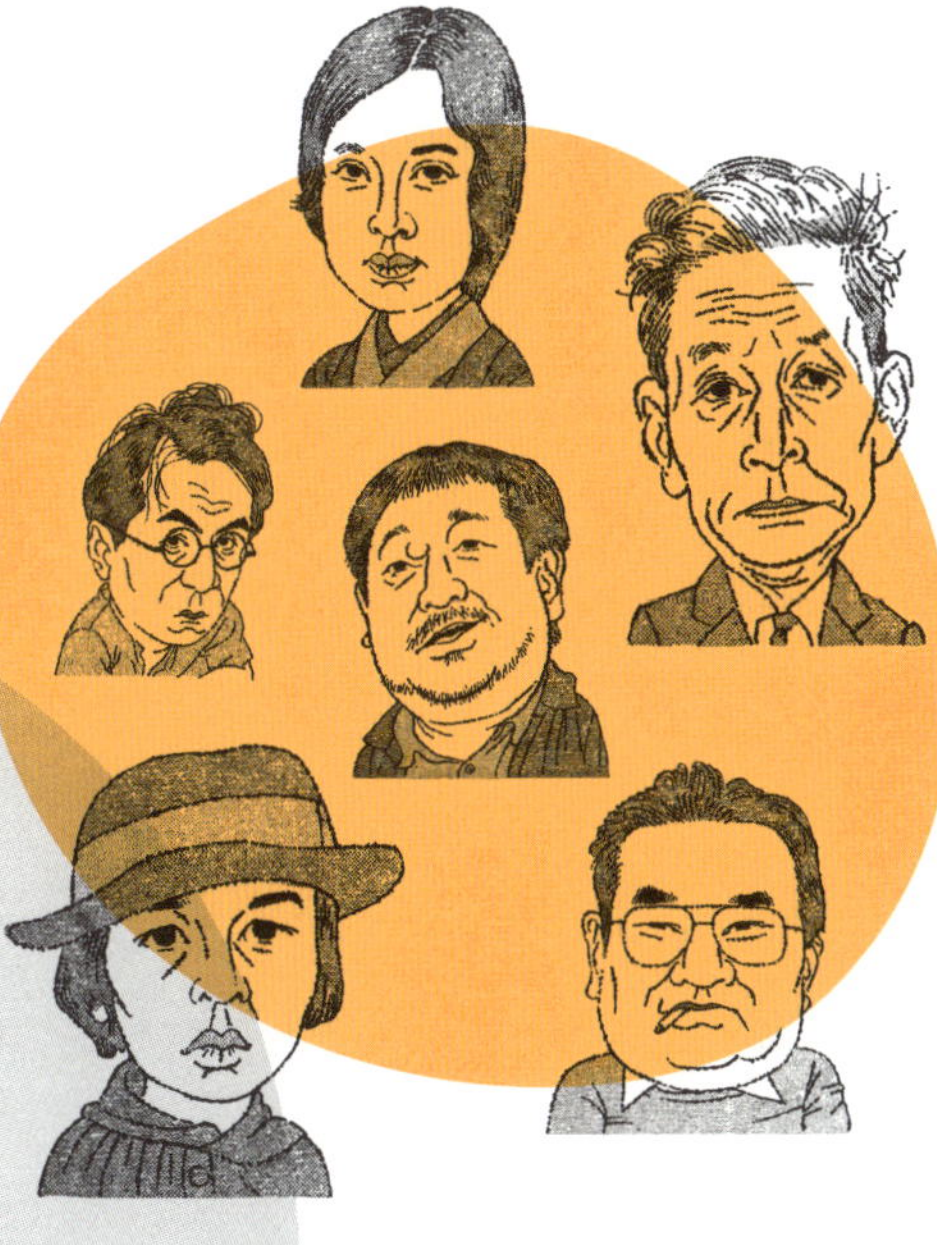

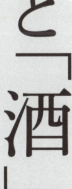

坂口安吾

坂口安吾（さかぐち・あんご　1906〜1955年）

新潟生まれ。本名・坂口炳五《へいご》。東洋大学大学部印度哲学倫理学科（現・東洋大学文学部東洋思想文化学科）卒。代表作は『白痴』『堕落論』『桜の森の満開の下』など。坂口家は江戸から続く旧家だったものの、祖父が投機に失敗。衆議院議員の父も残された財産を政治資金に使ってしまうなど、没落の過程で少年時代を過ごす。中学生のころから悟りの境地に至りたいと思い始め、大学ではインド哲学を専攻。昭和5（1930）年、大学卒業後友人たちと同人誌『言葉』を創刊したことを皮切りに、文学者を志す。昭和21（1946）年に発表した『堕落論』は戦後混乱期の社会に衝撃を与えた。意欲的に執筆活動を続けていたが、昭和30（1955）年に脳出血により48歳で急逝。

酒と覚醒剤から逃げられなかった「落ちこぼれの文豪」

◯県内有数の富豪・名家からの没落人生

坂口安吾は、数多い文豪たちのなかでも極めて風変わりであり、「落ちこぼれの文豪」と言っても過言ではありません。

そもそも安吾は、子どものころから悪ガキで、徹底的に反抗的な児童でした。生まれは明治39（1906）年、父親は新潟県選出の衆議院議員でした。

坂口家は古くから続く由緒ある旧家で、もともとは新潟有数の大富豪だった家系です。「阿賀野川の水が尽きても、坂口家の富は尽きない」と言われていたほどでしたが、投機などで失敗し、安吾の祖父の代から少しずつ、傾きかけていました。

こうした坂口家没落の過程で育ったことが、安吾に大きな影響をもたらします。

「安吾」というのはペンネームで、本名は「坂口炳五」といいますが、これは子どものころの出来事に由来しています。

子どものころから近眼で視力が弱く、裸眼では学校の黒板に書かれた文字が読めませんでした。眼鏡をかければいいのですが、当時の坂口家の家計は火の車で、高価だった眼鏡を買ってもらうことができなかったのです。

黒板の字が読めないため、だんだん勉強嫌いになっていったうえ、さらに追い討ちをかけるように、漢文の先生からこう言われてしまいます。

「お前は暗い奴だから『暗吾』と名乗れ」

言われるがままに「暗」という文字を使うのは嫌だったのか「安」という文字をあてたものの、この少年時代の屈辱の経験が「安吾」というペンネームにした理由だといわれます。

◯中学校を退学になり「偉大なる落伍者」になることを決意

安吾は地元の新潟中学校に入っていたのですが退学になり、東京の私立・豊山中学へ転校しました。成績は優秀だったものの、横暴な上級生や教師に反抗して、次第に授業をサボるようになったことが退学の原因でした。

退学になったとき、中学校の机の蓋の裏に、彫刻刀でこんなことを刻みつけました。

「私は新潟中学といふところを三年生の夏に追ひだされたのだが、そのとき、学校の机の蓋の裏側に、余は偉大なる落伍者となっていつの日か歴史の中によみがへるであらうと、キザなことを彫つてきた」

『いずこへ』(『風と光と二十の私と・いずこへ 他16篇』岩波文庫に収録)

安吾は落伍者たる意識を、このころから強く持っていたのです。中学生の段階で「偉大なる落伍者」になると宣言し、その後、なんと有言実行することになります。

この落伍者たる少年が、戦前戦後の混乱の時代を経たのち、作家として日本の文学史にこつ然と現れたのです。

◯エナジードリンクのような感覚で「覚醒剤」が売られていた時代

第2次世界大戦後の混乱期、目立った才能を発揮した作家のうち〝とある傾向〟を持つ人たちのことを、文学界では「無頼派」と呼びます。

無頼とは、「定職が無くて、法を無視した行動をすること（人）」（『新明解国語辞典』三省堂より）。酒に溺れてアルコール依存症になったり、ギャンブルにお金を注ぎ込んだりと、生活が乱れて一般の感覚からすると〝逸脱した人〟ともいえます。

無頼派は、具体的には、太宰治、織田作之助、檀一雄、石川淳といった作家を指す言葉ですが、その代表格が坂口安吾なのです。

現代の感覚では信じられないことですが、当時はいわゆる「覚醒剤」が合法の薬物として流通していました。「ヒロポン」という商品名で販売され、一般の薬局で手軽に購入できたのです。

俗に「疲労（ヒロ）がポンと飛ぶ」からヒロポン。目が醒めるという意味の「覚醒剤」は、疲労回復や能率を高める目的で合法的に使用されていた時期があったのです。

戦前・戦中は、一種の国策としてヒロポンの使用を広めた面もあります。兵士の戦意昂揚《こうよう》や工場労働者の士気・生産性向上のために利用されていましたし、眠気が飛ぶことからなんと受験生も使っていたようです。

当時「ヒロポン錠」を販売していた「大日本製薬」の広告には、「頭脳の明晰化」「疲労除去」「未だ嘗つて知られざる特異なる中樞性興奮作用を有する最新の薬剤」とあり

かつて疲労回復や眠気覚ましの薬として普通に市販されていた「ヒロポン」の広告

ます。

いわば、エナジードリンクのような感覚で覚醒剤が売られていたわけですから、いま考えると恐ろしい話です。

それが戦後になって、軍から大量に放出され、闇市場でも覚醒剤が出回るようになります。

当時のお笑い芸人にもヒロポンを常用する人が多数いたそうで、「ポン中（ヒロポン中毒）」は蔓延しました。というわけで、安吾や太宰を筆頭に、文壇でもポン中になったり、アルコール依存症になったりして、心身を病んで入退院を繰り返したりと、荒れた生活を送っていた作家が少なくなかったのです。

ちなみに昭和26（1951）年、覚醒剤取締法が制定され、ヒロポンを含む覚醒剤の製造・譲渡・使用は、医療用を除いて禁じられました。

○〝汚部屋〟のなかで「ヒロポン」を常用、4日間徹夜で執筆

ヒロポンを常用して4日間、一睡もせず原稿を書いたかと思えば、今度は目が冴えて眠れないと睡眠薬を大量摂取……安吾は、そんなマッチポンプのようなことを繰り返しながら、執筆にとり組んでいました。

当然、体は蝕まれ、精神にも異常をきたし、入院することもありました。覚醒剤依存症患者特有の錯乱状態に陥り、幻覚を見たり幻聴が聞こえたりした時期もあったのです。

そんなことも影響してか、安吾の執筆部屋は、とんでもなく汚れていました。床の上を埋め尽くす大量のごみ、書き損じの原稿、タバコの灰などに囲まれて、肌着1枚で執筆する姿……。次ページの書影は、安吾と飲み仲間でもあった写真家・林忠彦の著作で、カバーの写真は安吾の書斎で林が撮ったものですが、それまでずっと書斎の掃除をしたことがなかったそうなのです。

こういうところにも、安吾が「偉大なる落伍者」として戦後、時代の寵児になったと

安吾の“汚部屋”がカバー写真の林忠彦著『文士の時代』(中公文庫)[著者所蔵]

ころが垣間見えます。アルコールと薬物に溺れていた安吾ですが、睡眠薬やヒロポンによる依存症状がひどくなり、東京大学医学部附属病院の神経科に入院しました。

◯泥酔して放り込まれた留置場にいたときに長男が誕生

昭和22(1947)年、安吾は40歳で結婚します。このころには人気作家になっており、数々の連載も抱え、収入もありました。しかし、みんな使ってしまうため、税金を滞納。家財を差し押さえられたこともあります。

そんななか昭和28（1953）年、妻・三千代さんは長男を出産しますが、安吾は出産に立ち会えませんでした。それというのも、留置場の檻のなかにいたからです。

当時、文藝春秋の企画の一環で、安吾と檀一雄という無頼派2人が、長野県に取材に行くことになりました。このときも安吾はヒロポンや睡眠薬による依存症の症状で、ときどき錯乱状態になることがありました。

旅行中もただならぬ気配を漂わせ、鬱屈した状態の安吾でしたが、睡眠薬とウイスキーに酔いしれ、暴れまわった挙句、長野県松本市の留置場に入れられたのです。その檻のなかにいたときに長男が生まれたことを知った安吾は、いったいどんな気持ちだったのでしょうか。

しかし、この長男誕生という出来事は、安吾にとって〝人生の光〟となってくれました。息子に愛着を覚えるに従って、だんだんと依存症による錯乱状態や発作も治っていったのです。

◯アルコール依存症の夫、その妻と息子は「下戸」という幸い

安吾の息子・坂口綱男さんは71歳（本書執筆時点）で、フリーのカメラマンとして活

躍しており、安吾の故郷・新潟で「安吾賞」を発足するといった活動もされています。私は綱男さんが関わるイベントに招待していただいたことがあり、講演をしたことがあるのですが、その懇親会で綱男さんとご一緒したとき、ちょっと興味深いことを知りました。私の隣にいた綱男さんにビールを注ごうとすると、「すみません、私、酒はダメなんです」とおっしゃるのです。

あれだけ酒に溺れた安吾の息子さんが、酒を飲めないことを知り、私は驚かされましたが、妻・三千代さんもお酒が飲めない体質だったようです。安吾の死後、三千代さんは下戸でありながら銀座で文壇バー「クラクラ」を開いていたこともありました。

酒と睡眠薬とヒロポンで、荒れた生活を送っていた安吾ですが、意外なことにそれほど「酒好き」だったわけではなかったようです。

大量に酒を飲んでいたのは間違いありませんが、随筆『酒のあとさき』に、こんなことを書いているのです。

「私は日本酒の味はきらひで、ビールの味もきらひだ」

『酒のあとさき』（『坂口安吾全集05』筑摩書房に収録）

◯生きていかなければならないから酒を飲む

だったらなぜそんなに飲むんだと問いたくなりますが、どうも安吾は、おいしい酒を嗜みたいというタイプではなく、「酔っ払いたいから飲む」というタイプだったようです。

「酔ふために飲む酒だから、酔後の行状が言語道断は申すまでもなく、さめれば鬱々として悔恨の臍をかむこと、これはあらゆる酒飲みの通弊で、思ふに、酔つ払つた悦楽の時間よりも醒めて苦痛の時間の方がたしかに長いのであるが、それは人生自体と同じことで、なぜ酒をのむかと云へば、なぜ生きながらへるかと同じことであるらしい」

『酒のあとさき』(『坂口安吾全集05』筑摩書房に収録)

安吾は有言実行した「落伍者」であり、それだけに社会からとり残されたような寂しさや虚しさを感じたときには、それを忘れさせてくれるような言葉の力が宿るのです。

坂口安吾のおすすめ著作

○**『木枯の酒倉から』**(『木枯の酒倉から・風博士』講談社文芸文庫に収録)

初期の小説で、サブタイトルは「聖なる酔つ払ひは神々の魔手に誘惑された話」。奇妙な酒倉を経営しているアルコール依存症の男との出会いを描いたもので「ナンセンス小説」とも評されました。くねくねとうねったような不思議な文体で、まさに文章が酔っ払ったような世界観ですが、だんだん癖になります。はまる人はどっぷりとはまると思います。

○**『堕落論』**(新潮文庫)

戦後の日本社会に大きな影響を与えた代表作。戦後の混乱期における社会の変化について論じ、既存の道徳や価値観を批判しています。敗戦や大震災などによる問題から目を背け、社会が背負った傷も、忘れたふりをする。そんな人間の弱さを鋭く指摘しています。

○**『安吾のいる風景』**(著・坂口綱男、春陽堂書店)

安吾の長男である写真家・坂口綱男さんによるフォト・エッセイ。故郷の海や、安吾が残した時計、行きつけの店など、貴重な写真がまとめられた1冊です。

話題の引き出し★豆知識

メチルアルコールで酔っ払った
戦後の人たち

安吾に大きな影響を与えた第2次世界大戦ですが、戦後日本は焼け野原になり、食料や物資の不足が続きました。国からの配給も追いつかなくなると「闇市」が立ち並び、違法な取引が行われていても統制できない状況になります。食料はもちろん酒も貴重品になり、工場などで燃料として使われる「メチルアルコール」(メタノール)を飲んで失明したり、亡くなったりする人が大勢いました。

小林秀雄

小林秀雄（こばやし・ひでお　1902〜1983年）

東京生まれ。東京帝国大学文学部仏文科卒。代表作は『様々なる意匠』『無常といふ事』『モオツァルト』など。近代日本文学の発展に大きく貢献した文芸評論家。日本ダイヤモンド株式会社を設立した技術者・小林豊造の長男として生まれる。父がヨーロッパ土産で買ってきたレコードなどの影響で、学生時代から音楽が好きだった。昭和4（1929）年、総合雑誌『改造』の懸賞評論に応募した『様々なる意匠』が入選。これを皮切りに、文学のみならず、絵画や音楽、骨董品などさまざまな対象を評論した。その功績により昭和42（1967）年、文化勲章を受章。昭和58（1983）年に肺炎により81歳で死去。

酔うとすぐに議論したがる「論破上戸」

○憧れの人の自宅に電話してみた〝痛い高校生〟

私は多くの作家の影響を受けてきましたが、小林秀雄の評論文を読んだことが「文芸評論を書こう」と思った大きなきっかけとなりました。

それは高校生のときのことです。そして、「批評の神様」と呼ばれていた小林に憧れ、本人に会いたいと思い、本人の自宅に電話してみたのです。

どうか、おかしなヤツだと思わないでください。もう50年近くも前のことです。

インターネットもSNSもなかった当時、街のあちこちに電話ボックスがあって、そこには「電話帳」というものが置いてありました。その分厚い冊子には、地域住民の名前・住所・電話番号が載っていたのです。

いまでは考えられないほど、〝個人情報ダダ漏れ〟の時代でした。

小林の自宅は、鎌倉の鶴岡八幡宮の裏山の上に建つ立派な屋敷でしたが、私は友人と一緒に「小林秀雄の家に行ってみよう」と企てました。

いきなり押しかけてもなんですから、ひとまず電話帳で調べて、自宅に電話してみたのです。

当時の電話はダイヤル式でしたが、ドキドキしながらダイヤルを回し、「富岡と言いますが、あの〜小林先生にちょっとお会いしたいんですけど」と切り出すと、奥様だかお手伝いさんだかわかりませんが、女性の声で「小林はいま、長らく手のかかる仕事をしておりまして、ちょっとお会いできないんですよ」と断られてしまいました。

それでも私はあきらめきれず、電話帳に書いてあった住所を頼りに八幡宮の坂道をたどりました。小林邸の門前まで行って、「これがあの小林秀雄の家か」と思いを馳せ、そこで満足して家路についたことを覚えています。

一流芸術をいち早く発掘するインフルエンサー

そんなわけで小林は、私にとってずっと憧れの存在でした。小林の文章は小難しい印象があるかもしれませんが、ぜひその文章の美しさに触れてほしいと思います。

小林は日本において本格的な近代批評を確立した人物として評価されていますが、すごいのは評論する「対象の広さ」です。文学や小説、詩を解釈するにとどまらず、音楽や美術など、幅広く論じてきました。

かの有名な音楽家・モーツァルトを、日本で初めて本格的に批評したのも小林です。絵画「ひまわり」で有名なゴッホや、現代アートに大きな影響をもたらしたピカソなどの芸術家についても、かなり早い段階で評論しています。

東京帝国大学仏文科出身で、フランス語が堪能だった小林は、翻訳書なども手がけており、西洋文化から「これは」と思うものを見つけてきては、日本に広めていました。

いまはインフルエンサーが発信した情報を誰もがインターネットで見ることができます。海の向こうのはるか遠く、地球の裏側の情報だろうと、インターネットにつながってさえいれば受けとることができる時代です。

しかし、小林の世代が生きていたのは、西洋の文化が日本にやってくるようになって、わずか数十年のころ。ＡＩ（人工知能）の翻訳機はもちろん、グーグルの検索機能、携帯電話すらありませんでした。

◯小林秀雄がいたからモネは有名になった？

そんな時代に小林がやったのは、海外のカルチャーに、研究者だけではなく、一般の人でも触れられるようにしたことです。

たとえば、絵画「睡蓮」などで有名なフランスの画家・モネを、日本で初めて本格的に紹介したのも小林です。自著『近代絵画』にこう書いています。

「光を追い求めて行ったモネは、しまいには、何んの奇もない平凡な画題、例えば、畠の中に積み上げられた一束の藁があれば充分だ、という事になった。太陽の光さえ浴びていれば、それは、限りなく多彩な魅惑で輝やき、これを追って行けば、光の推移につれて、作画の動機として、いくらでも異ったものが現れて来る。ルアンの寺院の連作も有名だが、晩年は、自分の家の池に咲いた水連ばかり描く様になった」

『近代絵画』（新潮文庫）

さらに続けて、フランス・パリの「オランジュリー美術館」に行き、とびきり大きなモネの絵画「睡蓮」を鑑賞したときの経験も綴っています。

「パリのオランヂュリイ美術館に、その最後の八つの大壁画がある。楕円形に作られた二つの大広間の四方の壁に描かれた池は、真夏の太陽にきらめき、千変万化する驚くべき色光を発している。まん中に立って、ぐるりと見廻すと、光の音楽で、身体がゆらめく様な感じがする。これは自然の池ではない。誰もこんな池を見た事もないし、これから見る人はあるまい。私はモネの眼の中にいる、心のなかにいる、そして彼の告白を聞く。(中略)ルーブルは混雑しているが、ここは何時《いつ》行っても人気がなく、私は、中央の椅子に坐って、長い間ぼんやりしていたものだ。実際、絵の方も、全く人気のない絵と言った感じがする。光の戯れというものは、これほど淋しいものか、と見入っているとぼんやりして来る。すると、親しい友達にも笑われながら、一人で池ばかり眺めているモネの姿が思われる。彼は第一次大戦も知らずにいたかも知れない、そんな風に思われて来る。世界には光だけしか見えない、だから光だけがある、よくもそんな道を、狂人の様に一筋に辿れたものだ」

『近代絵画』(新潮文庫)

どうでしょう。なんともロマンティックで詩的な表現ではありませんか。一般の人が気軽に海外へ行けなかった時代、まるで自分がその場にいるかのような語りで、その作品のなんたるかを伝えてきたのが小林だったのです。

近年、日本でも「モネ展」が開催され大きな話題になりましたが、そもそも小林が紹介して日本に西洋絵画に対する理解の土壌ができなかったら、あれほどまで人気を博し、連日大行列をつくらなかったかもしれません。

○〝本物フェチ〟によるこだわりを極める酒の飲み方

小林は、たぐい稀なる〝本物を見極める目〟の持ち主であり、それを駆使して素晴らしい批評をたくさん書いてきましたが、美食家でもあり、その鋭い洞察力は「料理」や「酒」にも向けられ、お皿やグラスにまでこだわりを見せていました。

いわば〝本物フェチ〟ともいえる気質は、プライベートだろうがなんだろうが分け隔てがなかったようです。たとえば、酒にまつわるエピソードだけでも、小林の徹底したこだわりがうかがえます。

●「とりあえずビール」は絶対にやらない
●酒を味わうため、午後から水分を抜き、お茶なども飲まないようにする
●夕食時、熱燗を必ず1日2合（300～360ミリリットル）飲む

さらに小林は骨董品のコレクターでもありましたから、酒を注ぐぐい呑みの器は、李氏朝鮮時代のあえてはけで塗った跡を残す「刷毛目《はけめ》」という技法でつくられたもの……などと、とにかくこだわりが極められています。

◯巧みな会話術で若手作家を悔し泣きに追い込む

そんな小林ですが、酔っ払うと饒舌《じょうぜつ》になり、あたり構わず相手に突っかかり、論破しまくる一面もありました。言ってしまえば、「昭和の論破王」みたいな存在でしょうか。

小林の真贋《しんがん》を見極める洞察力と、それを批評する力は天下一品です。相手の痛いところ、言われたくない、目を逸らしたいところをズバリと突くのがうまいのです。

酔っ払った小林に絡まれ、議論をふっかけられ、挙げ句に論破されてしまうのですか

ら、絡まれたほうはたまったものではありません。

428ページで紹介する石原慎太郎は、文壇の面々が集まった宴会での目撃談を書いています。

それによると、せっかくの宴会なのに、小林は可愛がっていた若い作家を呼びつけ、巧みな話術で相手に絡み、ついにはその作家が、畳をむしって悔し泣きしてしまったそうです。

場がシラケてしまい、同席していた人たちも席を立ち始め、見かねた石原は、「いい加減にしたらどうですか。あなただって知らないことはたくさんあるでしょう」と30歳も年上で、文壇の大先輩である小林をいさめました。というか、噛みついたのです。

「知らないことって、たとえばなんだよ」と小林に返され、石原はとっさに自分の得意分野でもある「ヨットとか、海とか、そういうのですよ」と、当時の若者らしい題材を投げ返しました。

すると、それを聞いた小林は、意外にも、素直に納得したのでした。「絡み酒」とはいえ、本音と本音で、相手と議論を交わしたかっただけなのかもしれませんし、いま風にいえば〝かまってちゃん〟のようなところがあったのかもしれません。

◯電車の連結部で立ちション、料亭と間違えて他人の家に入る

若いころの写真を見るとわかりますが、小林はかなりの美男子です。東大卒で頭がよく、巧みな話術で人をひきつけ、最先端の外国文化を知り尽くしており、文才もありセンスもよく、いい店も美味しい料理も酒もたくさん知っていて、おまけに眉目秀麗《びもくしゅうれい》なのですから、もう非の打ちどころがないようです……が、完璧な人間などいないのです。

小林には、酒にまつわる失敗談も残っています。

あるとき、飲み足りなかった小林は、当時の国鉄横須賀線の最終電車で鎌倉駅に帰ってきたのち、遅くまでやっている駅近くの小料理屋で飲み、へベレケになってしまいました。時刻は深夜2時をまわっています。

それでもまだ飲み足りない小林は、一緒に飲んでいた相手を引き連れ「よしよし俺に任せろ」と、知っている料亭の勝手口を叩き、木戸を開けて勝手に入り込んだのです。

挙げ句の果てには、座敷に寝ていた男を無理やり起こし、「酒を持ってこい」と言い放ち、好き放題にしますが、なんとそこは料亭などではなく、一般の人が住む民家だっ

たのです。

鎌倉には、料亭風の古風な雰囲気の家屋が珍しくないので、酔っ払って見分けがつかなかったのでしょう。後日、謝罪にうかがおうとしたものの、酔っ払いすぎて迷惑をかけたお宅の場所を覚えておらず、結局、たどり着けませんでした。

このほかにも、酔っ払って横須賀線で鎌倉まで帰ってこようとしたとき、尿意に襲われ、どうにも我慢できなくなった小林は電車内の連結部分でじょんじょんと小便をぶちまけたことがありました。

車掌に怒られたのですが、またいつもの調子で「悔しかったら便所をつけてみろ」と言ってのけ、それで本当に横須賀線の電車にトイレがつくようになったという都市伝説もあります。

また、白刃を持った強盗が小林の家に侵入してきたとき、相手の手が震えていることを見抜き、強盗に説教して追い払ったこともありました。

◯この世界に客観的なものなんてない

小林は「本物」を見抜くことに心血を注ぎ、自分の感受性を信じ抜いた人でした。

評論というと「できるだけ主観的な表現を省き、客観的に書かなければならない」といった印象があるかもしれません。ところが、「この世界に客観的なものなんてない。自分の感性がとらえたものこそが世界の真実だ」というのが、小林の評論に通底するスタイルでした。

前述した「モネ」についての評論文もそうですが、自分の心に飛び込んでくる芸術の美しさを、あくまでも自分の言葉で表現しているのが大きな魅力です。

小林の友人である漫画家・那須良輔は、『新潮 小林秀雄追悼記念号 昭和58年4月臨時増刊』に寄せたエッセイで、小林が真贋を見極めるときの表情について、こう書いています。

「小林さんは、味のわかる人間とわからぬ人間を、食べている最中の顔つきで判断された。グルメぶった文化人をテレビや雑誌で見かけると、食事中の顔つきをつかまえて、あいつは駄目だよ。あいつの薦める店へ行ってごらん、きっとまずいよ、あいつは頭で食ってるよと、断言してはばからなかった。

それだけに、物を食べる小林さんの顔は、芸術品といいたくなるくらいの絶品だった。

注文した皿が食卓に運ばれると、同席している誰に遠慮することもなく、イの一番に箸をのばし、大声で「うまい！」と叫ばれた。目論見が狂って気に入らないと、まずい以上は食う必要がないと、どんな高いものでも惜しげもなく残してしまわれた」

『新潮 小林秀雄追悼記念号 昭和58年4月臨時増刊』

これは、小林秀雄という人物を象徴するエピソードだと思います。

食べ物に限らず、芸術批評、文芸批評すべてにおいて、知識やロジックばかりではなく、野性的で直感的な感覚を大事にし、言葉を紡ぎ出し続けた評論家でした。

自分の感性が受けとめたものを、ブレずに信じ抜く。そのために、国内外の情報にアンテナを張り、大量の知識を吸収し、感性を磨き続ける。教養の源泉とは、「本物を知りたい」という純粋な欲求から生まれるものなのかもしれません。

小林秀雄の おすすめ著作

○『近代絵画』（新潮文庫）

モネ、セザンヌ、ゴッホ、ルノアール、ピカソなど、近代の画家たちについて縦横無尽に考察した評論集。単なる技術やスタイルを論じるのではなく、美術館へ足を運び、そのとき感じた主観的な印象も、詩的に綴られています。目の前にその絵画があらわれたかのような、非常に読ませる文章です。

○『本居宣長』（上・下、新潮文庫）

晩年に10年かけてとり組んだ力作。日本人の歴史の原点である『古事記』を30年もかけて解読し、一般の人でも読めるようにしたのが、江戸時代の国学者・本居宣長です。西洋カルチャーをとり上げることが多かった小林が、最晩年にいたって本居宣長を論じようと思ったのは、あらためて、日本人の魂のルーツを知りたくなったからかもしれません。

話題の引き出し★豆知識

「批評の神様」がもっとも愛した日本酒

“本物フェチ”だった小林は、酒の好みもはっきりとしていました。お気に入りは日本酒で、京都・伏見の「玉乃光」、兵庫の「菊正宗」「菊千歳」など。これと決まった名酒を飲むことが多かったようです。

中原中也

中原中也（なかはら・ちゅうや　1907〜1937年）

山口生まれ。東京外国語学校専修科仏語部修了。代表作は『山羊の歌』『在りし日の歌』など。中原家は山口で代々続く開業医の家系で、長男の中也は医院を継ぐことを切望されていた。しかし、中学生のとき読書に夢中になりすぎて成績が急降下し、飲酒・喫煙も始めたため、中学3年生で落第。その後上京し、小林秀雄などと交友関係を深め、昭和9（1934）年に第一詩集『山羊の歌』を自費出版。これが好評を博したことで、商業誌から原稿の依頼がくるようになり、詩人としての地位を確立。アルチュール・ランボーの詩集の日本語訳もしていたが、長男・文也が2歳で亡くなったことで心身ともに衰弱。昭和12（1937）年、結核性脳膜炎により30歳で短い生涯を閉じた。

ひどい絡み酒で行きつけのバーを閉店させるほどの酒乱

◯酔っ払って町会議員の家に石をぶっつけて壊し、逮捕

詩人仲間2人と酒を飲んだ帰り、沿道の家の外灯に石を投げて壊す。それが町会議員の家で、3人とも交番に突き出される。詩人仲間2人は教師で身分が明かされたため5日間で釈放されたものの、身分不詳の中原中也は15日間留置される。

――こんな〝酒乱エピソード〟に事欠かないのが、中也です。親交が深かった歌人・安原喜弘は、中也についてこう述べています。

「私にとって中也との交友は、決して楽しいものではなかった。思い出はつらく、心重い日々の連続であった。この間、私はいつしか文学思考を捨て、筆を折った」

友人にそこまで言わせるとは、相当ひどいことをしたのでしょう。中也の酒癖の悪さを物語っています。

◯絡み酒がひどくて行きつけのバーが閉店

中也の酒の飲み方といえば、前項で紹介した小林秀雄とはタイプが違うものの、「絡み酒」が特徴です。それが度を越して、なんと行きつけのバーを閉店させてしまったことさえあるのです。

中也の絡み酒は、人に突っかかるタイプ。たとえば、小林秀雄の友人の装丁家・青山二郎が、親戚の面倒を見てバーを出店させたことがありました。

そこは青山の広い交流関係で小林や井伏鱒二、大岡昇平などの作家たちが集まる文壇バーとなりましたが、このバーに毎日顔を出していた中也は、誰彼構わず絡んだり喧嘩をふっかけたりしました。

その結果、このバーはわずか1年で閉店してしまったのです。

このバーが閉店する前、無頼派の坂口安吾が訪れたとき、中也が酒を飲んで絡んできたことを、安吾は『酒のあとさき』というエッセイで書いています。

「中原中也は、十七の娘が好きであつたが、娘の方は私が好きであつたから中也はかねて恨みを結んでゐて、ある晩のこと、彼は隣席の私に向つて、やいヘゲモニー、と叫んで立上つて、突然殴りかゝつたけれども」

『酒のあとさき』(『坂口安吾全集05』筑摩書房に収録)

「ヘゲモニー」というのは、指導者や権力者を指す言葉です。中也は酔っ払うと、何かを言いながら殴りかかるのですが、安吾に対してもそうでした。

一説には身長150センチ程度ともいわれるほど身長が低い中也に対し、安吾は妻の坂口三千代いわく、身長170センチ余りで二十貫(75キロ)、痩せているときでも十八貫(67・5キロ)と中也を大きく上まわります。

自分に比べてだいぶ大柄な安吾を恐れた中也は、5分ほど1人で格闘した挙句、結局おとなしくなったようです。

安吾は『酒のあとさき』では、さらにこんなことも綴っています。

「どうだ、一緒に飲まないか、こつちへ来ないか、私が誘ふと、貴様はドイツのヘゲモニーだ、貴様は偉え、と言ひながら割りこんできて、それから繁々往来する親友になつたが、その後は十七の娘について彼はもう一切われ関せずといふ顔をした。それほど惚れてはゐなかつたので、ほんとは私と友達になりたがつてゐたのだ」

『坂口安吾全集05』筑摩書房に収録

まったく動揺しない安吾のリアクションも面白いです。実際、2人は文壇バーに通い詰めてよく語り合う友人同士になりました。

どうやって友情が芽生えるのか、わからないものです。

○酔っ払って喧嘩をふっかけ太宰治を泣かせる

中也の絡み酒のエピソードは、まだまだあります。370ページで紹介する太宰治が同人誌『青い花』を創刊するとき、中也も誘われました。

その後、東京・東中野の居酒屋で飲んでいるとき、中也は太宰に絡みましたが、このとき太宰に「青鯖が空に浮かんだような顔しやがって」と絡み酒。言われてみれば、たしかにそんな顔をしているような気もします。

いまでは性別や立場を問わず、年齢や容姿を揶揄し、相手を不快にさせるような発言は慎むべきだとされ、ルッキズム（外見至上主義）だと指摘されそうですが、さすがに詩人・中也、うまいことをいいます。

中也は「お前はなんの花が好きなんだ」と太宰に絡み、太宰が泣きそうな声で「桃の花」と答えると、「ちぇっ、だからおめえはよ」とさらに絡みました。

結局、同人誌『青い花』は創刊号を出しただけで、休刊となってしまいました。太宰は、中也のことを「ナメクジみたいにテラテラしていて食えた代物じゃないよ」と言い、拒絶していましたが、中也が亡くなるとその才能を惜しんでいたと言われます。

中也は訪れた居酒屋で太宰にたまたま会い、喧嘩をふっかけた挙句、泣かせてしまったこともあったそうです。いずれにせよ、中也は飲み屋で作家を見かけては突っかかり、それで仲よくなることもあれば、拒絶されることもあり……を繰り返していました。

中也より年下のフランス文学者で評論家の中村光夫は、酔った中也にビール瓶で殴られました。

自分より年下の相手には直接的な暴力を振るい、安吾のような年上の相手には絡むだけで終わる。なんとも他人の足元をみる情けない酒の飲み方をしていました。

○〝絡み酒の名手〟だけれど本当は1人酒が好きだった？

さて、まわりを振り回し続けていた中也ですが、実際は1人酒が好きだったようです。1人で静かに酒を飲んでいたときのことを、詩に書いたりもしています。

私が一番注目するのは『冬の長門峡』という詩です。中也は山口に帰郷をしたとき、大正12（1923）年に国指定の名勝となった景勝地で、萩市から山口市にまたがる総延長約12キロの阿武川沿いの美しい渓谷・長門峡を訪れます。

その後、昭和11（1936）年に草稿を書き始め、昭和12（1937）年に雑誌『文學界』で発表された『冬の長門峡』は、とても美しく素晴らしい詩です。

「長門峡に、水は流れてありにけり。
寒い寒い日なりき。

われは料亭にありぬ。
酒酌《く》みてありぬ。

われのほか別に、
客とてもなかりけり。

水は、恰《あたか》も魂あるものの如く、
流れ流れてありにけり。

やがても密柑の如き夕陽、
欄干にこぼれたり。

あゝ！　――そのような時もありき、
寒い寒い　日なりき」

『冬の長門峡』（『新編中原中也全集第一巻』角川書店に収録）

中也の生い立ちを知ると、この詩に隠れた想いをより理解できます。

幼いころは「神童」と呼ばれるほど勉強ができ、代々続く医師の家系を継ぐことを期待されていた中也。しかし、10代のころから文学熱が高まり、勉強に集中しなくなり、酒やタバコに手を出すようになりました。

一般のレールには馴染めず、自分の居場所が見つからずにくすぶっていた時期も長かったのでしょう。詩人として生きていくことを決意したものの、自費出版しようと制作した『山羊の歌』は事前予約が10人ほどしか集まらず、制作資金に事欠きました。

何をやってもうまくいかない、というもどかしさが募っているなか、転機が訪れます。昭和8（1933）年に結婚、翌年の昭和9（1934）年、27歳のときに長男・文也が生まれるのです。孤独で悲観的だった中也に、愛すべき子供ができました。同年、さらに念願かなって第一詩集『山羊の歌』を出版することができるなど、その1～2年の間にようやく一筋の光明が射したのです。

しかし、それも束の間のこと。昭和11（1936）年11月、まだ2歳だった長男・文也が病気で亡くなってしまいます。『冬の長門峡』は、その文也が亡くなってすぐあとに書かれた詩ではないかと推測されます。

故郷に帰り、いろいろな思いを抱えながら、大峡谷の近くの料亭で、1人酒を汲んで飲む。

中也には迷惑な絡み酒のエピソードが事欠きませんが、『冬の長門峡』を読むと〝孤独の自己に帰るための酒〟こそ、もっとも中也らしい飲み方だったのではないかという気がしてなりません。

◯「付き合いで酒を飲むくらい馬鹿げたこともない」

昭和9(1934)年5月に書かれた中也の日記には、このような描写があります。

「つきあひで、酒を飲むといふくらゐ馬鹿げたこともない。最初それは、相手を喜ばすには違ひない。だが、こつち自身真に嬉しくてやつてゐるのでないことは、遂には相手にもつまらなくなることなのである」

『新編中原中也全集第五巻』(角川書店に収録)

あれだけいろいろな作家たちに絡んで悪態をつき、安吾などとは最終的には酒を通して親友にまでなっていたのに、さらっと日記ではこんなことを書いています。

さらに、こう続けています。

「酒場やおでん屋で人が話してゐる話はみんな或る型があつて、その型も要するに一つだと云つてしまへるくらゐ粗大なもので、一口に云つてみれば謙遜な形で自分を偉くみせようといふだけのことなり。云換えれば、飾らない形で飾らうとしてゐることなり」

『新編中原中也全集第五巻』（角川書店に収録）

謙遜しているふうを装いながら、自分を偉く見せようとしている。飾らない形で、飾ろうとしている。それが、みんなで飲むときの1つの「型」なのだと、そう結論づけています。

こんなことを書きながらも、「中也が一番威張っていたじゃないか！」とツッコミを入れたくなりますが、そうした一見矛盾しているような飲み方にも、実は理由があったのではないかということが、大岡昇平が中也の没後に書いた大作『中原中也』（講談社文芸文庫）から読みとれます。

大岡昇平については296ページで紹介しますが、中也とともに同人雑誌『白痴群』を創刊した文学仲間であり、酒の場では毒づかれたり殴られたりしてきた友人でもあります。そんな大岡は第2次世界大戦に従軍したのち、中也についてこんな評論を書いています。

「中原は生涯全てを自己の力を通して見、強い、独創的な自分、弱い、雷同的な他人という簡明な対立から世間を眺めた。彼は絶えず世間に傷ついたが、どんなにひどい打撃を受けても、結局バネがもとに戻るように、自己の力の意識に立ち帰らずにはいられなかった。彼の不幸は世間に傷ついたその仔細にあるのではなく、いつも自己を取り返さざるを得なかったということにあった。そして相変わらずそこから出直して同じ傷を受けなければならなかったということにあった」

『中原中也』(『大岡昇平全集第十巻』中央公論社に収録)

中也が求めていたのは、自分を発見すること、いま風に言えば〝自分探し〟だったのかもしれません。人付き合いで傷きながらも、自己に立ち戻ろうとしていた。

本質的には〝独酌の詩人〟でありながら、他人と喧嘩したがっていたのは、酒を通して傷つけ傷つけられ、そこで自分が何を感じるのかを再発見したかったからかもしれません。

中原中也の おすすめ著作

○『汚れつちまつた悲しみに……　中原中也詩集』（集英社文庫）

最初の詩集『山羊の歌』、没後の詩集『在りし日の歌』に収録されていた詩も収められている文庫です。それぞれの詩にリズム感があって、音楽的な美しさが特徴です。「サーカス」「汚れつちまつた悲しみに……」など有名な詩も多いため、まずはこの1冊から始めてみるのはどうでしょう。

話題の引き出し★豆知識

小林秀雄と中原中也と女優の三角関係

中也は一時期、友人の小林秀雄と、女優・長谷川泰子をとり合っていました。結局、中也がふられ、小林と泰子は同棲したのですが、泰子の潔癖症に小林が疲れ果てて破局。老境に近づいて生活に苦しみ、ビルの清掃員として働いていた泰子のもとへ過激な中也ファンが訪れ「中也を捨てた女」として恫喝し、そのファンが逮捕される事件が起こっています。

開高健

開高健（かいこう・たけし　1930〜1989年）
大阪生まれ。大阪市立大学法文学部卒。代表作は『裸の王様』『輝ける闇』『夏の闇』など。戦後日本文学の代表的な作家の1人。中学生のとき、第2次世界大戦の影響で授業が停止に。学生勤労動員として、飛行場や火薬庫の作業に行く。昭和29（1954）年、24歳で「寿屋」（現・サントリーホールディングス）に入社、宣伝部に配属。「トリスウイスキー」の宣伝を担当するなど、コピーライターの草分け的存在でもある。デビュー当初はコピーライターとの兼業作家だったが、『裸の王様』で芥川賞を受賞したことにより一躍人気作家に。丁寧な取材をもとにした作品が多く、そのリアリズムと力強い文体で多くの読者を魅了した。平成元（1989）年に食道がんにより58歳で死去。

15歳で酒とタバコを始めたサントリー出身の「酒」の名文家

◯「人間」らしくやりたいナ

世界的酒造・飲料メーカー「サントリー」は、ビール「ザ・プレミアム・モルツ」、ウイスキー「山崎」、缶チューハイ「ほろよい」などのアルコール飲料から緑茶「伊右衛門」、缶コーヒー「ＢＯＳＳ」まで、数多くのヒット商品で知らない人はいないくらいです。

そんな数あるヒット商品の１つに、「トリスウイスキー」があります。戦後間もない昭和21（１９４６）年、「安くてもしっかりした品質のお酒を飲んでもらいたい」という思いから発売された〝廉価なウイスキー〟です。

昭和33（１９５８）年、サントリーのテレビコマーシャルに、２頭身で小太り、スキンヘッドでスーツ姿のとんがり鼻で有名な「アンクルトリス」が登場しました。そして、

**開高健の「人間らしくやりたいナ」のコピーに
柳原良平の「アンクルトリス」(サントリーHPより)**

昭和36（1961）年、広告を展開。このアンクルトリスが登場した最初の広告のコピーライターが、開高健なのです。

ちなみに本名は「かいこうたけし」ですが、「かいこうけん」と名乗っていたこともあります。その開高のコピーは、次のとおりです。

「人間」らしくやりたいナ
トリスを飲んで「人間」らしくやりたいナ
「人間」なんだからナ

いまも根強い人気を誇るイラスト

レーター兼デザイナーの柳原良平が、開高が考えたコンセプトを30分で図案化したアンクルトリスと開高の言葉選びは、見事に相乗効果をもたらし、日本のウイスキーブームの火付け役となったのです。

◯コピーライターと小説家、2足のわらじ

開高は大阪の「寿屋」（現・サントリーホールディングス）に入社して、最初は酒販店向けのPR冊子『発展』の取材をしながら、全国の酒販店や飲食店を巡っていました。

その後、昭和31（1956）年に東京支店に異動し、当時専務だった創業者一族の佐治敬三に提案して、PR感をより抑えた広報誌『洋酒天国』を創刊します。

実質経済成長率が年平均10％前後を記録した昭和30（1955）年ごろから昭和48（1973）年ごろまでの高度経済成長期が幕開けしたタイミングで、洋酒の魅力を伝える雑誌を立ち上げたのです。

そんなわけで、サントリーで働きながら兼業作家として活動していた開高ですが、昭和33（1958）年、27歳のとき、文芸誌『文學界』に発表した短編小説『裸の王様』で「第38回芥川賞」を受賞。一躍人気作家の仲間入りを果たします。

数多くの取材を受け、サントリーの当時の社長が開高の自宅を訪れた際には、「たいへんな会社の宣伝になる」と言ったそうです。

この次の「第39回芥川賞」ではのちにノーベル文学賞作家となる大江健三郎が受賞し、昭和30年代前半は、新しいテーマを引っさげた当時の若い世代の作家がどんどん出てきた勢いのある時代でした。

○アマゾンの奥地へ行って巨大魚を釣り上げる

開高は、グルマン（美食家）としても有名ですが、釣りが大好きです。それも並大抵の釣り好きではなく、世界を巡って〝釣りざんまい〟をしていました。

多いときには年に2回、3回と海外に足を延ばす〝旅する作家〟という一面もありました。ルポルタージュの取材もかねてアマゾンの奥地へ行き、巨大魚を釣り上げたこともあります。

神奈川・茅ヶ崎の東海岸のそばにある、晩年暮らした開高の自宅跡は現在「開高健記念館」となっています。そこに開高が実際に使っていた釣り道具がたくさん展示されていますから、興味のある方は一度、訪ねてみるのも一興です。

昭和53（1978）年には、海外で巨大魚を釣り上げた紀行文『オーパ！』を刊行しました。仲間とともにアラスカ沖のベーリング海やカリフォルニア、カナダなどを巡り、アラスカに滞在したときに釣ったのは、60ポンド（約27キロ）のキングサーモン。また、チョウザメを釣りあげたときには、その場で料理人に調理させてキャビアを食すなど、贅沢な釣りの様子が鮮やかに描かれています。

昭和63（1988）年には、イギリスのアレック・ダグラス＝ヒューム元首相の招きによって、スコットランドでマス釣りをしたこともあります。そんなふうに世界中で釣りをしたわけです。

小説家というと、書斎にこもって机に向かい、カリカリと原稿を書き続けているようなイメージを抱きがちですが、開高はいろんなところに飛び出し、ときには地球の果てまで冒険をしに行く「行動する作家」として意欲的に活動しました。

◯ベトナム戦争の戦地に赴き報道に携わる

小説（フィクション）だけでなく、世界各国を訪れて取材し、紀行文やルポルタージュを書くなど、ノンフィクションの名手でもあった開高ですが、死が迫るような体験もしています。

昭和39（1964）年から翌年にかけて開高が30代前半のとき、朝日新聞社臨時特派員として、同社のカメラマン・秋元啓一とともに、戦火の南ベトナムへと赴きました。

当時は、昭和50（1975）年まで19年間続いたベトナム戦争によって、北側のベトナム民主共和国（北ベトナム）とベトナム共和国（南ベトナム）が対立。北ベトナムはソ連と中国が支援、南ベトナムはアメリカが支援していました。

ときは、東西冷戦時代です。アメリカは共産主義との「正義の戦い」を唱えて、北ベトナムや反米組織「南ベトナム解放民族戦線」（俗称・ベトコン）と戦いました。

結果として北ベトナムが勝利し、アメリカは敗北。南ベトナムの政権は崩壊しましたが、開高はその戦争を取材し、伝えたのです。

○ベトナム戦争の取材で九死に一生を得る

アメリカはB52爆撃機や地上戦で村々を焼き払い、ベトコンが潜伏するジャングルに大量の枯葉剤（ダイオキシン化合物）を散布するなどして、敵対勢力を攻撃。しかし、ゲリラ兵たちの激しい抵抗は収まらず、戦争は泥沼化しました。

開高はアメリカ軍とともに前線近くまで取材に入りましたが、同行していた部隊がベトコンに包囲されるという状況に陥り、九死に一生を得て帰還します。

この体験をもとに、開高は戦地からベトナム戦記を書き送り、昭和40（1965）年にルポルタージュ『ベトナム戦記』が刊行されました。当時は、日本でもベトナム反戦運動が盛んな時期でもあり、この作品は大変な話題になりました。

「ふたたび猛射が起こった。森そのものが猛射しているとしか思えなかった。ベトコン兵士の姿は黒シャツの閃きひとつ見えなかった。遺走がはじまった。トゥ中佐が先頭にたって逃げだした。私たちはふらつく足を踏みしめ踏みしめ彼らのあとを追って右に走ったり左へ走ったりした。東へ走ったときにはトゥ中佐がまっ蒼になって走りもどる姿が見えた。汗のふきだす眼のなかで何を見たのだろうと思った瞬間、四方八方からいままでにない至近距離の乱射がはじまった」

『ベトナム戦記』（朝日文庫）

開高自身も反戦運動に関わりましたが、昭和43（1968）年にベトナム戦争へ取材に赴いた主人公による一人称で物語が進む小説『輝ける闇』を刊行します。

○「酒と食」という執筆テーマの原点は、15歳での飢餓体験

実は、開高は14歳から15歳くらいの少年時代、十分な食べ物を得られず、飢餓状態を体験しています。グルマンとしても名を馳せた開高の背景には、そうした貧困体験の裏返しがあるのです。

それというのも13歳のとき、旧制・大阪府立天王寺中学（現・大阪府立天王寺高等学校）に入学したその年に、父・正義を腸チフスで亡くし（享年47）、生活が苦しくなったからです。

翌年の昭和19（1944）年には、戦局悪化により学校の授業が停止となり、勤労動員に参加することになります。昭和20（1945）年に終戦してからも、さまざまなアルバイトをしながら、苦しい生活を送りました。

短編エッセー『ラッキー・ストライクよ永遠に』では、終戦後、究極に貧しい生活を送っていた15歳のときに酒とタバコを始め、以来35年間、タバコを1日もやめたことがないと明かしています。

○酒とタバコの常飲からか食道がんを患う

開高はいつも酒をなめながら執筆していましたが、書きながら飲む酒はアルコール度数が50度のウォッカと決めていました。「酒を飲むのは男一生の一種の芸術と呼ばれていいものである」とまで言い切っています。

アルコール度数の高いウォッカとタバコを常飲したこともあってか食道がんとなり、1989（平成元）年に手術を受けました。しかし、食道腫瘍や肺炎を併発して58歳という若さで亡くなります。

第2次世界大戦が終わり、敗戦した日本にも平和が訪れ、高度経済成長を遂げ、大量消費社会になっていくなか、開高は世界の現実、戦争や飢餓の悲惨さを体験・取材し、それを言葉にしていきました。

その原点には、父が死に、十分な食べ物がなかった成長期の記憶があったのでしょう。非常にユニークな文章ですが、間違いなく「文豪」の1人だと思う作家です。

開高健のおすすめ著作

○**『ロマネ・コンティ・一九三五年』（『ロマネ・コンティ・一九三五年 六つの短篇小説』文春文庫に収録）**

酒をテーマにした短編小説。最高級赤ワイン「ロマネ・コンティ」を巡る人々の交流が描かれています。ワインが瓶からグラスに注がれるだけのシーンすら、官能的とも言えるほど臨場感があり、開高の筆力が見事に発揮された一作です。

○**『最後の晩餐』（光文社文庫）**

食の歳時記。エッセイと小説の中間のような開高ならではの語り口で、四季折々、古今東西の料理や食材、食にまつわるエピソードが紹介されています。勢いと迫力があり、ぐいぐい読ませる文章の魅力もさることながら、面白いのは、「食」というテーマを通して「人間の持つ、根源的な欲望とは何か」という問いに、とことん向き合っているところです。

○**『破れた繭 耳の物語1』『夜と陽炎 耳の物語2』（岩波文庫）**

晩年に書かれた長編小説。自伝的作品で、「耳」、つまり聴覚でインプットした情報をたぐり寄せながら、戦争を体験した少年時代の記憶をひもといていきます。少年の耳に残る草の呼吸、虫の羽音、戦争が落ち着いたあと、喫茶店で流れるジャズの響き。そういった描写から、自分自身を探り当てていく。私は1986（昭和61）年に刊行されたばかりのころに読み、とても感動しました。

話題の引き出し★豆知識

ロマネ・コンティをホルモン焼き屋に持ち込んだ!?

開高は、晩年を過ごした神奈川・茅ヶ崎にある昔ながらの大衆焼肉店「ジンギスカン」の常連でした。なんと、その店にフランスの最高級赤ワイン「ロマネ・コンティ」を2本持ち込んで、もつ煮を食したとか。もつ煮をあてにロマネ・コンティを飲む……一度試してみたいものです。なお、店は現在もありますが、飲み物の持ち込みは禁止です。そもそも当時からダメだったとは思いますが……。

焼肉「ジンギスカン」
神奈川県茅ヶ崎市幸町23−16 サザンコート7（茅ヶ崎駅南口から徒歩2分）

平塚らいてう

平塚らいてう（ひらつか・らいちょう　1886〜1971年）

東京生まれ。本名・平塚明《はる》。日本女子大学校（現・日本女子大学）卒。明治39（1906）年頃に二松学舎（現・二松学舎大学）で漢学を学ぶ。日本における女性解放運動の先駆者で、有名な一文が『元始女性は太陽であった』。明治政府勤めの高級官吏だった父のもと3姉妹の末っ子として誕生、裕福な家庭で育つ。12歳で女子高等師範学校附属高等女学校（現・お茶の水女子大学附属高等学校）に入学。日本女子大学校に進学したものの、良妻賢母的な女子教育に違和感を抱き、大学卒業後、女性の社会的地位向上の活動を開始。明治44（1911）年、女性文学雑誌『青鞜』を創刊し、女性解放運動の象徴的存在となる。昭和46（1971）年に老衰により85歳で死去。

女だって仕事終わりに酒を飲んでいいじゃない

○「女が外で酒を飲む」ことが非常識だった時代

平塚らいてうは、現実の苦しみから逃れるためアルコールに溺れた坂口安吾、いい酒を愛して求め続けた小林秀雄とは、また違う「酒」との触れ合い方をしていました。「酒を飲む」という行為そのものを、女性解放を示すための表現として活用したのです。

いまでは考えられないことですが、らいてうが立ち上がるまでは「女性が仕事終わりに酒場で酒を飲む」ことすら非常識だと思われていた時代がありました。

これに対して、どう立ち向かってきたのでしょうか。

らいてうは明治44（1911）年、25歳のときに女性による雑誌『青鞜《せいとう》』を発刊し、女性解放運動を主導しましたが、ここに掲げた一文『元始女性は太陽であった』は、教科書にも載るほど有名になりました。

「元始、女性は実に太陽であった。真正の人であった。

今、女性は月である。他に依って生き、他の光によって輝く、病人のような蒼白《あおじろ》い顔の月である。

さてここに『青鞜』は初声を上げた。

現代の日本の女性の頭脳と手によって始めて出来た『青鞜』は初声を上げた。

女性のなすことは今はただ嘲りの笑を招くばかりである。

私はよく知っている、嘲りの笑の下に隠れたる或《ある》ものを」


『元始女性は太陽であった』（『平塚らいてう評論集』岩波文庫に収録）

これは冒頭を抜粋したものですが、本当はもっと長い文章で、小林登美枝・米田佐代子編『平塚らいてう評論集』（岩波文庫）では16ページにもわたるものです。
とても読み応えのある文章なので、興味のある方はぜひ読んでもらいたいと思いますが、男尊女卑の社会で女性をただ解放しろと主張しているわけではなく、男性・
いうこの性差を超えた、人間の生き方や人格を守ろうと主張
「女性解放」というより、むしろ「人間解放」

は近いかもしれません。人間が生き生きと能力を生かしていくため、本来の精神のあり方を雑誌『青鞜』を通して訴えかけました。

◯「良妻賢母主義」の女子校教育に失望して〝サボり魔〟に

らいてうは、皇居にほど近い東京府麹町区土手三番町（現・東京都千代田区五番町）の比較的裕福な家庭に生まれました。父親は政府の会計検査院高官で、らいてうは女子高等師範学校附属高等女学校（現・お茶の水女子大学附属高等学校）に入学します。

ここまでは順風満帆ですが入学後、らいてうは違和感を覚えます。いわゆる「良妻賢母主義」の教育に馴染めなかったのです。サボるなどして、真面目に授業を受けませんでした。

それでも卒業し、日本初の女子大学である日本女子大学校（現・日本女子大学）の家政学部に進みますが、そこでも当時の校風に馴染むことができず、大学生活に幻滅してしまいます。

当時の女性は当たり前のように良妻賢母主義的な考え方に従っていましたが、らいてうはそれに反発し続けたのです。結果的に、そうした女子教育に対する違和感が、女性解放を宣言するようになった大きなきっかけになります。

当時のことを振り返り、らいてうは『元始女性は太陽であった』にこう綴っています。

「私は日本に唯一つの私立女子大学があるばかり、男子の大学は容易に女性の前に門戸を開く寛大を示さない状況を悲しむ。しかし一旦にして我々女性の知識の水平線が男性のそれと同一になったとしたところでそれが何だろう」

『元始女性は太陽であった』(『平塚らいてう評論集』岩波文庫に収録)

当時、第一高等学校(現・東京大学教養学部)や東京大学、京都大学、大阪大学などの前身「帝国大学」などで勉強できるのは、基本的に男性のみでした。女性に教育を受けさせることは「有害無益」とすら言われた時代だったのです。

そうした風潮を変えていこうという流れから「女子大学校」が設立されたのですが、いざ入学してみると「良妻賢母型の女子を育てる」と、これまた旧態依然とした校風でした。

いまふうに言うと「これって、何か違うのでは?」とらいてうは思ったのでしょう。

○夏目漱石の弟子と不倫して心中未遂

らいてうが女性解放運動を始めたきっかけが、もう1つあります。それは夏目漱石の門下生だった作家・森田草平と不倫し、心中を図ったことです。

当時、漱石といえば文壇の重鎮で、その弟子である森田は、芥川龍之介や菊池寛など有名作家と親しくしていました。

2人が出会い不倫関係になったのは、らいてうが22歳のとき。岐阜生まれの森田は、本名を「万戸満平」といいますが、10歳で父親を亡くし、軍人になることを志望して14歳で上京。海軍予備校「攻玉社」に入学したものの中退したのち、漱石と同じ東京帝国大学英文科を卒業して英語の教師となり、その年に文学講座「閨秀《けいしゅう》文学会」の講師となりました。

そこで森田が出会ったのが、受講生のらいてうだったのです。お互いに好意を抱くのですが、森田には妻子がおり、結局2人は栃木・塩原温泉に逃避行。明治41（1908）年、塩原尾頭峠の雪のなかで心中しかけていたところを警察に保護されます。

この「塩原事件」があったのち、一時期過ごした長野県で心引かれた「雷鳥《らいちょう》」から、自らのペンネーム「らいてう」が生まれています。

◯スキャンダルをきっかけにステップアップする2人

命が助かり、2人は別れ、それぞれ別の道を歩むことになりました――と、それだけで済めばよかったのですが、相手はなんといっても漱石の門下生です。

これが格好のスキャンダルとして大きく報じられ、らいてうはバッシングを受けます。そのため、日本女子大学校の同窓会「桜楓会《おうふうかい》」の名簿から、らいてうの本名「平塚明」が抹消されてしまったのです。

しかし、平塚も森田も、ただでは転びませんでした。

森田は師匠・漱石のすすめにより、心中未遂の翌年、その顛末を描いた小説を東京朝日新聞に連載。その翌年に長編小説『煤煙』として刊行され、一躍有名作家となったのです。

一方のらいてうは、ここまでスキャンダルになったのなら、いっそのこと、やりたいことをやってやろうと決意。そこから日本初の女性による女性のための雑誌『青鞜』の刊行に踏み切ったのです。

○大炎上して実家と自宅に石を投げ込まれる事態に

『青鞜』を発刊するための資金は、らいてうの母親が援助してくれました。それというのも、娘が結婚するときのために貯めていたお金をくれたのです。

らいてう自身が主宰して、日本女子大学校の卒業生を中心として立ち上げた雑誌ですが、与謝野晶子や田村俊子など、本書で紹介している女性作家たちも集まりました。

『青鞜』は大きな反響を呼び起こしました。初版は完売し、女性読者から手紙が殺到。らいてうの自宅を訪ねてくる読者までいたそうです。

一方、男性読者、あるいは新聞などは、どちらかというと冷ややかな視線を向けていました。先鋭的な試みだからこそ批判もたくさん寄せられ、らいてうの自宅に石が投げ込まれたこともありました。

さらには資金を援助してくれた母親が住むらいてうの実家にも石が投げ込まれたのです。ところが、叩かれたままでは済ませません。よくも悪くも心中未遂で上昇した知名度を『青鞜』を広めるために活用しました。

現代風にたとえるならば、〝炎上商法〟のようなやり口ともいえるでしょう。スキャンダルを利用して、もっと自分の主張を広めるというしたたかさを感じます。

○「新しい女」という侮蔑的なレッテルを引き受けた覚悟

『青鞜』を発刊したのち、メディアや大衆は、らいてうのもとに集まった女性たちを「新しい女」と呼び、『青鞜』の代名詞として流行語にまでなりました。

ところが、この「新しい女」という呼び方には、彼女たちを揶揄するようなニュアンスが含まれていたのです。

らいてうたちを支持する人もいれば、逆に批判する人もいる。面白おかしくスキャンダラスにとり上げるジャーナリストもいて、「新しい女」ブームは加熱していきます。この流れを踏まえて、自分の意思をはっきりと示すのが、らいてうのすごいところ。「新しい女」という侮蔑的なレッテルを利用したのです。

大正2（1913）年、『中央公論』に寄せた『新しい女』（『平塚らいてう評論集』岩波文庫に収録）というエッセイで、こう宣言してみせたのです。

「新しい女は男の利己心のために無智にされ、奴隷にされ、肉塊にされた如き女の生活に満足しない。（中略）自分は新しい女である。太陽である。唯一人である。少くともそうありたいと日々に願い、日々に努めている。新しい女は啻《ただ》に男の利己心の上に築かれた旧道徳や法律を破壊するばかりでなく、日に日に新たな太陽の明徳をもって心霊の上に新宗教、新道徳とか、新法律の行われる新しい王国、新王国を創造しようとしている」

『新しい女』（『平塚らいてう評論集』岩波文庫に収録）

◯「女が人前で酒を飲み干した」とスキャンダルになる

いまでは仕事終わりに居酒屋に寄ってちょっと一杯……なんてことは、性別に関係なく当たり前のようにやっていることですが、当時は違いました。

社会に出て労働するのは男性であり、夜の店は働いた男たちが集まる憩いの場。そんな価値観が共通認識にあるなか、『青鞜』はさらに騒ぎを起こします。

らいてうを慕っていた『青鞜』メンバーの1人・尾竹紅吉《おたけこうきち》（本名・富本一枝）が、新聞記者や芸術家が集まるレストランを訪れ、パフォーマンスとしてアルコール度数の違う酒をつぎ分けた〝5色のカクテル〟を並べて、それをストローで次々と飲み干してみせたのです。

これが「人前でおおっぴらに酒を飲む女はけしからん!」ということで、マスコミでバッシングされ、『青鞜』がふたたび槍玉に挙げられてしまいます。

らいてうは菜食主義者で、酒をたくさん飲むタイプでもありませんでした。しかし、スキャンダルになった流れのなかで、人前で堂々と酒を飲む一種のパフォーマンスを仕かけ、『青鞜』の編集後記にまで「ビールを私はたくさん飲むぞ」というふうに書いてみせ、世間を挑発したのです。

尾竹紅吉は、ほかにもらいてうとの同性愛や吉原遊廓を見学した「吉原登楼事件」などがスキャンダルとしてとり沙汰され、青鞜社を退社することになります。

◯「青鞜に関わるな」と批判の目にさらされる

「新しい女」という言葉が嘲笑のニュアンスを込めてとり上げられたり、「女子英学塾」(現・津田塾大学)では「『青鞜』に関わるな」と塾生たちに通達が出たりと、批判の目にさらされたこともあります。

それでもめげなかったらいてうは、86歳で亡くなるまで活動を続けます。

女性がおおっぴらに人前で酒を飲むということ自体、許されなかった社会で、あえて酒を飲む。いまでは、たわいのない行為に思えますが、当時は社会の反発を招き、スキャンダラスに報じられたのです。

酒を使って、自らの社会運動を大きく喧伝するというしたたかさの半面、不器用な思想家――らいてうは波瀾万丈な人生を送り、多くの壁にぶつかり、社会の荒波にもまれながらも、決してめげずに理想の社会を追い求め続けました。

大正8（1919）年には、日本初の女性参政権獲得を目指す団体「新婦人協会」を設立するなど、女性の地位向上に大きく貢献した人物です。

さらに、この「新婦人協会」の設立にあたって同年に発刊された『女性同盟』の創刊号では、現代を生きる私たちが読んでもはっとさせられるような、非常に鋭利な指摘をしています。

「また今日のもしくは在来の男性中心の社会が婦人が女性としての心を保持し、女性としての生活をなすに最も不都合なものだとすればこれを婦人自身の本能により、思想によって改造すべきであるのに、むしろその反対に女性たる一切を自ら好んで放棄し、男性の見地に自身を置きかえることによって男子と共に、男子と同じような生活と仕事をなし、かくして彼ら及び彼らの社会から人間としての尊敬を受けようとすることは、これ明らかに女性が男性に降服し、男性と男性の手になれる社会と、その社会における一切の価値判断とを――一口に言えば今日の男性文化の全てを是認したことだと言わねばなりませんから」

『社会改造に対する婦人の使命』(『平塚らいてう評論集』岩波文庫に収録)

つまり、女性が男性に認められたり、男性と同じ地位を得たり、同じ仕事をできるようになったりしても、男性社会の価値観のなかで女性の地位が向上したにすぎない。本当の意味での人間解放を目指すのであれば、「男性文化のなかでどうするか」ではなく「新しい社会のなかでどうするか」を考えねばならないと訴えているのです。

らいてうは「女性活動家」のイメージが強い人物ですが、婦人雑誌を中心に多くのエッセイを寄稿してきた優れた論客でもあります。「言葉の力」を非常にうまく使い、社会の流れを大きくひっくり返してきたという意味では、文豪の1人に数えられるでしょう。

社会の流れを変えたくても変えられない。そんな崇高にして志の高い壁にぶつかっている人もいるかもしれません。社会に限らず、いまいる会社や組織で「おかしい」と思うことを主張しても、嗤われたり、相手にされなかったりすることもあるでしょう。

そんなときは、らいてうの言葉の力をとり入れてみてはいかがでしょうか。いま読んでもまったく古びていない表現と価値観に心が動かされ、勇気が湧くと思います。

平塚らいてうのおすすめ著作

○『平塚らいてう評論集』（岩波文庫）

代表的な評論を集めた作品。『元始女性は太陽であった』など、『青鞜』のマニフェスト（公約）として掲載された文章も収録されています。ただ女性解放をうったえるだけでなく、人間が本来持つ力を発揮し、生き生きと暮らすにはどうしたらよいか、という本質的な問いにとり組んだ読み応えのある文章です。

話題の引き出し★豆知識

100年前から「平等な育休」をうったえた女性

らいてうが大正11（1922）年に著した『家庭改造の根本義』や大正13（1924）年に著したエッセイ『家庭の仕事を職業と見る』で、「育休を平等にしなければならない」という主旨の主張を述べています。いまから100年以上前からこのような主張をしていたのは、らいてうがまさに先進的な考えの持ち主であったことの証です。

西村賢太

西村賢太（にしむら・けんた　1967〜2022年）

東京生まれ。中卒。代表作は『苦役列車』『暗渠の宿』など。小学生のときに父親が連続強姦事件を起こしたことで逮捕され、これをきっかけに両親が離婚。姉とともに母子家庭で育つことに。中学卒業後、フリーターや無職を経験しながら作家としての道を模索。10代後半から東京・神保町の古書店街に入り浸るようになる。平成16（2004）年に『どうで死ぬ身の一踊り』で小説家デビュー、現代の私小説作家として注目を浴びた。『苦役列車』は、平成22（2010）年下半期の第144回芥川賞を受賞。令和4（2022）年帰宅途中に乗車中のタクシーで体調が急変し、病院に搬送されたときには心臓が止まっていた。54歳没。

中卒フリーター作家による最高峰の「酔っ払い文学」

◯「そろそろ風俗に行こうかなと思っていました」

西村賢太は平成21（２０１１）年、43歳のとき、若き日の自分自身を投影し、その日暮らしの労働で生計を立てている中卒で19歳の主人公「貫多」を描いた私小説『苦役列車』で、「第１４４回芥川賞」を受賞しました。

手に職もなく、港湾労働で糊口をしのぐ破滅的な日々を、閉塞感と笑いに満ちた筆致で見事に書いてみせました。

芥川賞受賞時の記者会見で「芥川賞の受賞の報を受けたときは、どこにいましたか？」と質問された西村は、こう答えました。

「自宅にいて、そろそろ風俗に行こうかなと思っていました。でも、行かなくてよかったです」

この前代未聞の回答に会場の雰囲気は一気になごみ、笑いに包まれました。おそらくウケを狙って冗談で答えたのではなく、本心だったのでしょう。

自宅にいたときに受賞を知ったとだけ答えればいいものを、そこに「そろそろ風俗に行こうかと」などと言うところが、西村らしい率直さとサービス精神を感じます。

◯父親が強姦事件を起こしたことを知って不登校に

西村は、東京の下町・江戸川区で生まれ育ちます。祖父の代からトラック3台、従業員は最盛期でも4人程度の零細な運送会社を営んでいました。

2代目の父は、高級車のジャガーやアメ車で人気のあったシボレー・カマロなどを数年ごとに買い替えるような外車好きでした。そんな父親が、幼い西村と家族に大きな影響を与えます。

西村が小学5年生のとき、父親が事件を起こして逮捕され、刑務所に収容されたのです。両親は離婚し、西村は母と3歳上の姉とともに夜逃げ同然で地元を離れて、千葉・

船橋市に移り住みます。

さらに小学6年生に上がる前には、東京・町田市に引っ越しました。

その後、中学3年生になった西村は、父親が起こした事件の真相を知ります。

実は父親が、なんと連続強姦事件を起こしていたのです。

もともとは母親の配慮から、父親は強盗事件で逮捕されたと聞かされていたのですが、本当は性犯罪だったのです。それを知った思春期の西村はショックを受け、不登校になってしまいました。

家賃滞納・強制退去を繰り返すフリーター生活

学業が疎かになったため、成績表は国語を除けば「1」ばかり。

その成績でも入れる全寮制の高校を担任の教師にすすめられたものの、全寮制という束縛された環境を嫌い、かといって定時制に入ろうとも思わなかったことから、高校には進学しませんでした。

そして、東京・鶯谷の安アパートに下宿しながら、いろいろなアルバイトを転々とするフリーター生活を送ります。

しかし、家賃を払おうとせず、4カ月滞納したまま1年半が経つと、ついにアパートから強制退去を受け、その後は、東京の飯田橋・要町・板橋、横浜など、いずれも風呂なし・共同トイレの安アパートを移ろう日々となります。

しかし、結局どこに住んでもきちんと家賃を払うことができず、家賃滞納と強制退去を繰り返しました。

仕事も、日払いの港湾荷役や酒屋の御用聞き、警備員など肉体労働で生計を立てたこともあるようですが、結局はどれも長続きしません。

家賃を払わず、未成年なのに酒とタバコをやって、仕事も休みがち。そんな自堕落な生活を送っていたのですが、のちに芥川賞受賞作品のアイデアの源泉になるのですから、やはり人生はわからないものです。

○父との血縁を否定するため、宝焼酎「純」25度を飲む

西村は365日欠かさず酒を飲んでいましたが、高級なものは一切体が受けつけませんでした。

エッセイ集『下手に居丈高』では、いつも飲んでいる酒のことや自堕落な生活につい

て赤裸々に綴っています。店で飲まず、自宅で飲むことがほとんど。小説家になってからは、仕事が終わったあと、深夜から明け方ごろに飲みました。

好きな飲み方は、焼酎の水割り。芋焼酎や麦焼酎はダメで、もっぱら本格焼酎ではなく、連続式蒸留によってつくられた廉価な甲類焼酎・宝焼酎「純」の25度と決めていました。これ以外の焼酎を飲むと気分が悪くなり、必ず吐いてしまうとも書いています。

実は、両親は酒を飲めない体質で、その血を受け継いでいるからこそ、自分も安酒しか受け入れられないのだろうとエッセイで語っています。

「その父は、昔日に恥ずべき性犯罪で一家を解体させている故、私はこの父の血統であることを否定せんが為に飲酒を始めたところがある」

『下手に居丈高』（徳間文庫）

西村が酒を飲む目的は「性犯罪者である父の血を否定するため」だったのです。さらには、父の趣味だった競馬を否定し、その代わりに小説の執筆に走ったところがあるとも語っています。

中学3年生のときに知った父親が犯した〝罪状の真実〟がトラウマとなり、西村の小説家人生に大きな影響を与えたことがうかがえます。

◯ウインナーのソース炒め、冷ややっこ、ホッピー割の西村グルメ

西村が平成23（2011）年3月から自身の日常を綴った『一私小説書きの日乗』（角川文庫）には、飲み食いの記録があけすけに綴られています。

この「一私小説書きの日乗」シリーズは、なんということのない日々の記録なのですが、人気作となり第5弾まで出版されました。第5弾の『一私小説書きの日乗　不屈の章』には、こんな描写があります。

「北方和風冷やしラーメンの大盛り。明け方四時より晩酌。缶ビール一本。ホッピー割でタカラを半分。手製の麻婆豆腐とパック詰めのもつ煮込み。エシャレットと副神漬け。最後に昨夜の残りのしじみ汁と白米」

『一私小説書きの日乗　不屈の章』（KADOKAWA）

西村が芥川賞を受賞したのは平成23（2011）年1月17日ですから、受賞後もこんなジャンクな飲み食いをしているとは、なんとも西村らしい素朴さを感じます。

芥川賞受賞により仕事が増えたことから、預金残高が数千万円に増えたことなどもあけすけに綴られています。

酔っ払って気が大きくなって喧嘩するなど、反面教師の最たる無頼派作家ですが、それでも西村の私小説には「ここまで書くのか」と驚かされるような開陳力とともに、独特の人間性の魅力も詰まっています。

〝底辺人間〟としての実体験を引っ提げ、上品でエレガントな印象のある文壇に、風穴を開けた一面もあります。

デビュー以来、私小説から日記、エッセイなど、多くの作品を書き上げ、原稿用紙1000枚を超える大作をもうすぐ書き上げるというときに、非業の死を遂げたことが残念でなりません。

「もっと西村の作品を読みたかった」と心から思います。

西村賢太のおすすめ著作

○『けがれなき酒のへど』（『けがれなき酒のへど 西村賢太自選短篇集』幻冬舎文庫に収録）

収入が入ると風俗と安酒場で使ってしまい、貧乏生活を送っている肉体労働者の主人公。彼には相思相愛の恋人がほしいという願いがありますが……。自身の体験をもとにした私小説で、主人公が社会の底辺で苦しみながらアルコールに溺れる日々が、生々しく描かれています。

○『下手に居丈高』（徳間文庫）

『週刊アサヒ芸能』で連載されていたエッセイをまとめた1冊。日常生活について赤裸々に語られており、ほとんど毎日酒を飲んでいます。ありふれた日々のワンシーンが臨場感たっぷりに切りとられていて、面白く読めます。

○『雨滴は続く』（文春文庫）

西村作品のなかで最長の原稿用紙1000枚という長さの未完の傑作。もうちょっとで完成するというところで亡くなり、遺作になってしまいました。日雇い労働で毎日をしのいでいた主人公が芥川賞を受賞し、小説家として認められるようになっていくまでの37年が濃密に描かれています。

話題の引き出し★豆知識

「没後弟子」が師匠の横に眠る

西村は、大正時代の作家・藤澤清造の「没後弟子」を自称し、全集の刊行を実現したいと思っていました。藤澤は100年ほど前に私小説を書いていた無頼派です。藤澤の出身地・石川県七尾市の西光寺にある藤澤の墓の横に、西村は自分の墓を立てましたが、令和6（2024）年1月に発生した能登半島地震で倒壊した地蔵堂の下敷きになり、墓碑が倒れるという災難に遭っています。

第5章 文豪と「戦争」

——激動の時代とペンで戦え！——

大岡昇平

大岡昇平（おおおか・しょうへい　1909〜1988年）

東京生まれ。京都帝国大学文学部仏文科卒。代表作は『野火』『俘虜記』『レイテ戦記』など。戦争文学の巨匠。父は株式仲買店に勤める相場師で、家庭の経済環境はアップダウンが激しかった。高校生のころには、小林秀雄が家庭教師となり、フランス語を教わっていた。京都帝国大学でフランス文学を学び、卒業後は国民新聞社、帝国酸素、川崎重工業などを転々とする。昭和19（1944）年、太平洋戦争中に従軍し、フィリピンで捕虜となり、その体験を基にした『俘虜記』で昭和23（1948）年に文壇デビュー。精力的に執筆を続け、多くの作品を残す。ジャンルも多岐にわたり、小説のほか評伝や評論なども手がけた。昭和63（1988）年に脳梗塞により79歳で死去。

戦地で見た「追い詰められた人間」の根源的な姿

◯極度の飢えに襲われても、なぜ人肉嗜食《カニバリズム》に踏み切らなかったか

戦争がもたらす極限状況を描いた大岡昇平の名作『野火』は、戦後を代表する文学であり、中学生や高校生のころ「夏休みの課題図書にこの本があった」という人も少なくないのではないでしょうか。

飢餓状態だった日本兵が、人肉を食べていた──そんな戦争の悲惨さを結晶化させた『野火』は、平凡な1人の中年男の異常な戦争体験をもとにして、彼がなぜ人肉嗜食に踏み切れなかったかをたどる戦争文学の代表作です。

主人公の田村一等兵は、敗北が決定的となったフィリピン戦線で結核に冒されたため、わずか数本の芋をわたされて部隊を追われてしまいます。さまよいながら極度の飢えに襲われ、自分の生き血を吸った蛭《ひる》を食べ、友軍の屍体に目を向け、人肉嗜食が頭をよぎ

るも、一歩踏みとどまった――それは、なぜだったのでしょうか。

この作品の背景には、大岡自身の生々しい戦争体験とともに、俘虜収容所での見聞を加えています。

◯35歳で徴兵されフィリピンの激戦地に送られる

大岡は東京生まれですが、京都帝国大学文学部仏文科に入り、卒業後にいったんは新聞社に入社。その翌年には辞めて、神戸の大手産業ガスメーカー・帝国酸素（現・日本エア・リキード）に、フランス語の翻訳係として入社しました。

昭和14（1939）年、翻訳書『スタンダアル』を刊行し、その年に30歳で上村春枝という女性と結婚し、2人の子宝に恵まれました。

昭和16（1941）年、太平洋戦争が勃発。その年の12月8日の朝、大岡はラジオで開戦を知ります。そして、35歳のときに徴兵されました。それほど若い年齢ではありませんが、当時の徴兵制度では、17歳から40歳までの男性臣民に兵役義務が課されていたのです。

大岡は太平洋戦争末期、敗色濃厚のなか、3月に招集され、6月には一兵卒としてフィリピン中部、首都マニラがあるルソン島から、さらに南に位置するミンドロ島に送られます。

大岡が派遣されたのは、激戦地だったのです。

第2次世界大戦中は、日本・ドイツ・イタリア中心の「枢軸国」と、アメリカ・フランス・イギリス・ソ連・中華民国中心の「連合国」の戦いでしたが、日本軍が占領していたミンドロ島へ、敵対するアメリカ軍が攻め込んできました。

ミンドロ島を制圧することで、フィリピン諸島のすべてを日本軍から奪還したいアメリカ軍は、圧倒的な勢力で畳みかけてきます。

これはもう死ぬかもしれない──そんな恐怖のなかで、大岡はなんとか生き延び、その記録を文学作品に結晶化させたのです。

○ミンドロ島でマラリアにかかりアメリカ軍の捕虜に

死を覚悟した大岡でしたが、なぜ生き延びることができたのか。それは、ミンドロ島で「マラリア」に感染したからです。

マラリアは蚊が病原体を媒介し、感染すると高熱が出て苦しむ病です。多くの日本兵が南方でマラリアに感染して死んだのですが、大岡も感染したのでした。

幸いなことに死を免れたものの、アメリカ軍の捕虜となります。当時の戦陣訓には「生きて虜囚の辱《はずかしめ》を受けず」という一節があり、捕虜になることを固く戒めていましたが、大岡にとって捕虜になったことは、むしろ幸運でした。

武力紛争を規律する国際人道法のもとでは、敵にとらえられた兵士は「捕虜」として扱われますが、「捕虜は常に人道的に待遇しなければならない」とされているからです。

とはいえ、戦闘が激しい状況下では、そのような国際法が守られるとは限らないため、日本兵は「生きて虜囚の辱を受けず」と自決することが奨励されていたのです。それにより、日本人の集団自決も頻発しました。

昭和19（1944）年10月、アメリカ軍のレイテ島上陸でフィリピン戦が始まり、100万人以上の市民が犠牲になったのですが、アメリカ軍の捕虜となった大岡は、レイテ島の野戦病院に送られました。

◯終戦後に帰国すると小林秀雄に従軍記の執筆をすすめられる

昭和20（1945）年8月15日に終戦してからも、大岡はレイテ島の捕虜収容所に留め置かれ、マラリアの治療を受けました。その後、なんとか治療を終え、同年12月になって帰国します。

軍事体制が解かれ、復員手続きが完了し、福岡・博多から汽車で神戸に向かい、そこから疎開していた家族のいる兵庫・明石に帰ったのです。

翌年には上京し、高校時代に家庭教師としてフランス語を教わって以来、旧知の仲だった小林秀雄と再会。フィリピンに行った知り合いは、みんな死んだと思っていた小林は、大岡が生きて帰ってきたことを喜び、従軍記を書くように促します。

大岡は「戦場の出来事なんて、書き留める値打ちがあるかどうかわからない」といったんは断りますが、捕虜にされていたときの経験についてなら書けるかもしれないと考え直します。

◯『俘虜記』を皮切りに続々と作品を書き出す

小林の説得もありましたが結局、大岡は自分の戦争体験や自身の存在について書かなければならないという責任感のようなものを強く感じるようになります。

強烈な戦争体験を書かなければ、自分自身が解放されないという思いがあったのかもしれません。あるいは、小林はそのことを見抜いていたのかもしれません。

そして、終戦から3年後の昭和23（1948）年、フィリピン・ミンドロ島への米軍上陸から、レイテ島でアメリカ軍の捕虜になり、復員するまでの約1年間を描いた小説『俘虜記』を出版したのです。

この年には、太宰治が自殺しています。その同じ年に、同い年の大岡が『俘虜記』を発表しました。

大岡は『俘虜記』を皮切りに、どんどんと新作を書くようになりました。自身の体験と大量に集めた戦争資料をもとに小説『野火』を執筆。さらには19歳のときに出会って没するまで交友関係を結んだ中原中也の評伝や、太平洋戦争の〝天王山〟と呼ばれ、日本軍8万4000人もの死者を出したレイテ島での死闘を、膨大な資料と数多くの取材をして書いた『レイテ戦記』などを生み出しました。

戦後にデビューした作家でも、1946〜47年デビューの埴谷雄高や野間宏は「第一次戦後派」と呼ばれ、1948〜49年にデビューした三島由紀夫や島尾敏雄、安部公房、それに大岡などは「第2次戦後派」と呼ばれます。

大岡はかなりの多作で、晩年まで多岐にわたる文章を書き続けました。

◯防衛庁にある戦記を集めて執筆する〝調べ魔〟

『野火』の後半では、戦地をさまよい、極度の飢えで意識が朦朧《もうろう》とした一等兵が、人肉を食べてしまう様子が書かれています。これは大岡がミンドロ島で体験したことをベースにしており、遠く離れた過酷な戦地・ニューギニア島でも繰り広げられた極限状態での人肉食の事例をとり入れて描いた作品です。

大岡は自身の戦争体験はもとより、防衛庁（現・防衛省）にある戦記を集めるなど、〝調べ魔〟といえるほど、徹底的に調べ尽くして作品を書きました。

昭和41（1966）年、57歳のとき、大岡は自らの文学活動の記述として執筆した『わが文学に於ける意識と無意識』で、次のように述べています。

「（自分の作品を）並べてみると私はずっと死者と交信して暮らしていることがわかります。復員当時、私は以後は余生であることを感じていました。その感じはその後文学を続けるうちに薄らいでいましたが、もはや五十七歳、自然死も近くなった今日、私は再びそれを感じはじめています」

『わが文学における意識と無意識』（『大岡昇平全集第十三巻』中央公論社に収録）

１９６６年というと、戦後21年ということになりますから、それでもなお、戦争から生き残った後の人生は「余生である」という感覚が抜けませんでした。

戦後79年が経過し、戦争を直接体験した世代の人々がほとんどいなくなっているいまだからこそ、ぜひ大岡の作品に触れてみてほしいです。

大岡昇平のおすすめ著作

○**『俘虜記』(新潮文庫)**

戦争体験を基にした自伝的小説。第2次世界大戦中にフィリピンで捕虜となった日本兵の苦闘がリアルに描かれています。捕虜の収容所はそのまま敗戦後にアメリカに占領された日本人の姿にも重なります。

○**『レイテ戦記』(一~四、中公文庫)**

長期間の調査期間を経て完成したノンフィクションの戦史文学。フィリピンのレイテ島での戦闘が、多くの戦争資料や証言をもとに、丹念に再現されています。日米の戦争のため犠牲になった現地フィリピンの人々の追悼の思いも込められています。

○**『野火』(新潮文庫)**

第2次世界大戦中に孤立した日本兵がなんとか生き延びるため、極限状態のなか、飢えや恐怖と戦い続けますが……。いつ殺されるかわからない緊張感、何日も飲まず食わずで朦朧としてくる意識。そんなとき、人間はどう行動するのか、何を求めるのか。戦争文学の名作です。

話題の引き出し★豆知識

レイテ沖海戦と神風特攻隊

大岡が『レイテ戦記』でとり上げたフィリピン・レイテ沖海戦は、フィリピンへの再上陸を図るアメリカ軍に対し、日本海軍が捨て身の反撃を試みた第2次世界大戦末期の命運を分ける一戦でした。この一戦で日本の連合艦隊は事実上壊滅し、アメリカ軍の沖縄への上陸につながり、日本の敗北を決定づけました。爆装航空機に乗って突撃する「神風特攻隊」が登場し、大勢の若者たちの無益な死を招いた一戦でもあります。

吉田満

吉田満（よしだ・みつる　1923〜1979年）

東京生まれ。東京帝国大学法学部卒。代表作は『戦艦大和ノ最期』。戦艦大和の乗組員としての体験を綴った戦記文学で知られる。東大法学部に入学したが、昭和18（1943）年の学徒出陣により、第2次世界大戦での兵力不足を補うため、学業を中断し海軍予備学生に。これにより、東大は繰り上げ卒業となる。21歳という若さで少尉に任命され、太平洋戦争に従軍し、戦艦大和に乗り組みながらも九死に一生を得た。終戦後、代表作『戦艦大和ノ最期』を著した。戦後は、日銀の銀行マンとして国家中枢の仕事をしつつ、いくつかの随筆や戦争ものの作品を書き続けていたものの、専業作家にはならなかった。昭和54（1979）年に肝不全により56歳で死去。

沈みゆく戦艦で生き残った者の視点で書くも発禁

◯時代遅れの大艦巨砲主義の象徴「戦艦大和」

吉田満といえば、なんといっても『戦艦大和ノ最期』です。全長263メートル、全幅38・9メートル、基準排水量6万5000トンの船体に、射程42キロメートルと驚くほど長い46センチ砲を備えた戦艦大和は、当時の国家予算の6％に当たる総工費1億3780万円を投じて建造されました。

国家の威信をかけた史上最大の巨大戦艦で、主砲も史上最大級に大きいもので、主砲9門から約1・5トンもある砲弾を発射できました。

戦艦大和は、空母や戦艦などの艦隊からなる連合艦隊の旗艦も担いましたが、すでに戦争は「航空戦」が主流となり、〝時代遅れ〟の大艦巨砲主義の象徴になったのです。

その史上最大の戦艦が沖縄へ向けて航行中にアメリカ軍の攻撃を受け、鹿児島県枕崎沖で沈没したのは昭和20（１９４５）年4月7日のことです。

○日本の威信をかけて威信を失うという皮肉

それまで日本軍の戦闘では、戦艦が重要なポジションを担っていました。伝統的に海上戦に強く、明治37（１９０４）年に始まった日露戦争では、連合艦隊が日本海海戦で当時世界最強とされたロシア「バルチック艦隊」を撃破。日本は海軍国としての地位を確立したのです。

第2次世界大戦にかけては、艦隊を保有する主要国で、大型の戦艦を「旗艦」にするケースが目立ちました。

日本海軍においては、日露戦争でロシアのバルチック艦隊を破った日本海海戦の際、東郷平八郎・連合艦隊司令長官らが乗艦した戦艦「三笠」が旗艦として有名です。

というわけで、当時の日本軍は「大艦巨砲主義」に向かい、海軍国としてもっと強くなろうと、いわば〝イケイケドンドン〟のムードが漂っていたのです。

巨大戦艦を新造することは「海軍の使命」であり、海軍力を強化することが重視されたのです。

○大艦巨砲主義に行き詰まる日本海軍

大艦巨砲主義で日本の軍事力はぐんぐん上がり、西洋列強に負けない力を手に入れられるかと思いきや、突如として大きなターニングポイントが訪れます。大正11（1922）年、「ワシントン海軍軍縮条約」によって主力艦の保有に制限が設けられたのです。

そもそも航空技術の進化も相まって、戦争が進むにつれ、海上戦で活躍する戦艦よりも、戦闘機による攻撃が主流となり、戦艦同士の大砲の撃ち合いから航空攻撃へと時代が移行していました。

太平洋戦争の発端となった日本軍による米ハワイ州の真珠湾攻撃から6カ月後、日本軍が大敗を喫して、太平洋戦争の転換点となったことで知られる昭和17（1942）年のミッドウェー海戦では、アメリカ軍が日本海軍の動きを暗号解読で把握していました。

そうしてアメリカ軍の待ち伏せ攻撃に遭った日本海軍は「加賀」など空母4隻や重巡洋艦、それに多数の戦闘機を一気に失ったのです。

北太平洋ミッドウェー環礁の水深5400メートルの海底に沈められた「加賀」は当初、戦艦として建造されました。しかし、ワシントン海軍軍縮条約によって艦艇数の保有に制限が設けられたため、航空母艦（空母）に仕様が変更された経緯があったのです。空母とは、航空機を多数搭載し、海上での航空基地の役割を果たす軍艦のことです。

そして、昭和16（1941）年、真珠湾攻撃に参加し、華々しい成功を収めたのち、ミッドウェー海戦でアメリカ軍の攻撃を受けて撃沈し、乗組員800人以上の尊い命が犠牲になりました。

◯巨大戦艦がどんどん時代遅れになっていく

そんな時代の流れのなかでとり残されたのが、せっかく新造した「戦艦大和」だったのです。真珠湾攻撃が行われたのは、昭和16（1941）年12月7日ですが、戦艦大和はその日米開戦からわずか9日後、同年12月16日に現代の貨幣価値でいえば6兆円もの巨費を投じて完成しました。

結局、日米開戦後も戦艦大和が活躍することはなく、あっけなくアメリカ軍に撃沈されてしまったのでした。

時代遅れの空気を感じつつも、「日露戦争で勝てたのは艦隊のおかげ」という、主力艦同士が砲撃によって勝負するという戦術思想をベースとするかつての成功体験に固執したことにより、時代遅れの戦艦大和が残ってしまったのです。

かつての成功体験に固執する……航空決戦時代に大艦巨砲にこだわった日本海軍の愚行を私たちは笑えるのでしょうか。

これは戦争に限らず、現代のビジネスにおいても起こり得ることです。成功体験にこだわり、改めるという発想が出てこず、組織が硬直化して、破滅の道をたどる……。

「戦艦大和」というのは、日本海軍が明治以降の成功体験に固執した結果、つくり出してしまった、いわば〝巨大な矛盾の象徴〟ともいえるのです。

◯海上戦でボロ負け……まったく役に立たない

ミッドウェー開戦で日本海軍は、アメリカ太平洋艦隊の空母を引き出して叩こうという作戦を立てていました。

このとき戦艦大和は、後方で待機。ミッドウェー島を占領し、アメリカの空母を戦闘機で叩いたのち、戦艦大和が出撃するという段どりでしたが、楽観的な甘い見方が災いして大敗北を喫したわけです。

旧式のレーダーを使っていたため、アメリカ軍の空母の位置を探知できず、気がついたときには、アメリカの空母から飛び立った爆撃機が日本の艦隊の上空に到達しており、「赤城」「加賀」「蒼龍」「飛龍」という主力空母4隻と多くの航空機や人員を失い、壊滅的な打撃を被りました。

戦艦大和はというと、ずっと遠くから静観するのみ。本当に、まったく役に立たなかったのです。

◯学徒兵として戦艦大和に乗り込む

さて、前置きが長くなりましたが、戦争末期の昭和20（1945）年、戦艦大和はアメリカ軍が沖縄に上陸してくるという情報を受け、出撃しました。

この時点で日本の艦隊は壊滅状態で、護衛艦はほとんどなく、〝露払い役〟を担う若干の駆逐艦や巡洋艦をまわりに従えただけでした。

前項の大岡昇平が参加していたフィリピン・レイテ沖海戦で、大和に並ぶ大型艦の武蔵が沈んでおり、大和は唯一残っていた大型艦でした。

沖縄への大和の出撃は、「水上特攻」とも揶揄されます。もはや大和が沖縄に到達したところでアメリカ軍に勝利する見込みはなく、途中でアメリカの爆撃を受けることを覚悟した〝背水の陣〟を敷いての出撃だったのです。

そのため、出撃に反対する将校も少なくなかったほどです。ところが日本海軍の上層部は、「大和が生き残ったままで戦争に敗けたとしたら、それが帝国海軍の栄光になるのか」と感情的な立場から反論を許しませんでした。

そうした背景から出撃した戦艦大和が、いままさに大敗し、海の底に沈んでいこうというときに乗船していたのが吉田満だったのです。

◯東大法学部在学中に学徒出陣で戦艦大和に乗艦

吉田は、日本軍の〝最後のあがき〟とも言うべき、この沖縄特攻作戦に参加していました。

吉田は東京帝国大学法学部在学中の20歳のとき、「学徒出陣」で海軍入り。太平洋戦争で戦局が悪化すると、文系の大学生や旧制高校の文系の学生が、学徒出陣という名のもと戦地に送られたのです。

理系の学生は徴兵されず、新兵器開発や工業生産に動員されました。

吉田は、戦艦大和の沖縄特攻作戦に副電測士（レーダー班）として乗艦しました。

大和は巨大な戦艦でしたから、さまざまなポジションでの勤務がありましたが、吉田は出撃時に「哨戒当直士官」として、戦況を監視していたのです。

◯9割以上が戦死した戦いで九死に一生を得て帰還

哨戒当直士官とは、つねに敵襲を観察する役割でしたから、戦艦大和が攻撃されている最中も、吉田は比較的全体を見わたせる位置にいました。

大和を中心とする第二艦隊司令部で、司令長官を務めたのは伊藤整一中将で、その下には巡洋艦や駆逐艦が9隻つき、大和を中心に輪の形で航行していました。

吉田は哨戒当直士官として戦いの全体をとらえ、九死に一生を得て帰還したのです。

この水上特攻では、9割以上の乗艦者が戦死しました。乗艦者3000人を超すなか、生存者は276人という奇跡的な生還を遂げたものの、その後、吉田はふたたび特攻を志願しています。

数少ない生き残りの1人である吉田は終戦直後、「書くのは自分自身に対する義務であり、また同胞に対する義務でもある」という小説家・吉川英治のすすめがあって、わずか1日で『戦艦大和ノ最期』の原稿を書き上げました。

アメリカ軍の攻撃を受けて負傷した乗艦者たちの血糊や肉片でぬるぬるしたラッタル（階段）の模様や、救命艇のへりにつかまって助かろうとする乗艦者の手首を軍刀で切り落とす様子など、現場にいたからこそ書き残せる生々しい臨場感にあふれています。

◯あえて「文語体」で書かれた大迫力の戦いシーン

興味深いのは、全文が文語体で書かれていること。意図して文語体を選んだわけではなく、自然と文語体で書いていたと、吉田は初版のあとがきにこう綴っています。

「しいていえば、第一は、死生の体験の重みと余剰とが、日常語に乗り難いことであろう。第二は、戦争を、その只中に入って描こうとする場合、〝戦い〟というものの持つリズムが、この文体の格調を要求するということであろう」

『「戦艦大和ノ最期」初版あとがき』（『戦艦大和ノ最期』講談社文芸文庫に収録）

たしかに、『戦艦大和ノ最期』は、文語体だからこその迫力があります。これは「沈まない戦艦」と称されていたはずの戦艦大和が、何度も砲撃を受け沈んでいくシーン。

「眼ヲ落トセバ、屹立セル艦体、露出セル艦底、巨鯨ナドイウモ愚カナリ／長サ二百七十米、幅四十米ニ及ブ鉄塊、今ヤ水中ニ踊ラントス／フト身近ニ戦友アタマ認ム　彼、マタ彼（中略）視界ノ限リヲ蔽ウ渦潮　宏壮ニ織リナセル波ノ沸騰／巨艦ヲ凍テ支ウ氷ニモ似タル、ソノ純白ト透明」

『戦艦大和ノ最期』（講談社文芸文庫）

こうした文語体の作品は、あえて音読することをおすすめします。口に出すことによって、文語体ならではのリズムが体感できると思うからです。

◯日本銀行で戦後復興に関わる

欧米列強と戦うために造られた巨大な戦艦大和は、自己矛盾をはらんでいたものの、日本海軍の技術の結晶だったことは間違いありません。しかし、最終的に特攻作戦に従事し、必敗を覚悟して滅びるという旧態依然たる日本軍的精神に従うことになりました。

吉田が帰還して1日で書き上げた原稿は、小林秀雄に見出されて雑誌『創元』創刊号に掲載される予定でしたが、占領軍のＧＨＱ（連合国総司令部）により「軍国主義的である」として当初、全文削除となってしまいます。

その後、昭和24（１９４９）年になってから『軍艦大和』（銀座出版社）として出版されましたが、これは検閲された内容であったため、吉田にとっては不本意な内容だったといいます。

ところが、昭和27（１９５２）年になって、ようやく転機が訪れます。日本は戦勝諸国とのサンフランシスコ講和条約に調印し、ＧＨＱの統治が解け、主権を回復して独立を果たしたのです（これにより沖縄が正式にアメリカの施政権下に入りました）。

そして、ＧＨＱによる出版物に関する検閲はなくなり、吉田が納得する形での『戦艦大和の最期』（創元社）が刊行されることになったのです。

「占領下七年を経て全文発禁解除」と帯に記す『戦艦大和の最期』（創元社）［著者所蔵］

その本の帯には、「占領下七年を経て全文発禁解除」と記されています。

『戦艦大和ノ最期』（講談社文芸文庫）は、文語体が臨場感をもたらす文学であり、「軍人文学」ともいえる作品です。しかし、吉田は終生、職業作家にはなりませんでした。日本銀行に入行し、経済人として戦後復興に関わったのです。

いくつかの戦争物を書きましたが、戦後のプロ作家たちが書いた作品とは異なり、この一編の重みが際立っています。

吉田満のおすすめ著作

○『戦艦大和ノ最期』
（講談社文芸文庫）

太平洋戦争中の戦艦大和の最後の出撃と沈没。極限状況での心の動きや、死への恐怖が、迫力ある文語体で描かれています。大和特攻作戦で生き残った吉田の死んだ仲間たちへのレクイエムであり、近代日本が生んだ巨大な自己矛盾といってもいい戦艦の運命を描いた歴史に残る作品です。

話題の引き出し★豆知識

GHQ（連合国総司令部）の検閲

『戦艦大和ノ最期』は小林秀雄が編集する雑誌『創元』に掲載されましたが、「戦艦大和の戦いぶりを賛美しており、軍国主義的だ」ということでアメリカ軍の検閲を受け、全文削除されてしまいました。終戦直後は、広島と長崎の原爆の惨状なども公にされませんでした。

遠藤周作

遠藤周作（えんどう・しゅうさく　1923～1996年）

東京生まれ。慶應義塾大学文学部仏文科卒。代表作は『沈黙』『海と毒薬』『深い河』など。銀行員の父と、東京音楽学校（現・東京藝術大学）ヴァイオリン科出身の母・郁のもとに生まれる。父の仕事の都合で、3歳から9歳ごろまで満州・大連で過ごす。10歳のとき両親が離婚し、母・郁が子ども2人を引きとり帰国。12歳でカトリックの洗礼を受ける。その後、慶應義塾大学でフランス文学を学び、カトリック留学生としてフランスへ行くも、在学中に肺結核を患い帰国。療養生活を送りながら執筆にとり組み、昭和30（1955）年、32歳のときに『白い人』で芥川賞受賞。信仰の本質を問う作品を次々と発表する。代表作『沈黙』は、17世紀の日本のキリスト教徒の迫害を描く。平成8（1996）年に肺炎による呼吸不全で、73歳で亡くなった。

かつての敵対国フランスで戦争の傷跡を目の当たりにする

○フランスに残った戦争の傷跡

母親の影響で幼いころに洗礼を受け、カトリック教徒となった遠藤周作は戦後、カトリック留学生としてフランスに留学します。昭和25（1950）年、終戦から5年しか経っていないころです。

フランスでカトリック文学を学ぼうと意気込んでいた遠藤ですが、フランスに残った戦争の傷跡をまざまざと見せつけられるとともに、人種差別を受けて日本人が有色人種であることを受け止めることになります。

そのころフランスには、ナチス・ドイツ占領下の戦禍が残っていました。

前述したように、第2次世界大戦時は、ドイツ・イタリア・日本などファシズム国家を「枢軸国」とし、アメリカ・イギリス・フランス・ソ連・中華民国などの反ファシズムで連帯した諸国を「連合国」といいました。

戦後5年しか経っていない時点でしたから、フランスからすれば日本はかつての敵対国であり、日本人は「野蛮な神風特攻をしかける連中」と見なされていた面もあります。

◯同胞を殺めて井戸に投げ入れた現場を訪れる

フランスはインドシナを植民地にしていましたが、日本はフランス領インドシナを攻め奪ったため、フランスにとって日本は憎むべき存在でした。

激しい戦いが繰り広げられたため、その印象はフランス人に色濃く残り、日本人に対する差別は根深かったのです。

遠藤はフランスに赴き、ヨーロッパでの戦争の傷跡を目の当たりにしました。南フランスの「フォンス」という小さな村で、ナチス占領下でナチス・ドイツに協力的だったフランス人が、処刑や拷問を受けた地を訪れたのです。

そこはフランス人が同胞を虐殺した現場。敵対するナチス・ドイツに協力したフランス人を拷問したり処刑したりして、殺めた遺体を井戸に投げ込んでいたのです。

○戦争の延長で人が人を殺す

この体験をベースに遠藤は、フランス留学中に短編『フォンスの井戸』を書きましたが、これを自身の処女作としています。

この短編は、のちに「フランスにおける異国の学生たち」と改題され、昭和26（1951）年に文芸誌『群像』（9月号）で発表されました。

戦争は終わったものの、フランス国内で戦争の延長のような形でフランス人がフランス人を拷問したり殺したり、はたまた糾弾したりする状況に、遠藤は衝撃を受けました。遠藤は留学中にフランス南東部・リヨンに行き、その後、パリでも学びましたが、結核が悪化し、吐血することもあってパリの病院に入院します。

フランスにわたってから2年ほど経っていましたが、志半ばの昭和28（1953）年に帰国。とはいえ、フランス留学で体験したことは、その後の遠藤に非常に大きな影響を与えます。

カトリック教徒である遠藤が、フランスのカトリック社会に入って、さまざまな軋轢や壁にぶつかりながらも、そこで得た経験が文学に深く反映されたのです。

○なぜカトリックになったのか?

そもそも、なぜ遠藤はカトリックになったのか? それは母親の影響が強くあります。

大正12(1923)年、遠藤は東京・巣鴨で生まれましたが、父親の転勤により中国・大連に転居します。ところが両親が離婚。遠藤と2つ年上の兄とともに、母親は帰国して兵庫・西宮に住むようになりました。

それから2年後、離婚の影響もあってか、母親がカトリックの洗礼を受けます。そして、母親に従うように、兄とともに遠藤も12歳で洗礼を受けたのです。

少年時代のことですから、自分の意志というよりも、母親のために洗礼を受けたという感じでしょうか。母親に連れられて、毎朝のようにミサに通うようになります。

しかし遠藤は、カトリック信仰が自分に合っているとは感じていませんでした。日本人としての自分とカトリックの文化や風習が、どうもうまく噛み合っていない感じがしたのです。

「合わない洋服を無理に着てるような感じがしていた」と遠藤は一貫して語っています。

◯肌に合わなかったカトリックが作家人生に深く影響を与える

そんな違和感を抱えながらも戦後、日本のカトリック教徒の学生にフランス留学の機会を与えようというフランスのカトリック信徒による献金により、遠藤は戦後初のカトリック留学生としてフランス留学の機会を得たわけです。

そして、留学中に短編『フォンスの井戸』を書き、さらにはキリスト教が弾圧されていた時代の宣教師や信者への迫害を描いた名作『沈黙』を生み出すことになるのです。

ちなみに遠藤は昭和17（1942）年、19歳のときに経済的理由から上京し、すでに中国から帰国して再婚していた父親と一緒に住むようになります。戦後になって母親も上京したのですが、遠藤がフランス留学から帰国後、昭和28（1953）年、急逝しました。

フランス留学中に結核を患い、昭和28（1953）年、志半ばにして帰国した遠藤ですが、それから評論や小説を書き始めました。

昭和30（1955）年、遠藤は32歳のとき、カトリック教徒として育てられた「私」が「悪」と化して、神学生であるジャックと戦った過去の自分を回想する手記ともいえる『白い人』で芥川賞を受賞。しかしその後、結核が再発し、昭和35（1960）年、37歳のときに東京大学伝染病研究所附属病院（現・東京大学医科学研究所附属病院）に入院します。

翌年、再発した結核のため、3度にわたって肺の手術を受けました。

結核が克服されたことで、遠藤は73歳まで創作活動を続けましたが、それは結核治療の薬が発展し、結核そのものが減少したことも大きな救いでした。

◯キリスト教を恐れた江戸幕府の拷問とは？

代表作『沈黙』を書いたのは、昭和41（1966）年、遠藤が43歳のときです。

この作品の舞台は、17世紀、江戸幕府により徹底したキリシタンの弾圧が行われ、キリスト教徒を根絶しようと「切支丹（キリシタン）禁制」政策を敷いていた日本です。

キリシタン禁制が敷かれていた江戸時代の日本に潜入したポルトガル人司祭の葛藤を描いた小説です。ポルトガルのイエズス会司祭・セバスチャン・ロドリゴ（岡田三右衛門）という主人公が、日本に密入国して、長崎の隠れキリシタンの集落「トモギ村」にたどり着くところから話は始まります。

もし見つかれば殺されることを覚悟してまでロドリゴがやってきた理由は、日本で布教活動をしていたはずの師匠・フェレイラ神父がキリスト教を棄てたという情報が入ってきたからです。

ストーリーが進んでいくと、フェレイラ神父が棄教したのは、縄でぐるぐる巻きにしてミノ虫のように逆さにし、汚物を入れた穴のなかに吊るす「穴吊り」の刑など、ひどい拷問を受けていたからだということが判明していきます。

○なぜ宗教をめぐって対立や紛争が起きるのか？

『沈黙』の大きなテーマは、タイトルからも想像できるように「これだけ残酷・残虐な世界なのに、なぜ神様は助けてくれないのか」ということです。

トモギ村の〝隠れキリシタン〟が処刑されるときも、なぜ助けてくれないのかという問いかけが、ロドリゴに芽生えてきます。宣教師であるロドリゴはずっと神への信仰を抱いていたからこそ、異国の地の果てまでやってきたのですが、それでもどんどん不安になっていきます。

「多くの海をわたり、三ヵ年の歳月を要してこの国にたどりついた宣教師たちはなんという滑稽な幻影を見つづけたのか。そして、今、この人影のない山中を放浪している自分は何という滑稽な行為を行っているのか。（中略）最大の罪は神に対する絶望だということはもちろん知っていましたが、なぜ、神は黙っておられるのか私にはわからなかった」

『沈黙』（新潮文庫）

一神教の風土を持たない日本に生まれながらもカトリック教徒になり、日本人としての自分が体に合わない洋服を着ているようだという感覚を抱いていた遠藤は、本来、宗教とは人間を救うためにあるはずなのに、なぜ宗教をめぐって対立や紛争が起きるのか？　という問題をキリスト教の立場からずっと考えてきたのです。

○「宗教」とは〝自分を包んでくれて生かしてくれる無意識の存在〟

戦争について考察するうえで、宗教の問題は避けられません。そして「宗教とは何か」というシンプルな問いに、遠藤はこう書き記しています。

「宗教で一番大事なのは、先ほどから言うように、自分を包んでくれて生かしてくれる無意識の存在であり、多くの日本人の場合にはそれが仏様であって、私の場合はキリスト教だとしても、それは根底では共通しているものだ」

『宗教の根本にあるもの』(『「深い河」創作日記』講談社文芸文庫に収録)

過去の戦争だけでなく、現在でも宗教を理由にした、あるいは宗教的な単位での衝突が起こっています。これからも、そのような衝突は起こり得るでしょう。

そういう意味で、21世紀の戦争と平和を考えるうえで、遠藤周作は亡くなってもなお成長・進化し続ける文豪です。

遠藤周作のおすすめ著作

○『沈黙』(新潮文庫)

代表作。17世紀の日本を舞台に、キリシタン迫害のなかで信仰と苦悩に直面する宣教師ロドリゴは、厳しい拷問と迫害に遭い、自らの信仰を試されます。西洋のキリスト教、カトリックの信仰の根本をも問う作品として今日も高い評価を受けています。

○『深い河』(講談社文庫)

舞台は、インド、ヒンドゥー教の聖地バラナシにあるガンジス河。カトリックの神学生である主人公は、インドでさまざまな信仰を持つ人々に出会います。作家が辿り着いた宗教の本質を描いた作品であり、宗教の対立が戦争を生む21世紀にこそ読まれるとよいと思います。

話題の引き出し★豆知識

出家した瀬戸内寂聴にカトリック入信を誘う?

出家したのちの瀬戸内寂聴を、遠藤は「カトリックに入りません?」と誘ったことがあるそうです。平成12(2000)年の「遠藤周作文学館」の落成式のスピーチで、瀬戸内本人が話していました。冗談だったのか、本気だったのか……。

島尾敏雄

島尾敏雄（しまお・としお　1917〜1986年）

神奈川生まれ。九州帝国大学法文学部文科卒。代表作は『出発は遂に訪れず』『死の棘』など。生まれつき体が弱く病気がちだった。小学生のころから自身で小冊子をつくるなど、創作活動に熱心だった。大学卒業後、昭和19（1944）年、海軍水雷学校で訓練を受けた後、第18震洋隊特攻隊の指揮官として奄美群島加計呂麻島《かけろまじま》に赴任。島尾の部隊には186人の部下がおり、特攻基地の隊長として「国のために特攻せよ」と指示を出すのが島尾の役割だった。すんでのところで終戦となり、特攻することなく帰国。デビュー後は、戦争の記憶とその後の家族生活を描いた作品を次々と発表。『死の棘』は特に高く評価され、映画化もされた。昭和61（1986）年に出血性脳梗塞により69歳で死去。

「特攻せよ」と186人に指示した「中間管理職」の宿命

◯爆弾を積んだ水上特攻艇「震洋」部隊の特攻隊長

奄美大島と大島海峡を隔てて、南西に浮かぶ加計呂麻島は、島尾敏雄が太平洋戦争末期に特攻艇「震洋」の部隊の指揮官として赴任した地です。島尾は、特攻隊長として出撃を待ちつつ敗戦を迎え、戦後は南方の地で図書館長や大学講師も務めました。

太平洋戦争末期、日本軍が飛行機などを敵艦船に体当たりさせるために編成した特別攻撃隊「神風特攻隊」は、世界的に有名です。

海外では「ＫＡＭＩＫＡＺＥ（カミカゼ）」と呼ばれ、自爆テロと重ねて認識されている面もあります。

実際、平成13（2001）年に発生したアメリカ同時多発テロ事件では、ニューヨーク・マンハッタン区の世界貿易センタービルに2機目が衝突したのち、現地の男性アナウンサーが「KAMIKAZE！」と口にしました。

○186人の部下に「国のために死んでくれ」と指示を出す役割

戦時中の日本では、こうした航空特攻だけでなく、人間魚雷「回天」や人間爆弾「桜花」、爆弾を積んだ水上特攻艇「震洋」、水中特攻兵器「海龍」「伏龍」、木製グライダー型の特別攻撃機「神龍」など、さまざまな特攻作戦が企てられました。

島尾が指揮したのは、小型船舶に爆弾を搭載し、敵艦に突入する特攻作戦でした。フィリピンへの再上陸を企てるアメリカ軍に対して、日本海軍が捨て身の反撃を試み、事実上壊滅した「レイテ沖海戦」ののち、捨て身の特攻が〝ほぼ唯一の戦術〟となったのです。

学徒出陣のため九州大学を半年繰り上げで卒業した島尾は、海軍水雷学校で訓練を受け、「第18震洋特攻隊」の指揮官として奄美群島の加計呂麻島に赴任することになりました。

島尾の部隊には186人もの部下がおり、特攻基地の隊長として「国のために特攻せよ」と指示を出すのが島尾の役割だったのです。

爆弾を搭載したボートに乗り込み、自分で運転して敵艦に突っ込んでいく。それが軍から下った第18震洋特攻隊への命令でした。この捨て身の作戦は「国のために死んでくれ」と言っているのと同じようなものです。

なんともひどくむごい命令を下す立場になったわけですが、組織の中間管理職ともいえる一介の特攻隊長が、上層部の命令に逆らえるはずもありません。

待機していた特攻隊には、昭和20（1945）年8月13日に出撃命令が下されました。しかし、日本は広島と長崎への原爆投下を決めた第33代トルーマン米大統領らからの降伏勧告を受け入れ、ポツダム宣言を受諾。8月15日には終戦が確定し、特攻に身を捧げることはついぞなかったのです。

○終戦時で抱いた感情は「生きててよかった」ではなく……

そのときの壮絶な経験を、島尾は『出発は遂に訪れず』（新潮文庫）の冒頭で、このように書いています。

「もし出発しないなら、その日も同じふだんの日と変わるはずがない。一年半のあいだ死支度をしたあげく、八月十三日の夕方防備隊の司令官から特攻戦発動の信令を受けとり、遂に最期の日が来たことを知らされて、こころにもからだにも死装束をまとったが、発進の合図がいっこうにかからぬまま足ぶみをしていたから、近づいて来た死は、はたとその歩みを止めた」

『出発は遂に訪れず』（新潮文庫）

隊員たちとともに死を覚悟し、出撃の待機をしていたものの、いざいけという命令は一向にやってきません。

そのときの不思議な心情を、島尾はこう表現しています。

「今度こそたしかと思われた死が、つい目の近くに来たらしいのに、現にその無慈悲な肉と血の散乱の中にまきこまれないことは不思議な寂しさともなったが、（中略）まだ見ぬ死に向かっていたつめたい緊張に代って、はぐらかされた不満と不眠のあとの倦怠が私をとらえた」

『出発は遂に訪れず』（新潮文庫）

加計呂麻島にとり残され、すぐ目の先まで迫っていたはずの死が、いつの間にか遠のいている。そのときの感情を、島尾は「ほっとした」「解放された」「うれしい」といった言葉ではなく、「はぐらかされた感じ」と表現したのです。

上官からの命令を待つ学徒出身の海軍少尉（特攻隊の隊長）として、部下を指導していましたが、実際には敵との交戦はなく、命令を待っただけ。死を覚悟した人間が、ある運命の力で、そのまま地にとどまらされてしまった。

死が踵《きびす》を返したとき、「生きててよかった」という思いはあるものの、それ以上に強かったのは、不思議な倦怠感や虚無感だったのです。

「異常な完結的な予定の行動が延期されると、日常のすべてのいとなみが気息を吹きかえす。私の嫌悪している死が、くびすを返して遠ざかり、皮膚の下でうごめく生のむずがゆさがはたらきはじめて、あとさきの約束ごとの中に戻って行かなければならないことを知る。巨大な死に直面したすぐそのあとでも、眠りは私を襲い、空腹が充たされたい欠乏の顔付きをかくさないで、訪ねてくる」

『出発は遂に訪れず』（新潮文庫）

これまでに経験したことのない緊張と緩和が、特攻隊員たちに襲ってきました。このような極限の戦争体験をしたことは、その後の島尾文学に大きな影響をもたらすことになります。

○突撃することなく戦争が終わったときの感情とは？

従軍体験があり「第2次戦後派」とも呼ばれる島尾の『死の棘』『魚雷艇学生』などの作品は、戦争は単なる撃ち合いや殺し合いだけでなく、人間の深層の精神や心理にどのような影響を与えるかという〝生と死の葛藤〟と〝日常と非日常の葛藤〟を浮き彫りにしています。

特攻部隊の任務は、爆弾を装備した特攻艇で敵艦に体当たりすること。特攻艇「震洋」の部隊186人に「国のために特攻せよ」と命令しなくてはならない役割を担っていたわけです。

そのときの心情を、島尾は随筆『私の八月十五日』に、生々しく綴っています。

「もしかしたら停戦？だろうかと想像すると、峠道を歩きながら笑いをおさえることができなかった。しかしそれは張りつめていた気持の処理がつかず、暗い虚脱に裏打ちされていたのだが」

『私の八月十五日』（『出発は遂に訪れず　他八編』旺文社文庫に収録）

つまり、「あー、命拾いした。助かってよかった」という安堵とは違います。張り詰めた気持ちが一瞬で解け、不思議な笑いを生んだのです。

その日の夜、「いまからでも敵艦に突撃すべし」と主張した部下もいました。特攻隊長の島尾を殺してでも、敵艦に特攻しようという部下が出てくるかもしれないという懸念から、島尾は寝床に日本刀を持ち込んで横になりました。

「爆弾とともに敵艦に突っ込め」という理不尽極まりない無謀な命令を部下に強いる……どんなに良心の呵責があっても、国の命令だから自分にはどうすることもできない。

上司と部下の究極の板挟みになった中間管理職の極みともいうべき苦しみが、島尾の作品にはにじみ出ています。

○中間管理職としての悲哀

戦争とは、理不尽な殺し合いの悲劇であり、避けるべきものです。さらに人間の精神のもっとも深いところにまで、強い影響を与えてしまう。究極の葛藤のなかで、人はどんな選択をするのか。そこに学ぶべきものはあります。

組織人たるもの、納得のいかないこと・理不尽なことに従うか、反抗するか、決断を迫られることが、長い経験のなかで出てくるもしれません。上からの指示で仕方なく、部下に嫌な命令を出さなくてはならない場面もあるでしょう。

島尾敏雄の作品は、そういう組織での矛盾を感じたときにこそ、心に響く作品だと思います。

島尾敏雄のおすすめ著作

○『**出発は遂に訪れず**』（新潮文庫）

太平洋戦争末期、特攻隊の基地で出撃を待つ兵士たち。出撃の日を恐れながらも、死ぬ覚悟を決めていたものの、終戦により特攻しなくてもいいことになり……。緊張感が一気にほどけた瞬間、人は何を感じるのか。見事な心理描写をぜひ味わってください。

○『**死の棘**』（新潮文庫）

妻との結婚生活が浮気によって崩壊し、精神的に追い詰められた妻と夫の苦悩がテーマ。加計呂麻島での出撃待機中に恋仲になり、結婚した地元の女性・ミホとの関係をもとにした自伝的小説です。

話題の引き出し★豆知識

戦争の現場を実体験した2人の対談

『新編 特攻体験と戦後』（中公文庫）では、306ページで紹介した『戦艦大和ノ最期』著者・吉田満と、島尾敏雄の対談が掲載されています。戦艦大和に乗りながらも九死に一生を得た吉田と、特攻隊長だった島尾が、「特攻」について語り合うシーンがあります。戦争の現場を実体験した2人が、特攻とはいったい何だったのか、特攻経験者にもたらされる歪みとは何かをテーマに言葉を交わしています。素晴らしい対談集なので、こちらもおすすめです。

古井由吉

古井由吉（ふるい・よしきち　1937〜2020年）

東京生まれ。東京大学大学院ドイツ文学研究科修士課程修了。代表作は『杳子』『栖』『仮往生伝試文』など。7歳のときに東京大空襲に遭う。大学時代からドイツ文学を研究し、大学院修了後、立教大学助教授に就任。ドイツ文学の研究や、オーストリアの作家ヘルマン・ブロッホなどの翻訳などにとり組む。大学教員として働くかたわら同人誌に小説を発表し、昭和46（1971）年、『杳子』で芥川賞受賞。人間の内面や日常に潜む深層を描いた作品を次々と発表。その曖昧模糊とした文体は「朦朧体」とも呼ばれ、小説というジャンルを非常に深く実験的に掘り進んだ。令和2（2020）年、肝細胞がんにより82歳で死去。

B29爆撃機の空襲に逃げ惑い、戦後も戦争の影を憂える

○空襲で実家を焼かれた原体験

作品が広い世界に向かって開かれず、内へ内へとこもっていくという意味で「内向の世代」と呼ばれた作家を代表する古井由吉。純文学の最高峰とされましたが、小説だけでなく、ロベルト・ムージルやヘルマン・ブロッホの翻訳、リルケの訳詩、エッセイまで、濃密な文体で人間の狂気や生死を見つめ、日本語の表現を極めようとしたといっても過言ではありません。

そんな古井の戦争体験は、7歳のときの東京での空襲です。

昭和12（1937）年、東京・荏原区平塚（現・品川区旗の台）で、3男1女の4人きょうだいの末っ子として生まれた古井は、昭和20（1945）年5月24日未明の空襲で、実家を焼かれたのです。

これに先立って同年3月10日未明から始まった東京大空襲では、約300機のB29爆撃機により、2000トンともいわれる大量無差別の焼夷弾が投下され、至るところが火の海となっています。

この民間人を巻き添えにしたアメリカ軍の空襲は、死者10万人、焼失家屋27万戸で、東京の全建物の4分の1を焼き尽くしたといわれます。

○B29爆撃機の無差別攻撃に家族3人防空壕で身を潜める

その後、古井が5月24日の空襲に遭ったとき、家にいたのは母と姉と3人でした。夜中に「ゴーゴー」という独特の爆音がして、上空にB29爆撃機が大挙して来襲したのがわかりました。

すると、止めどもなく「ヒューヒュー」と音をたてながら、天空を切り裂くように焼夷弾が落とされ、爆音が耳をつんざきます。

ものすごい数の落下音と爆音が至るところに響くなか、古井は家族3人で1時間以上にわたり防空壕に身を潜めました。

命は落とさずに済みましたが、防空壕から外へ足を踏み出して、あたりを見わたすと、一面が焼き尽くされ、煙まみれ……。結局、家も慣れ親しんだ街の何もかもが、B29が落とした焼夷弾で焼け尽くされたのです。

古井は、山中で出会った青年と神経を病む少女との恋愛を描いた『杳子』で芥川賞を受賞していますが、それ以来、自身の作品で何度となく7歳のときの空襲体験を綴っています。

◯戦火の禍々しい死の襲来を目の当たりに

古井作品のなかで、少年時代の空襲体験が始めて克明に描かれるのは、1977（昭和52）年に刊行された短編集『哀原』所収の『赤牛』です。

冒頭で、林立するビル同士のわずかな隙間の窓から、偶然に落下してしまった女性が登場します。彼女は壁と壁のあいだに挟まれ、身動きができなくなってしまいます。

「恐怖は肉体のものだ。精神は恐怖を受け止められない」と、救出を待つ間、恐怖におびえる彼女。するとそこから、防空壕のなかでうずくまる女や、焼夷弾の落下とその粘りつく火によって燃え上がる家の光景が再現されるのです。

彼女はいつのまにか子供に戻っており、戦火の禍々しい死の襲来を目の当たりにします。そして焼け野原の前に立つ彼女は、こんなことを考えます。

「我家の焼跡に立ったとき、私は底の抜けたような気楽さを覚えた。これでもう焼かれるものはない、これでもう空襲を恐がることはない。四方の明るい灰色のひろがりの中に点々と焼け残って、陰気に煤けた羽目板を晒して立つ家々のほうが、むしろ厄災の姿のように見えた。衣類の焦げる臭いの充満した焼跡を棒の先で掘り返すと、見馴れた品がいろいろと、すっかり火が通っていながら、あんがい原形を留めて出てくるのが面白かった」

『赤牛』(『哀原』文藝春秋に収録)

◯第2次世界大戦で変わった大量殺戮兵器

私は平成27(2015)年、古井にインタビューしたことがあります。空襲に遭ったときのことについて、古井は「まさか街が全部焼き払われるとは思っていなかった」と振り返りました。

第1次世界大戦でドイツ軍が新兵器として、殺傷能力のある毒ガスを開発し、化学兵器として大量に使いました。史上初の毒ガス戦がヨーロッパで繰り広げられ、毒ガスとともに戦車・機関銃など大量殺戮兵器が登場し、戦争は悲惨さを増しました。間もなくまた次の世界大戦が起こるともいわれ、その兵器の主役は毒ガスになるだろうと予想されていました。

ところが第2次世界大戦が起こってみると、兵器の主役は毒ガスではなく焼夷弾のような爆弾になったのです。

敵国の陣地を広域にわたって焼き尽くす、爆弾による無差別大量破壊・殺戮。これは毒ガス以上にダメージを与える即効性があったのです。

◯東京大空襲の死因は窒息死が多かった？

爆弾の投下によって、まずは一酸化炭素、二酸化炭素、あるいは窒素化合物が出て、空気が薄くなり、それから空気の温度が一定水準を超えて呼吸ができなくなります。

東京大空襲で亡くなった10万人ほどの死因は「火傷」といわれていますが、それは家屋が倒れたあとのことで、多くは「窒息死」だったのではないかと、古井は自らの体験を含めて言及していました。

つまり、爆弾投下によって呼吸困難になり、窒息死した人が多かったのではないかというのです。さらに古井は、こうも言いました。

「共通してるのはひとしなみにしてしまうということです。空襲はひとしなみに焼く。一方、戦後の経済成長と科学主義は、人をひとしなみにならす」

「ひとしなみに」というのは「同じものとして扱う」ということ。空襲は皆殺しにするため、人間も建物も動物もすべてを〝同列にあるもの〟として扱い、無差別に焼き尽くしたわけです。

◯大学教員を辞めて専業作家となり芥川賞を受賞

古井は、東京で空襲を受けたあと、岐阜・大垣の父親の実家へ逃げましたが、そこでも空襲に遭い、さらに母親の故郷、岐阜・美濃の山奥に逃げました。そのときに分かれて暮らしていた兄2人とも一緒になり、終戦を迎えます。

終戦後、空襲のない日々に安堵しつつ東京へ戻り、虫垂炎（盲腸）をこじらせて腹膜炎を患い、1カ月以上の入院を強いられたこともありました。そして、わずか5カ月ほど獨協高等学校に籍を置いたあと、日本屈指の名門校・東京都立日比谷高等学校に進み、それからは折からの出版ブームもあって、国内外の小説を読み漁るようになりました。

その後、昭和31（1956）年に東京大学文科二類に入学し、ドイツ文学を専攻しました。それは、日本と同様に敗戦したドイツの文学を学びたいという思いがあってのことだったのです。

さらに東大大学院に進み、研究者の道を歩みましたが、修士論文のテーマは、チェコ生まれの作家フランツ・カフカ。大学院を修了すると、昭和37（1962）年、金沢大学で助手として、ドイツ語を教えるようになりました。

昭和40（1965年）には立教大学に籍を移し、ドイツ人作家ヘルマン・ブロッホの長編小説『誘惑者』などの翻訳を手がけたことによって、本格的に創作活動を始め、すでに雑誌から小説の執筆依頼もあったことから大学を辞め、32歳にして専業作家となったのです。

そして、文芸誌『文芸』に寄稿したのが『杏子』、前述したようにこれが昭和46（1971）年に芥川賞を受賞します。

○目に見えない力によって動かされている危うさ

古井の作品に一貫しているのは、大衆社会が目に見えない力によって動かされてしまう危うさをテーマにしているところです。

日本は戦後、高度経済成長を経て、昭和43（1968）年に国民総生産（GNP）が当時の西ドイツを抜き、世界第2位に躍り出ました。

経済力は高まりましたが、伝統的な風景や自然は失われ、すべてが単調になっていく様を古井は案じていたのです。B29爆撃機による空襲が、アメリカの工業製品の大量生産方式から実現したように、日本の経済成長も同じ方式によって成し遂げられました。

経済成長は、物質的な豊かさをもたらすものの、同時に大量破壊の可能性も招いている——そんな矛盾を示唆しているのが古井文学の特徴です。

私がインタビューしたときに古井は、「戦争は底流としてずっと続いている」と危機感を抱いていました。

古井の文体は、やや難解な印象があるかもしれませんが、時間が経つほど、より多くの読者に読まれるようになると私は考えています。

古井由吉のおすすめ著作

○『杳子』（『杳子・妻隠』新潮文庫に収録）

戦後の混乱期、主人公の青年は、杳子という謎めいた女性と出会います。神経を病んだ杳子と恋愛関係になる青年の葛藤が、静かで詩的な文体で描かれています。

○『山躁賦』（講談社文芸文庫）

1970〜80年代、高度経済成長によって変化した日本の田舎町を舞台に、自然と人間の関係を繊細に描いた小説。古井文学の入門編としておすすめです。

○『仮往生伝試文』（講談社文芸文庫）

平安後期の文学『今昔物語集』などを素材に「生と死」を見つめ直す物語。古典文学で用いられる文語体と、現代の口語体が交じり合い、新しい古井ならではの文体が確立されています。古井の文学的探求における、1つの頂点といえる作品だと私は思っています。

話題の引き出し★豆知識

日本語の圧倒的密度を感じながら読むべき「超上級編」

古井文学は今回リストアップした文豪の作品のなかでも「超上級編」といえます。読み流すのではなく、日本語の圧倒的密度の表現を感じながら、一文一文ゆっくりと噛みしめるように読むのに向いている作品です。私もすらすらと読むことはできず、かなり時間をかけて読みました。ほかの文豪の作品を読んでから、最後にチャレンジしてみるのもよいかもしれません。

林芙美子

林芙美子（はやし・ふみこ　1903～1951年）

福岡生まれ。本名・林フミコ。尾道市立高等女学校（現・広島県立尾道東高等学校）卒。代表作は『放浪記』『浮雲』『めし』など。幼少期から貧しい生活を送り、転校を繰り返す。学費を稼ぐため工場勤務やアルバイトをして、働く合間に図書室で本を読みふける。女学校卒業後、上京し、原稿を出版社に持ち込む。昭和5（1930）年、27歳のときに『放浪記』が刊行されると、瞬く間にベストセラーとなり、売れっ子作家になった。注文があればどんな仕事も引き受け、原稿を書きマスコミから重宝されていた。戦争中も「ペン部隊」として戦地へ取材に行った。昭和26（1951）年、『主婦の友』の連載記事の取材を終え、帰宅後に心臓麻痺により47歳で急逝。

「戦意を高揚させる文章」という執筆依頼

◯出版社に原稿を持ち込み、有名作家の家に押しかける

146ページで紹介した樋口一葉が24歳で早世して7年後、昭和初期にデビュー作『放浪記』で一世を風靡した林芙美子が生まれました。

芙美子は戦略的でストイックな性格で、無名時代からいろいろな作家を訪ねたり、出版社に原稿を持ち込んだりと、果敢に自分を売り込んで文壇に入り込んでいきました。

また、いまでいう〝ストーカー行為〟を重ねる男を描いた「情痴もの」作品で知られ、明治・大正期に「情痴作家」と呼ばれた近松秋江《しゅうこう》の女中として2週間ほど奉公したり、セルロイド工場の女工や毛糸店の売り子、事務員、すし屋やカフェの女給（現在のホステス）として働いたりして、広島・尾道に住む両親に仕送りをしていました。

○お金がなくて浴衣を売って暑い夏を水着で過ごす

「私は宿命的に放浪者である。私は古里を持たない」

この有名な一説で始まり、19歳から23歳ごろまでの多感な時期に放浪した日々を書き綴った私小説『放浪記』は、昭和5（1930）年に改造社から刊行され、50万部の大ベストセラーになりました。芙美子が27歳のときです。

『放浪記』がベストセラーになるまで、裕福とはほど遠い暮らしをしていた芙美子は、その前年の夏、浴衣を売ってしまい、赤い水着を着て暑さをしのいでいました。

そこに突然、改造社の男性編集者が訪れたのですが、なんと芙美子は水着姿のまま応対しました。この編集者は、翌年刊行して大ベストセラーになる『放浪記』の担当者でした。

その後、続編も書いて、たくさん印税が入るようになったため、シベリア経由でヨーロッパに旅行し、その帰りには中国・上海に立ち寄り、日本と縁の深い思想家・小説家の魯迅《ろじん》と会っています。

○小説家たちで編成された「ペン部隊」として日中戦争へ

売れっ子作家になった芙美子は、昭和12（1937）年12月、日中戦争が始まり当時の中華民国の首都・南京が陥落すると、毎日新聞の特派員として南京へ真っ先に乗り込みました。

年が明けていったん帰国すると、今度は内閣情報部の「ペン部隊」に加わります。当時、人気作家たちが「ペン部隊」として中国に派遣され、戦地の模様を書き、それを新聞などで報道したのです。

「ペン部隊」には20人ほどいましたが、芙美子は単独で前進し、先輩作家たちを差し置いて、新首都・漢口に一番乗りを果たし、名を馳せました。

その様子は、「編ペン部隊の女丈夫 漢口へ一番乗り」との見出しで、新聞で大々的に報道されました。その結果、ペン部隊陸軍班団長の作家・久米正雄は恥をかかされ、ペン部隊海軍班で文壇の大御所・菊池寛も「林さん、あんなことしたら駄目だよ」と釘を刺したくらいでした。

ここにも芙美子の戦略的でストイックな性格がうかがえます。

◯「旅は一人か二人がいい。長旅は一人にかぎる」

こうした行動により、芙美子は「戦争協力者」として批判を受けることもありました。戦争の悲惨さや現場での状況を頭で考えるよりも、行動を優先するタイプで、『放浪記』にもこう綴っています。

「あゝ私の頭にはプロレタリヤもブルジョアもない。たった一握りの白い握り飯が食べたい」

『放浪記』（新潮文庫）

目の前のことにまっすぐな芙美子は、前線の兵士たちの姿を書き、伝えたいという思いとともに、ベストセラー作家になってからも、自分の名前を売るという積極果敢なところも強かったのでしょう。

報道班員（従軍作家）となり、中国やフランス領インドシナに従軍しています。

「旅は一人か二人がいい。長旅は一人にかぎる」と芙美子は随筆に書いていますが、『放浪記』が売れて単身、シベリア経由でヨーロッパへわたり、中国・上海に立ち寄り、従軍記者として一番乗りするなど、そんな芙美子の流儀を物語っているようです。

◯川端康成が打ち明けた芙美子に対する本音とは？

芙美子は、戦後も精力的に活動していましたが、仕事の負担が増えるにつれて体調が悪化し、息切れや心臓の病気が慢性化していきました。

昭和25（1950）年、心臓の弁に異常が起き、血液が流れにくくなったりする「心臓弁膜症」が悪化します。

その翌年、雑誌『主婦之友』の連載「名物たべあるき」の取材のため、贔屓《ひいき》にしていた東京・銀座の「いわしや」、さらには東京・深川の鰻屋「みやがわ」に行き、帰宅。すると、その夜、就寝後に苦しみ始め、心臓麻痺を起こして47年の短い生涯に幕を閉じました。

葬儀委員長を務めたのは、戦前から芙美子を高く評価していた川端康成でしたが、こう述べました。

「故人は自分の文学生命を保つため、他に対しては、時にはひどいこともしたのでありますが、しかし、あと二、三時間もたてば故人は灰となってしまいます。死は一切の罪悪を消滅させますから、どうか、この際、故人を許してもらいたいと思います」

『石の花　林芙美子の真実』（筑摩書房）

この早くして旅立った芙美子への愛情こもった川端の言葉に、参列者の多くが涙を流したそうです。東京都中野区上高田の萬昌院功運寺にある墓石には、川端康成の字で「林芙美子墓」と刻まれています。

林芙美子のおすすめ著作

○『**放浪記**』（新潮文庫）

第1次大戦後、混乱期の社会を生き抜いた作者自身の実体験をまとめた自叙伝。貧しい家庭に生まれ、さまざまな仕事を転々としながらも生き抜いた彼女の言葉は多くの人の胸に刺さり、瞬く間にベストセラーになりました。約50年続いた俳優・森光子主演の舞台の原作としても有名です。

○『**下町**』
（『ちくま日本文学020 林芙美子』ちくま文庫に収録）

戦後、東京の下町が舞台。貧しい行商の女は、戦争でシベリア送りになったきり、6年も帰ってこない夫を待ち続けます。頭に映像が浮かぶような描写が非常に巧みで、作家としての技術力を感じさせる短編小説です。

話題の引き出し★豆知識

編集者のパワハラを大暴露？

芙美子は『放浪記』で、いまでいうパワハラについても暴露しています。原稿を持ち込んだとき、編集者に上から目線で「無名の人の作品は載せたくない」と言われたことに腹を立て、「あの編集者め、電車にはねられて死なないものかと思う」など、かなりあけすけに書いています。現代の仕事のストレスにも通じるところがあり、共感する人も多いのではないでしょうか。

司馬遼太郎

司馬遼太郎（しば・りょうたろう　1923〜1996年）

大阪府生まれ。本名・福田定一。大阪外国語学校蒙古語部（現・大阪大学外国語学部モンゴル語専攻）卒。代表作は『竜馬がゆく』『燃えよ剣』『坂の上の雲』など。歴史小説の巨匠として知られ、昭和にはサラリーマンを中心に人気を博した。小学生のころから本の虫で図書館に通い詰めていた。昭和18（1943）年、学徒出陣により戦車第十九連隊に入隊。戦車部隊に所属していた22歳のとき、上官が「民間人は轢き殺していけ」という姿を見て、戦争の虚しさを自問自答するようになる。終戦後は新聞記者として働くかたわら、小説を書き始める。昭和35（1960）年に『梟の城』で直木賞受賞。人気作家となり、歴史をテーマにした小説を次々と発表。平成8（1996）年、腹部大動脈瘤破裂により72歳で死去。

「なぜ日本人は戦争をしたのか」という問いに生涯向き合う

◯二十二歳の自分に手紙を出し続けなければならなかった

「私は、二十二歳の自分に、手紙を出し続けなければならなかったのです」

これは司馬遼太郎が小説家になった動機を明かしたエッセイ『なぜ小説を書くか』に綴った一文です。

司馬が22歳といえば、終戦の年です。昭和20(1945)年8月15日の終戦の日、なぜこのような愚かな戦争をする国に生まれたのかという絶望感が、司馬を襲いました。昔の日本人は、もしかしたらもう少し賢明だったのではないか。そう自問自答したものの、答えが見つからず、歴史小説を書くことで、その問いに向き合い続けることになります。

◯「邪魔な民間人は轢《ひ》き殺していけ」という上官の言葉

昭和18（1943）年の秋、大阪外国語学校の学生・福田定一（のちの司馬遼太郎）は学徒出陣し、戦車兵となりました。

司馬が属する戦車部隊は、栃木県佐野市に駐屯していました。戦況が悪化して本土決戦になれば、神奈川の相模湾などから上陸してくるアメリカ軍を敵対するため、南下することになっていました。

ある日、大本営から将校がやってきて、アメリカ軍が上陸してくる可能性について説明を受けた司馬の頭には、疑問が浮かびます。アメリカ軍が上陸して栃木から戦車部隊が南下するとなれば、東京や横浜からの避難民とぶつかり、混乱をきたすかもしれない。そうなったら、どう対処すればいいのか、と。

司馬は想像力を働かせ、大量の住民が家財道具とともに逃げ惑う様子を思い描きました。しかし、当時の道路は舗装されておらず、幅も狭いです。

戦車が南下するとなれば、北上する車両との交通整理がどうなるかも疑問です。司馬は、質問したときのことを、のちにこう書いています。

「しばらく私を睨みすえていたが、やがて昂然と、『轢っ殺してゆけ』と、いった。同じ国民をである」

『歴史と視点』（新潮文庫）

民衆を守るべき軍隊の中枢にいる将校が、民衆の命を虫けらのごとく考えている現実にショックを受けたのです。このことがきっかけとなり、司馬は小説を書き続けることになりました。

◯司馬が書き始めると神田の古書店から資料がなくなる

司馬は、「なぜ日本人は戦争をしたのか」という問いに生涯向き合いました。

資料収集に関しても徹底しており、特に明治維新を経た新生日本が日露戦争に向かうストーリーを描いた『坂の上の雲』の準備・執筆時には、東京・神田の古書店から日露戦争関連の本が消え、同じ題材の本を書こうとしたほかの作家が古書店に行っても1冊も資料が残されていなかったともいわれます。

昭和14（1939）年に発生した「ノモンハン事件」は、満洲国とモンゴル人民共和国の国境付近にあるノモンハン地区で起きた事件ですが、当時緊張状態にあった日本とソ連の部隊が、国境線をめぐって衝突。紛争となって日本軍は1万人以上の戦死傷者を出し、そしてソ連に負けてしまいます。

司馬はこの「ノモンハン事件」に強い関心を抱き、防衛庁（現・防衛省）の資料室の秘蔵資料を段ボール1箱分提供してもらったという逸話もあります。昭和43（1968）年に小説『坂の上の雲』の連載を開始したあたりから、「ノモンハン事件」を題材にした作品の構想を練っていたのです。

司馬は、のちにこう語っています。

「いったい日本とは何だろうということを、最初に考えさせられたのは、ノモンハン事件でした。昭和14年（1939年）、私が中学の時でした。こんなばかな戦争をする国は、世界中にもないと思うのです。（中略）いったい、こういうばかなことをやる国は何なのだろうかということが、日本とは何か、日本人とは何か、ということの最初の疑問となりました」

『「昭和」という国家』（NHK出版）

当時の日本にはソ連の戦車軍団や、大砲などの武器に比べれば、ほとんどおもちゃのような戦車しかありませんでした。にもかかわらず戦争をやり、一方的に日本は負けたという虚しさがずっと残っていたようです。

ノモンハン事件については、いろいろな調査がなされ、司馬が言うほど惨敗ではなかったともいわれます。司馬が調査していたのは、平成3（1991）年のソ連崩壊以前ですから、資料を調べるにも情報公開に限界があったのかもしれません。

いずれにせよ、戦争で「民間人は轢き殺してゆけ」と言われたことと関連するような、ノモンハン事件での日本の無謀な戦い。司馬のなかで、これらが歴史小説を書く動機になったのは間違いありません。

◯近代国家樹立のために駆け抜いた幕末から明治の群像劇

江戸末期から明治にかけてを希望に満ちた明るさとともに成功物語として描き、好意的にとらえる向きのある司馬独特の歴史解釈は「司馬史観」と呼ばれ、歴史学者でないにもかかわらず、大きな影響をもたらしました。

そんな司馬作品の最大の特徴は、歴史をそれまで語られていた文脈から一度解き放って、その歴史のなかで動いた1人の人間にフォーカスするという点です。
たとえば、明治維新の志士を主人公とする長編小説『竜馬がゆく』は、敵対していた薩摩藩と長州藩を同盟関係に導き、薩長同盟の仲介役となった幕末の志士・坂本竜馬（龍馬）を中心とした物語ですが、そこで竜馬をこんなふうに描いています。

「日本史が坂本竜馬を持ったことは、それ自体が奇跡であった。なぜなら天がこの奇跡的人物を恵まなかったならば、歴史はあるいは変わっていたのではないか」
（『竜馬がゆく（1）』文春文庫）

一方、江戸幕府の浪士隊「新選組」副長・土方歳三を描いた『燃えよ剣』のあとがきでは、こう綴っています。

「歳三はそれまでの日本人になかった組織という新しい感覚を持っていた男で、それを具体的に作品化したのは新選組であったように思われる。その意味だけで言えば、文化史的な仕事をこの男の情熱と才能は成し遂げたのではないか」

『燃えよ剣（下）』（新潮文庫）

倒幕を目指す竜馬と幕府側の土方は、考え方も立場もまったく逆ですが、『竜馬がゆく』『燃えよ剣』とそれぞれの作品で、別の志を抱いた2人の方向性が、見事に描かれています。

近代国家樹立のために時代を駆けていった人物に光をあて、その人物の生き様と死に様を群像劇として描くことで、日本史の転換点を認識してもらうというのが、司馬作品の共通点なのです。

◯「仕事は80％まででいい」と坂本竜馬に語らせた仕事観

少年時代の経験から突き動かされるように歴史を学び、司馬は、さまざまな偉人たちに焦点をあててきました。

歴史小説を通して多くの名言を残しているのも、昭和のビジネスパーソンに人気を博した理由の1つだと思います。

たとえば、『竜馬がゆく』では、坂本竜馬のこんなセリフがあります。

「仕事と言うものは、全部をやってはいけない。八分まででいい。八分までが困難な道である。あとの二分は誰でもできる。その二分は人にやらせて、完成の功を譲ってしまう。それでなければ大事業というものは出来ない」

『竜馬がゆく（1）』文春文庫

薩長同盟を結ばせ大政奉還を実現し、そして幕府が倒れた。「維新の立役者」である竜馬は新政府には参加せず、京都の近江屋で暗殺されてしまいます。

「おれは日本を生まれ変わらせたかっただけで、生まれ変わった日本で栄達するつもりはない」というセリフもあります。

仕事というものを8割までやり、完成させるのは人に譲ってしまう。そうでなければ、大事は成し遂げられない。歴史に名を残した一流人たちの鋭い言葉がちりばめられているのも、司馬作品の興味深いところです。

歴史を学びたい人も、仕事に活きるエッセンスを吸収したい人も、昭和世代のビジネスパーソンとの会話を盛り上げたい人も、司馬作品は登竜門となるでしょう。

司馬遼太郎のおすすめ著作

○『梟の城』（新潮文庫）

戦国時代を舞台にした忍者小説。伊賀の忍者・葛籠重蔵は織田信長を暗殺する任務を受けるが、さまざまな陰謀に巻き込まれていき……。第42回直木賞受賞作。大きな権力に、1人の忍びが挑んでいくダイナミックなストーリーです。

○『坂の上の雲』（一～八、文春文庫）

日露戦争と明治時代の日本が近代国家として成長するプロセスを題材にした長編歴史小説。国民的なベストセラーになり、平成21（2009）年から平成23（2011）年にかけて映像化されたスペシャルドラマも話題になりました。

○『竜馬がゆく』（一～八、文春文庫）

坂本竜馬を中心に、幕末の動乱期を生き抜く人々のドラマは読み応えたっぷり。竜馬ブームをつくった司馬の歴史を物語化する力があふれています。

○『燃えよ剣』（上・下、新潮文庫）

新選組副長・土方歳三の生涯を描いたこの作品もまた、読者から高い評価を受け、司馬遼太郎の人気を不動のものとしました。ビジネスパーソンにまずおすすめしたいのは、この『燃えよ剣』『竜馬がゆく』の2作品。組織をどう動かすか、腹の読めない相手とどう交渉するかなど、ビジネスに活きる内容も多く、話題の幅も広がるはずです。

話題の引き出し★豆知識

2つの歴史分類「正史」と「稗史」の違い

歴史には「正史」と「稗史」の2つがあります。もともと中国の言葉ですが、正史とは王朝の公式な歴史を記録したもの。一方、稗史とは地方での言い伝えや伝説、噂話などをまとめたものです。稗史は正史に書かれていない“陰の歴史”とでもいうべきものを扱っており、司馬作品も日本史の正史に対する稗史に相当すると言えるかもしれません。

第6章

文豪と「死」

――現代まで引き継がれた「ぼんやりした不安」の正体――

太宰治

太宰治（だざい・おさむ　1909～1948年）

青森生まれ。本名・津島修治。東京帝国大学仏文科除籍。代表作は『人間失格』『斜陽』『走れメロス』など。裕福な大地主の家庭の六男として生まれる。幼少期から秀才で、中学生のころには芥川龍之介、菊池寛、志賀直哉などの作品を夢中になって読んでいた。東京帝国大学を除籍になり、文筆活動を開始。戦後の混乱期に『斜陽』や『人間失格』を発表し、一躍注目を浴びる。自己破滅的な生き方をもとにした作品を次々と発表。私生活も波瀾万丈で、女性問題や度重なる自殺・心中未遂やパビナール（鎮痛剤）依存症、「芥川賞をくれ」と選考委員に懇願するなど奇行に走る。昭和23（1948）年、愛人と玉川上水に入水自殺。自殺未遂を繰り返して38歳、5回目の自殺で亡くなった。

5回も自殺にチャレンジした⁉「自殺オタク」

◯太宰治の実家に寝台列車に乗って行ってみた

23歳で作家デビューして、38歳で自殺した太宰治は、4回も自殺未遂を繰り返しました。5回目で成功（と言っていいのかわかりませんが……）、亡くなったわけです。

私は高校生のころ、友人とともに津軽（青森・五所川原）にある太宰の生家を訪れたことがあります。

現在は太宰治記念館として「斜陽館」になっていますが、当時は旅館として「斜陽館」が営まれており、そこに友人とともに泊まりに行ったのです。高校3年生の冬、大学進学も決まり、自由を謳歌できるタイミングでした。

かつて太宰の作品にかぶれることは「青春のはしか」ともいわれました。

誰もが一度はかかるものだから、若いときのほうがいい。そこで人生の免疫ができるようなものとされ、思春期の文学好きは、みなこぞって太宰に傾倒したものです。

そのころに読んだ太宰の自伝的小説『津軽』に心を奪われた私は、友人とともに「太宰の実家に行ってみよう」と思い立ったのです。

国鉄の上野駅から青森駅まで寝台列車で行き、その後「津軽鉄道」に乗り継ぎました。冷え切った冬の津軽を走るストーブ列車内に設置された、昔懐かしい石炭を燃料とする「だるまストーブ」で、体を温めたのを覚えています。

びっくりしたのは、実際に見た津軽の風景が、太宰が書いていた文章そのものだったことです。

「書いてあったあれじゃないか！」なんて友人とともに感動し、旅館「斜陽館」に到着すると、広い畳の部屋に通され、よく眠りました。

○最初の自殺未遂は20歳、芸者と睡眠薬を大量摂取し昏睡状態に

太宰の生家は、代々継がれた津軽の裕福な大地主でした。太宰は意外にも当初は画家を目指していましたが、兄にすすめられて文学を志すようになったのです。

のちに作家・井伏鱒二の弟子となりますが、そのきっかけとなったのは太宰が中学生

のときのことです。井伏の代表作『山椒魚』の原型となる『幽閉』という作品を読んで、衝撃を受けたのでした。

のちに「会ってくれなければ自殺してやる」と手紙を出すほど、井伏に心酔しました。

そんな大地主の子息である太宰は、「恵まれた特権階級に生まれてしまった」ということが、ある種のコンプレックスにもなっていました。

生まれもっての裕福なブルジョワジーとしての〝ある種の負い目〟が、どんどんふくらんでいったのか、太宰が最初に自殺未遂をしたのは、次項で紹介する芥川龍之介が自殺をしてから2年後のこと。弱冠20歳のときでした。

官立弘前高等学校に在学中だったのですが、2年ほど前に知り合った青森の馴染みの芸者・紅子（小山初代）と、鎮静睡眠剤「カルモチン」を大量に飲み込んで心中未遂を起こします。

「高校生が馴染みの芸者？」と疑問を抱かれたかもしれませんが、当時は高校生で芸者遊びをすることは、どうも珍しくなかったようです。太宰の短編『酒の追憶』に、こんなふうに書いています。

「お酒は、それは、お燗して、小さい盃でチビチビ飲むものにきまっている。当り前の事である。私が日本酒を飲むようになったのは、高等学校時代からであったが、どうも日本酒はからくて臭くて、小さい盃でチビチビ飲むのにさえ大いなる難儀を覚え、キュラソオ、ペパミント、ポオトワインなどのグラスを気取った手つきで口もとへ持って行って、少しくなめるという種族の男で、そうして日本酒のお銚子を並べて騒いでいる生徒たちに、嫌悪と侮蔑と恐怖を感じていたものであった。いや、本当の話である」

『酒の追憶』

さて、馴染みの芸者・紅子との心中が太宰初の自殺未遂ですが、共産主義思想から大地主の恵まれた家庭の生まれであることや、学業成績の急激な低下などを悩み、高校の期末試験の前夜に心中を図ったのです。

◯銀座の女給と心中を図るも相手は死んで自分は助かる

その翌年、東京帝国大学仏文科に合格して上京した太宰は、銀座のカフェで働く19歳の女給・田部あつみ（本名・田部シメ子）と親しくなり、このシメ子と鎌倉・小動崎《こゆるぎさき》の海岸で、またもカルモチンを飲んで心中を図ります。その結果、太宰は助かったものの、シメ子は亡くなってしまいました。

この心中事件は、太宰にとって非常に辛いものとなり、いま風にいえば〝黒歴史〟として心に刻まれることになります。

これにより太宰は逮捕されますが、地元・青森で議員を務めていた兄が便宜を図って、無罪放免となります。自分だけが助かり、社会的な制裁を受けなかったことに対し、またもや負い目を感じ、それを引きずることになったのです。

3度目の自殺未遂は25歳のとき、きっかけは都新聞《みやこ》（現・東京新聞）の入社試験に失敗したことでした。

23歳のときに地元・青森の雑誌『サンデー東奥』に、初めて太宰治のペンネームで短編小説『列車』を発表し、翌年には同人誌『鷭』に短編小説『葉』を発表しています。

そんなふうに文筆活動を始めていた太宰ですが、昭和10（1935）年3月、大学の落第が決まり、すぐに都新聞の入社試験を受けたのです。これは太宰にとって生涯で一度だけの「就活」でしたが、落とされたことに落胆し、鎌倉の鶴岡八幡宮の山中で首つり自殺を図りましたが、またもや失敗します。

○「お願いします芥川賞をください」と必死すぎる手紙を送る

鎌倉で首つり自殺に失敗したのち、昭和11（1936）年、27歳となった太宰が、今度は虫垂炎と腹膜炎を併発して手術し、その鎮痛剤「パビナール」で薬物依存症になってしまいます。このパビナールは、かなり強い依存症があり、次第に太宰は奇行が目立つようになります。

小説が文芸誌に少しずつ載るようになっていましたが、原稿料の前借りを申し出て顰《ひん》蹙《しゅく》を買ったり、さらには芥川賞がどうしてもほしくて、選考委員の作家・佐藤春夫に長々と手紙を書いて、送ったりしています。

「私はよい人間です。しっかりして居りますが、いままで運がわるくて、死ぬ一歩手前まで来てしまいました。芥川賞をもらえば、私は人の情に泣くでしょう。そうして、どんな苦しみとも戦って、生きて行けます。元気が出ます。お笑いにならずに、私を助けて下さい。佐藤さんは私を助けることができます」

川端康成にも「私を見殺しにしないでください」と、何度も自殺未遂しているのをいいことに、脅しまがいのことまで書きますが、結局、芥川賞はもらえませんでした。芥川賞の選評では、川端に「作者目下の生活に嫌な雲あり」とコメントされたものですから、太宰はもう怒り狂いました。

そんなこともあって、太宰はある意味、〝人騒がせな作家〟になっていきます。

○妻が姦通していたショックで4回目の心中未遂

太宰のパビナールへの依存症は次第に重症化していき、ますます奇行が目立つようになります。心配した師匠の井伏鱒二は、太宰を説得して精神科に強制入院させるのです。入院した太宰は、師匠・井伏のそのまた師匠・佐藤春夫に「だまされて入院させられた」などと訴える手紙を送っています。このときの強い被害者意識や屈辱感が、のちに代表作となる『人間失格』につながったという見方もあります。

いずれにしても、この入院で太宰のパビナール依存症は改善しますが、入院中にまたも衝撃的な出来事がありました。

太宰の妻・小山初代が、義弟（画学生の小館善四郎）と姦通事件を起こしてしまったのです。

20歳のときに心中未遂を起こした初代とは、2度目の心中未遂を図ってシメ子が亡くなり自分が助かったのち、仮祝言を挙げており、その後、世帯を持ちました。

太宰は治療を受けながら、入院中にこの姦通事件を知り、大きなショックを受けます。二重三重に裏切られた気持ちにさいなまれ、群馬・谷川温泉で初代と心中を図ります。これが太宰27歳のとき、4回目の自殺未遂でした。これにより初代とは離別してしまいます。

そんなこんなで、新進気鋭の作家として注目されながらも、太宰の人生は破滅を迎えます。代表作『人間失格』を書き上げて、次の仕事として『グッド・バイ』という作品にとりかかりますが、遺書数通などを机のあたりに残し、愛人・山崎富栄とともに玉川上水で入水自殺を図り、ついに亡くなります。

5度目の自殺で、ようやくその生涯を終えたのです。

太宰治のおすすめ著作

○『**津軽**』(新潮文庫)

自伝的小説。第2次世界大戦で自身の死を強く意識した主人公は、故郷の青森県津軽地方を旅してまわります。太宰の故郷への思いがあふれる名作です。

○『**斜陽**』(新潮文庫)

戦後日本の変化により、没落する貴族一家の姿を描いた名作。太宰の愛人の1人だった太田静子という女性に提供してもらった日記をベースに書いた作品です。静子ははじめかなり渋ったようですが、「小説の題材にしたいから」とワインやパンを持って何度も口説きにきた太宰に、結局は根負けしてしまったようです。

○『**人間失格**』(新潮文庫)

「恥の多い生涯を送って来ました」という一文が有名な代表作。主人公の手記という形式で、彼の生き様や内面の苦悩が、赤裸々に描かれています。無邪気さを装って周囲を欺いた少年時代、女性との関係に溺れ自殺未遂を繰り返しながら睡眠薬中毒になっていく姿……。太宰自身の人生が、濃縮された作品です。

話題の引き出し★豆知識

太宰治と森鷗外の墓は向かい合わせ

太宰は亡くなったあとも人気がうなぎ登りで、毎年遺体が発見された6月19日には、「桜桃忌」と名づけられた太宰を偲ぶ会が、墓のある東京・三鷹の禅林寺で開催され、太宰ファンが墓に詣でます。奇しくも遺体が発見された6月19日は、太宰の誕生日でもあります。ちなみに、太宰の墓のななめ向かいには、森鷗外の墓が立っています。

禅林寺(黄檗宗 霊泉山)
東京都三鷹市下連雀4−18−20

芥川龍之介

芥川龍之介（あくたがわ・りゅうのすけ　1892〜1927年）

東京生まれ。東京帝国大学英文科卒。代表作は『羅生門』『鼻』『地獄変』など。幼少期に母親が精神を病み、伯母に養育される。ずば抜けた秀才で、東京府立第三中学校卒業時には、「多年成績優等者」の賞状を受けとった。第一高等学校の入試も免除された。東京帝国大学で英文学を学び、同期の菊池寛、久米正雄などと同人誌『新思潮』（第3次）を発刊。大正5（1916）年に発表した『鼻』が夏目漱石に激賞され、文壇で注目される。古典文学をもとにした短編小説を次々と発表し、日本の近代文学に大きな影響を与えた。売れっ子作家だったにもかかわらず昭和2（1927）年、35歳で自殺した。

雨が降りしきるなか「将来に対する唯《ただ》ぼんやりした不安」から自殺

◯遺書に「ぼんやりした不安」と書き残し35歳で服毒自殺

昭和2（1927）年7月24日の未明、雨が降りしきるなか、芥川龍之介は東京・田端の自室で致死量の睡眠薬を飲み、自殺しました。

若くして夏目漱石に才能を認められ、『羅生門』『芋粥』『鼻』といった古典に着想を得た名作を書き、作家としての評価を高めましたが、30歳前後から不眠や抑うつなど精神的な不調に悩まされていたのです。

遺書には、自殺の理由として「将来に対する唯ぼんやりした不安」とありましたが、そんな芥川も幸せだったことがありました。

作家デビューして間もない大正5（1916）年の夏、千葉・一宮町にある旅館「一宮館」の離れに友人と泊まりました。

そのとき、友人・山本喜誉司の姉の娘で、のちに結婚することになる8歳年下の塚本文《ふみ》という女性に「繰返して書きますが、理由は一つしかありません。僕は文ちゃんが好きです」と、なんとも純情な恋文を送ったのです。

○妻・文への溺愛ぶりがうかがえる恋文の内容

大正8（1919）年、芥川は菊池寛とともに大阪毎日新聞社に入社し、海外視察員として紙上でルポなどを発表しましたが、入社を機に文と結婚。東京・田端の料亭「白梅園」で祝言を挙げ、「天然自笑軒」で披露宴を行いました。

芥川は、文にたくさんの恋文を送っていますが、その溺愛ぶりがうかがえます。たとえば、こんなふうです。

「二人きりでいつまでもいつまでも話していたい気がします。そしてキスしてもいいでしょう。いやならよします。このごろ僕は文ちゃんがお菓子なら頭から食べてしまいたいくらいいかわいい気分がします。嘘じゃありません。文ちゃんが僕を愛してくれるよりか二倍も三倍も僕の方が愛しているような気がします」

塚本文への手紙

読んでいるこちらが照れてしまうような、なんとも純真な文面の恋文を送っています。

ちなみに芥川が文へ送った恋文のほとんどは、芥川と文が交わした約束にもとづく遺言によって、文とともに葬られました。

◯「狂人の娘」とのダブル不倫で精神的に追い込まれる

ところが、芥川の人生に暗雲が立ち込めるようになるのは、人気作家となり、住まいを鎌倉から東京・田端に移してからのことです。

文壇の寵児として東京に移り住みますが、その後、菊池寛と旅行した先の長崎で、2歳年上の歌人・秀しげ子と出会い、強く惹かれるようになります。

これは、文と結婚してからわずか1年目の出来事。あんなにデレデレのラブレターを書いていたのに、なんとも移り気なことです。

このしげ子が、芥川の人生を狂わせてしまいます。性格的に激しいところのあるしげ子に、芥川はどんどん振り回されるようになったのです。

しげ子がモデルとされる「狂人の娘」が登場する芥川の短編『或阿呆の一生』では、次のように表現しています。

「動物的本能ばかり強い彼女に或憎悪を感じてゐた」

『或阿呆の一生』（『河童・或阿呆の一生』新潮文庫に収録）

もとより、互いに既婚者である2人の不倫です。しげ子には子どもが生まれたのですが、その父親が芥川だと言いふらしていたともいわれます。

その事実関係は定かでありませんが、情熱的で狂気的なしげ子との関係にのめり込んだことで、芥川は精神的な苦悩にさいなまれるのです。

大正10（1921）年、芥川が大阪毎日新聞の海外特派員として中国へ派遣されたことを機に、2人の不倫関係は終わりを告げました。

○14歳年上の未亡人「クチナシ婦人」とのロマンス

中国から帰国した芥川は、歌人・随筆家・翻訳家として活躍する片山廣子と軽井沢で出会います。

芥川の最後の恋人になる廣子は、大蔵省を経て日本銀行理事となった銀行家の夫を42歳のときに亡くしましたが、その4年後、大正13（1924）年の夏に芥川が仕事と休養をかねて軽井沢を訪れた際、旅館「つるや」で廣子と出会い、恋に落ちたのです。

廣子は芥川の14歳も年上ですが、かねてから文学誌『心の花』を通じて、お互いに尊敬し合う仲でもありました。

東京・田端で親交を深め、「田端文士村」の礎を築いた芥川と詩人・小説家の室生犀星は、廣子のことを「クチナシ夫人」と呼んでいました。田端は明治から昭和時代にかけて多くの芸術家が居住し「田端文士村」と呼ばれていました。芥川は大正3（1914）年から亡くなる昭和2（1927）年まで、田端で生活していたのです。

犀星は映画通でもありましたが、芥川をモデルにした小説『青い猿』で、廣子のことをこんなふうに評しています。

「どういふ場合でも他人の陰口をいはない典雅な夫人だった。年よりずっと若くてどこかフランチェスカ・ベルナニといふイタリイの古い女優の顔に似てゐた」

廣子は他人を悪く言わない謙虚な女性だったので、「クチナシ夫人」と呼んでいたのです。芥川の短編『或阿呆の一生』には、廣子がモデルと思われる女性が登場して、「才力の上にも格闘できる女性」と書かれたといわれます。

芥川は30代になっていましたが、廣子と過ごした日々を「もう一度二十五歳になったように興奮している」と手紙に書いています。

○妻の女学校時代からの友人と帝国ホテルで心中未遂

どちらかというと芥川には硬派なイメージがあるかもしれませんが、実はなかなかの〝モテ男〟でした。

その後もあろうことか、妻・文の女学校時代からの友人で、芥川の秘書を務めていた平松麻素子と心中する約束を交わし、帝国ホテルで心中未遂事件を起こします。

昭和2（1927）年4月のことですが、心中を持ちかけられた麻素子は、芥川の気持ちを鎮めて心中を思いとどまらせました。この約3カ月後、同年7月24日に芥川は35

歳で自殺をして短い生涯を終えることになります。

流行作家として意欲的に作品を書いて成功しながらも、精神の揺らぎが作品に反映されるようになり、どんどん精神的に追い詰められていったのです。

◯キリスト教に救いを求め、遺体の横には聖書が置かれていた

芥川が自殺に至った明確な理由は、いまだにはっきりしていません。『或阿呆の一生』には、こんなふうに不眠症に苦しむ様子や体力の衰えが描かれています。

「彼は不眠症に襲はれ出した。のみならず体力も衰へはじめた。何人かの医者は彼の病にそれぞれ二三の診断を下した。――胃酸過多、胃アトニイ、乾性肋膜炎、神経衰弱、慢性結膜炎、脳疲労、……」

『或阿呆の一生』（『河童・或阿呆の一生』新潮文庫に収録）

当時は、劣悪な環境下で働かされる労働者を描いた小林多喜二の小説『蟹工船』など、貧しい労働者の現実を描いた「プロレタリア文学」が全盛期を迎えていました。

それに対して、芥川は、比較的裕福な、いわゆる「ブルジョワジー」として非難されることもありました。そんなプレッシャーも、精神的に追い詰められた一因だったのでしょう。

芥川は若い時期からキリスト教に惹かれ、『西方の人』『奉教人の死』など、キリストや殉教をテーマにした「切支丹物」を手がけています。

亡くなったときには、その枕元に聖書が置かれていました。熱心なクリスチャンの友人が芥川にキリスト教への入信をすすめていたそうですが、悩み多き芥川にとって、キリスト教は救いとはならなかったのかもしれません。

芥川の精神がここまで蝕まれたのは、社会的な影響もあったでしょう。人気作家になったころから、日本は戦争の時代に突入。明治以降の近代化の努力が行き詰まりを迎え、次の時代への不安が、大きな戦争への引き金となったのです。

芥川が遺書に残した「ぼんやりした不安」という言葉は、この大きな時代の転換点を象徴しているようにも思えます。

芥川龍之介のおすすめ著作

○『羅生門』（『羅生門・鼻』新潮文庫に収録）

平安時代の京都が舞台の短編小説。生活に苦しむ下人の男は、荒廃した羅生門で、老婆が死体の髪の毛を抜いている現場に遭遇します。かつらにして売るためだと言い、死者を冒涜する行為を正当化する老婆。その話を聞いた下人はどうするか。人間のエゴイズムや、生きるための倫理観の揺らぎを鋭く描いています。

○『西方の人』『続西方の人』（『侏儒の言葉・西方の人』新潮文庫に収録）

晩年に書いた随筆。キリストの生涯をとり上げながら「死」について綴っており、自殺する直前の苦悩がうかがえます。人気作家としての地位を確立していたにもかかわらず、それでも自殺を選んだ芥川の「不安」とは何だったのか。現代社会にも通ずるところがあるはず。

○『或阿呆の一生』（『河童・或阿呆の一生』新潮文庫に収録）

最晩年に書かれた自伝的短編小説。精神的なストレスや孤独、そして作家としての葛藤が赤裸々に告白され、自らの死を予感したような描写も多く、鬼気迫るようすが伝わってきます。

話題の引き出し★豆知識

谷崎潤一郎との「小説の筋」論争

芥川は、谷崎潤一郎と雑誌の連載を通して「小説に筋は必要か」と論争を繰り広げたことがあります。小説には筋、つまりストーリーが必要だと主張する谷崎に対して、筋らしい筋がないのが小説だと主張する芥川が対立したのです。芥川は昭和2（1927）年から雑誌『新潮』主催の座談会で、筋のない小説こそが純粋な小説であるという趣旨の主張をしました。すると、それを読んだ谷崎が、雑誌『改造』の連載枠で反論。筋があることによる面白さが重要であると主張したのです。どの小説にもそれなりの筋立てはあるにせよ、芥川はとってつけたようなストーリーを展開することを警戒しつつ、より詩的な文芸性を重視しました。「エンタメ小説」と「純文学」、どちらがいいか、などという話は現代でもよくとり上げられますが、その議論は芥川たちの時代からあったのです。2人のバトルは、『文芸的な、余りに文芸的な／饒舌録 ほか 芥川vs.谷崎論争』（講談社文芸文庫）で読むことができます。

幸田文

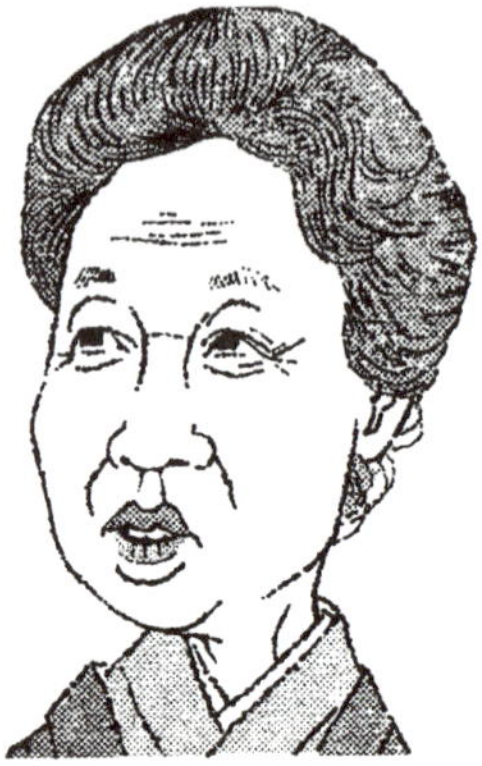

幸田文（こうだ・あや　1904～1990年）

東京生まれ。女子学院卒。代表作は『黒い裾』『流れる』『崩れ』など。明治の偉大な文学者・幸田露伴を父に持ち、裕福な家庭の次女として生まれ育つ。物心つく前に母を亡くし、8歳のときに露伴が溺愛していた姉が病死。その影響からか、露伴は文に教養や生活技術を厳しくしつけた。24歳で結婚するが10年ほどで離婚。娘とともに実家に戻り、露伴の介護を続けた。昭和22（1947）年に露伴が亡くなった後、父とのやりとりを綴った随筆などを発表。昭和29（1954）年、49歳のときに発表した『黒い裾』で読売文学賞に選ばれるなど、その後も数々の文学賞を受賞。小説家としても才能を発揮し、晩年まで精力的に執筆活動を続けた。平成2（1990）年に心不全により86歳で死去。

死にゆく父・幸田露伴を見届けた介護生活

○母を亡くし姉を亡くし葛藤を抱える「明治の文豪」の娘

幸田文は、明治の文豪である父・幸田露伴のもとに次女として生まれ、父を看とったのち、自身も作家となりました。

5歳のときに母親を亡くし、8歳のときには姉を亡くしています。また、姉を亡くした年には、父・露伴が再婚しています。

継母は女学校の教師でしたが、家事が不得意でした。そのため、露伴と確執が生じ、掃除の作法から食材の扱い、煮炊きの手順など、家事の一切から言葉遣いまで、露伴は徹底的に文に仕込んだのです。

露伴自身は貧困のなか、8人きょうだいで育ち、朝晩の掃除や洗濯、米とぎ、火焚きなど、あらゆる家事をこなしてきたので、文への指導は実践的な背景をともなっていました。

露伴の没後、父の思い出を記したエッセイ『父・こんなこと』に、こう綴っています。

「掃いたり拭いたりのしかたを私は父から習った。……おしろいのつけかたも豆腐の切りかたも障子の張りかたも借金の挨拶も恋の出入も、みんな父が世話をやいてくれた」

『父・こんなこと』（新潮文庫）

◯文豪・露伴による娘・文への実践的家事指導

幸田家の跡とりとして、露伴は姉・歌を溺愛していただけに、歌の夭折は露伴にとってかなりのショックだったようです。

2番めに生まれる子は男の子であることを期待していましたが、女の子である文が生まれたことで、露伴は少々不本意な気持ちになったのでした。

のちに弟が誕生しますが、文の心のなかには、「自分は求められていなかった子」という思いがずっとありました。その弟・成豊《しげとよ》は、文が22歳のときに夭折しています。

文は13歳で小学校を卒業後、継母の紹介でキリスト教系の女学校・女子学院に通いました。

そこでは明るく自由な雰囲気で育ちましたが、家に帰れば露伴による掃除の指導が待っていました。文の随筆『幸田文しつけ帖』には、その様子が綴られています。

「房のさきは的確に障子の桟に触れて、軽快なリズミカルな音を立てた。何十年も前にしたであろう習練は、さすがであった。技法と道理の正しさは、まっ直《すぐ》に心に通じる大道であった。かなわなかった」

『幸田文しつけ帖』(平凡社)

露伴の掃除の薫陶は、さすが江戸・明治の大文豪というべきレベルの高いもので、そんな父のプレッシャーもあって、文は自分を発揮することができなくなります。

○離婚して露伴が住む家に出戻って介護生活が始まる

昭和3(1928)年、24歳になった文は、清酒問屋「三橋本店」を営む三橋家の三男・幾之助と結婚して、娘・玉(のちに作家・随筆家となる青木玉)をもうけますが、家業が傾き、昭和11（1936）年、近くに母校・女子学院がある東京・麹町に居を移しました。

そして、東京・築地で会員制の小売居酒屋を営みます。文は『勲章』と名づけた文章で当時を振り返り、こう綴っています。

「私は新川の酒問屋の御新様から、どしんとずり落ちるやとたんにしがない小売酒屋の、それも会員組織といえば聞こえがいいが謂わばもぐりでしている、常規の店構えさえないうちのおかみさんになっていた」

『勲章』（『新潮日本文学38 幸田文集 流れる・闘・勲章・姦声・髪』新潮社に収録）

しかし、困窮したことから、昭和13（1938）年に離婚。一人娘の玉を連れ、すでに継母と離婚していた露伴の住む立派な邸宅に戻ることになります。

文は35歳になっていました。

露伴はこのころ、初の文化勲章を受章するほどの文豪になっていました。しかし、年齢を重ねるにつれて病気がちになり、戦時中はさらに身動きもとりづらく、文は露伴の看護やつき添いなど大きな負担を強いられることになります。

家族はきょうだいも母親も亡くなっており、父・露伴が頼れる家族は文をおいてほかにいなかったのです。

70代になっていた露伴は、歩行や視力にも問題があるうえ、肺炎にもなり、胸部の圧迫感なども感じていました。それに加えて、機嫌が悪くなることも増えていました。

文は、そんな露伴を懸命に介護しますが、東京大空襲によって自宅が焼失してしまうという災難に見舞われます。

◯「お父さん、お鎮まりなさいませ」

偉大なる父・露伴の晩年の介護を、文はほぼ1人で背負ってきました。露伴が亡くなったのは、終戦から約2年後、数えで80歳の誕生日祝いをした翌年のことでした。

露伴は自分の家を蝸牛庵（かたつむりの家）と呼び、やどかりのようにたびたび引っ越して住まいを変えましたが、岩波書店の創業者・岩波茂雄の女婿《じょせい》で、のちに同社の会長を務め、露伴宅を訪れた日々を綴った『蝸牛庵訪問記』を著した小林勇は、露伴が亡くなる瞬間について、こう書いています。

「武見医師の手が先生の手から離れ、聴診器が耳から外された。そして型通りの挨拶が文子さんに向かってなされた。九時十五分であった。文子さんが静かな声で『お父さん、お鎮まりなさいませ』と言った」

『蝸牛庵訪問記』（講談社文芸文庫）

さすが文豪の娘、「お鎮まりなさいませ」とは、心に染み入る言葉です。

確かな観察眼や露伴から伝授された教養が、文才を磨いたのでしょう。露伴の思い出を綴る随筆だけでなく、小説も書き、母の代理で初めて親戚の葬儀に行くことになった主人公が、やがて参列の経験を重ねることにより、1人の成熟した女性へと変貌していくという短編『黒い裾』で、読売文学賞を受賞します。

○偉大な父が死ぬまで、自分を殺してきた

露伴が亡くなったのは、文が42歳のときですが、それまでは長らく父のプレッシャーに耐える半生を送ってきました。偉大なる文豪の父が亡くなって初めて自分をとり戻し、「幸田文」という1人の人間として生き始めることができたのです。

生まれたときからずっと露伴の影響下にいた文が、露伴が亡くなった瞬間に生き返り、そこで自分の命を見い出し、86歳で亡くなるまで作家として活動しました。

ルポルタージュの執筆も見事です。『崩れ』では、地震や土石流で崩れた山々の風景を取材・執筆しています。「日本三大崩れ」と呼ばれる静岡県の大谷崩れ、長野県の稗田山の崩れ、富山の鳶山の崩れなどを見に行き、ルポルタージュとしてまとめたのです。

「はばからずに言うなら、三田一緒にこれが崩壊というものを音源の姿かなと感じるほど迫力があった。無論崩れである以上、そして山である以上崩壊物は低い方へ崩れ落ちるという一定の法則はありながら、その崩れぶりが無体というか、乱脈というか、何か土石は得手勝手にめいめい好きな方向に暴れ出したのではなかったか」

『崩れ』（講談社文庫）

崩壊した山の名残りに、人間の生命力の根源を見る。日本各地の「崩れ」を見て歩き、そこに自分を投影。ずっと露伴によって封殺されていた「幸田文」という自分のなかに渦巻いていたマグマのような生命力が、引っ張り出されたのでしょう。

かつての日本の男尊文化は、現代では考えられないほど骨の髄まで社会に染み込んでいました。まさに「生き直した」という言葉がふさわしい文の作品からは、みずみずしい生命力が湧き出ています。

幸田文のおすすめ著作

○『みそっかす』（岩波文庫）

父・幸田露伴が亡くなった直後に書き始めた随筆。偉大な父へのコンプレックスや、押し殺してきた感情が存分に吐き出されています。

○『男』（講談社文芸文庫）

戦後日本を生きる男性たちにフォーカスしたルポルタージュ。北海道の漁師、少年院で生きる少年たち、マンホールの作業員など、あらゆるところに取材に行っており、文の持つ好奇心が存分に発揮されている1冊です。

○『崩れ』（講談社文庫）

土砂崩れの現場を描いたルポルタージュ。丹念な取材をもとに書かれた作品で、自然の持つ生命力や荒々しさに触れることで、父・露伴によって殺されていた、文自身の心のマグマが再燃する様子には、読みながら圧倒されてしまいます。

話題の引き出し★豆知識

制服も廃止された自由な校風の東京女子御三家・女子学院

文は、明治3（1870）年に設立されたキリスト教プロテスタント系のミッションスクール・女子学院を卒業しています。いまでは桜蔭・雙葉と並び「東京女子御三家」と呼ばれ、中学受験では偏差値トップクラスの名門校。文が通っていた当初から自由な校風は引き継がれ、昭和47（1972）年には、私立女子校にありがちな指定の制服も廃止されています。

森鷗外

森鷗外（もり・おうがい　1862〜1922年）

石見国（現・島根県）生まれ。本名・森林太郎。東京大学医学部卒。代表作は『舞姫』『ヰタ・セクスアリス』『高瀬舟』など。森家は代々、津和野藩（現・島根県）の典医を務めてきた由緒正しい家系であり、鷗外はその跡継ぎとして学問を学ぶ。幼少期に『論語』を学習し始め、6歳のときには『孟子』、7歳で中国古典、8歳でオランダの文献を読み、10歳でドイツ語を学ぶなど、神童としての逸話には事欠かない。東大医学部卒業後は陸軍軍医として活躍し、ドイツ留学を経て帰国後に文学活動を本格化。明治23（1890）年に短編小説『舞姫』を発表し、文壇デビュー。医者との兼業で小説や評論を次々と発表し、その多彩な才能を発揮。大正11（1922）年、肺結核により60歳で死去。

自説に固執して3万人もの兵士を死なせた？

◯年齢を2歳上乗せして12歳で東大医学部に入学した秀才

軍医でもあった森鷗外は、10歳でドイツ語を学び、12歳で第一大学区医学校（現・東京大学医学部）に入学するという秀才でした。

当時の第一大学区医学校で、14歳から17歳となっていた入学時年齢に達していなかった鷗外は、実年齢に2歳上乗せして、万延元（1860）年生まれと年齢詐称して入学したのです。

19歳で卒業して軍医となり、東京陸軍病院（現・国立国際医療研究センター病院）に勤務。この年齢で卒業というのは驚異的なことであり、出世街道まっしぐらです。

一方で鷗外は、ドイツ語だけでなく英語・フランス語、さらには古文・漢文にも長けていました。秀才の極みといってても過言ではありません。

○ドイツの日本大使館を訪れたときに勃発した〝鼻くそ事件〟

明治17（1884）年、鷗外は22歳のとき、陸軍衛生制度と衛生学研究のため、陸軍省官費留学生として、熱望していたドイツ留学を命じられます。この留学の経験は、ドイツ3部作といわれる小説『舞姫』『うたかたの記』『文づかひ』を生むなど、のちに作家・鷗外に大きな影響を与えました。

結果として4年ほど、ドイツのさまざまな大学で学びましたが、留学の最初にベルリンに降り立ち、まずは日本大使館に挨拶に訪れたとき、ちょっとした事件が起こります。「陸軍から派遣されてきました森林太郎（注・鷗外の本名）であります。衛生学を学びにきました」と挨拶すると、当時の特命全権公使・青木周蔵は、鷗外にこう返しました。

「何が衛生学だ。馬鹿なことを言いつけたもんだ。足の親指と二番目の指との間に縄を挟んで歩いていて、人の前で鼻くそをほじる国民に衛生も何もあるものか。まあ、学問は大概にして、ちっとヨーロッパ人がどんな生活をしているか、見ていくがよろしい」

『大発見』（『鷗外全集』第四巻岩波書店に収録）

相手は自分よりはるかに偉い人ですし、年齢も上ですから、その場では鷗外は引き下がりましたが、実はこのことをずっと根に持っていたのです。

◯ヨーロッパ人も鼻くそをほじることを立証？

「そもそも鼻くそは白色人種でも黄色人種でも鼻の穴に形成されるべきものである。しかるに日本人はそれをほじって、ヨーロッパ人がそれをほじらないのはなぜだろう」

そんなふうに鷗外は、ドイツにいた4年ほどの間、真剣に考え続けました。

そして、ついにこんなことを思いつきます。

「ヨーロッパ人が鼻くそをほじらないのは、ハンカチで鼻をかむからだ」

「汗を流すために日本人は毎日湯に入る。ヨーロッパ人はシャツに吸い込ませて、度々シャツを着替えて湯に入らずに済ます。鼻くそもこれに似たわけで、ヨーロッパ人は鼻のなかがむずがゆくなっても、ハンカチで鼻をかんで済ます。まだ痒くても、鼻をこすって済ます。やはり彼らのハンカチは彼らに代って鼻くそをほじるのである。ほじらないのでもみ潰すのである」

執念深く考え続けていた鷗外は帰国後、「ヨーロッパ人も鼻くそをほじります」と公使に報告しました。

一度こだわり出すと、ずっとこだわり続ける鷗外の執拗にして執念深い、たゆまざる探究心を表すエピソードです。

○ドイツ留学が影響したわが子たちのユニークな名前

鷗外は軍医として研鑽を積みつつ、小説を執筆します。さらには文学や医学の翻訳家・評論家としても活躍しました。まさに「一身にして二生を経るが如し」の生涯を送ったのです。

28歳のときに発表した処女作にして代表作『舞姫』は、ドイツ留学時代に体験したことがベースになっています。悲恋の踊り子・エリスのモデルには諸説ありますが、ベルリンに住んでいた20~21歳の女性だともいわれています。いずれにしても、この作品ほど日本で繰り返し読まれ続けている恋愛小説は、ほかにないかもしれません。

明治40（1907）年には、陸軍軍医総監・陸軍省医務局長に就任し、軍医として位《くらい》人臣《じんしん》を極めました。

軍医としても作家としても成功を収め、誰もがうらやむ出世コースを歩み、家庭では子宝にも恵まれましたが、鷗外は子どもたちに風変わりな名前をつけています。長男・於菟《おと》、長女・茉莉《まり》、次女・杏奴《あんぬ》、次男・不律《ふりつ》、末っ子の三男・類《るい》――これはドイツ留学の経験が影響しています。「オットー（ゲルマン系の男性名でドイツ語で財産を意味する）」や「フリッツ（ドイツの男性名・フリードリヒの親しみを込めた名）」など〝ドイツ風〟をとり入れたのです。

◯手痛い判断ミスで多くの陸軍兵が死んだ「脚気《かっけ》論争」

そんなエリート・鷗外の人生にも、ターニングポイントが訪れます。42歳のとき、軍医部長として日露戦争に従軍し、陸軍軍医学校の校長としても活躍していたのですが、陸軍兵に20万人以上もの脚気患者と、3万人ともいわれる脚気による死者を出してしまったのです。

「脚気」とは、ビタミンB1の欠乏による病気です。元禄・享保の江戸時代には、玄米や雑穀を食べず、きれいに糠《ぬか》を落とした精米を食べるようになりましたが、その結果、糠に豊富に含まれるビタミンB1が不足したことで、都市圏を中心に「江戸患い」「大坂腫れ」の異名を持つ〝ぜいたく病〟の脚気が流行したことがありました。

ところが鷗外は、脚気は「感染症」だとして、陸軍で白米を常食させていました。そして、陸軍に脚気による患者と死者が続出したのです。

一方、海軍ではイギリスで疫学などの臨床研究に携わった海軍軍医総監・高木兼寛が、食べ物が原因とみて食事内容を見直し、脚気が激減。欧米の軍隊に脚気患者が少ないことに目をつけ、米食を減らし、パンなどの麦食にして牛乳、野菜を多くしたところ、脚気の症状が緩和するとともに、死者もほとんど出なくなったのです。

当時の製粉技術では、ビタミンを多く含む「胚芽」をとり除けないことから、パンが脚気の予防になると注目されました。

◯医師としての持論に固執して陸軍兵を巻き添えに

こうした実績から海軍軍医総監・高木は、兵士たちの食事を白米主体ではなく、西洋式にすることを提案しましたが、これに鷗外は大反対。明治18(1885)年、論文「日本兵食論大意」を発表し、これまでの日本食でまったく問題ないと主張して、西洋食をとり入れませんでした。

鷗外はドイツで学んだ細菌学の知識に執着して、「脚気の原因は細菌にある」と信じて疑わなかったのです。

麦食を導入する治療法を否定し、細菌説を主張し続けたがために、結果として日露戦争中に多くの陸軍兵士が脚気で命を落としてしまいました。この誤りは鷗外自身の責任だけではなく、当時の陸軍全体の問題でもありますが、鷗外が持論に固執したことにより、多くの陸軍兵士が巻き添えになったことは間違いありません。

○肺結核であることを知りつつも死因が「腎萎縮」だったワケ

そんな大失敗をやらかした鷗外ですが、陸軍を退官したあと、現在の「東京国立博物館」「国会図書館」の館長に相当する役職を務めるなど、重職を歴任しました。天下りのようなものですが、いまも昔も世の中はそんなものかもしれません。

しかし、足に浮腫ができ始めるなど、腎臓病の兆候が現れて体調を崩し、大正11（1922）年、60歳で亡くなりました。

鷗外の死因は当初、腎臓が正常時の半分近くに縮小して機能不全に陥る「腎委縮」とされていましたが、のちに本当の死因は「肺結核」だったことが明かされます。

もちろん、医師である鷗外自身は、肺結核であることがわかっていました。しかし、特効薬もない当時、世間からの差別や偏見の目が厳しい時代だったので、残される家族のことを考えて肺結核であることを公表しないように伝えていたのです。

○エリートなのに地位や名誉を完全否定した最期

陸軍医の最高位にまでのぼり詰め、作家としても名声を極め、数々の栄誉を受けた鷗外でしたが、最期は自らの地位や名誉を否定するかのような遺言を残しています。

「余ハ石見人森林太郎トシテ死セント欲ス」

墓碑に自分の本名「森林太郎」とだけ彫るように指示したのです。

鷗外が最期に発した言葉は、「馬鹿らしい！　馬鹿らしい！」だったという説もあります。真偽はわかりませんが、エリート街道を歩んだ鷗外の人生にも、多くの人と同じように葛藤や疑問があったのでしょう。

あるいは、本名「森林太郎」として死にたい、それ以外の軍医や作家としてのキャリアをすべてなきものにして、「ただの自分として死にたい」という意志を示していのかもしれません。

森鷗外のおすすめ著作

○『舞姫』（集英社文庫）

教科書にも載る名作。ドイツ留学中の日本人青年が、踊り子のエリスと恋に落ちるものの、帰国命令で別れを余儀なくされてしまうというストーリー。文語体のためちょっと読みづらく感じるかもしれませんが、慣れるまで音読してみるのがおすすめです。言葉のリズムの心地よさがわかると、読み進めやすくなるはず。

○『青年』（新潮文庫）

作家を志し、東京へ進学した1人の青年。ものを書くことへの憧れや、好きな人への想い、将来への不安。まっさらな状態から、1人でいろいろな経験や知識を積み成長していく青年の姿を描いた青春小説です。

○『雁』（岩波文庫）

明治時代の東京。ある青年と、金貸しの妾となった女性との淡い恋模様が描かれる。文語体の『舞姫』に比べると簡潔で読みやすいため、入門編としてもおすすめです。

話題の引き出し★豆知識

「愛」は日本には本来存在しなかった？

明治維新以降、蒸気機関車などの技術とともに、西洋の恋愛観も日本に伝わりました。これは西洋のキリスト教やプラトニックラブ（古代ギリシャの哲学者プラトンに由来する観念）によるものです。つまり、プラトニックラブのような“観念的な愛”は、日本には存在しなかったのです。「ラブ」という概念はもともと西洋のものであり、『舞姫』のテーマである恋愛も、この影響を受けています。

永井荷風

永井荷風（ながい・かふう　1879〜1959年）

東京生まれ。本名・永井壮吉。高等商業学校附属外国語学校清語科中退。代表作は『濹東綺譚』『あめりか物語』『ふらんす物語』など。近代文学における唯一の戯作者として知られる。アメリカに留学経験もあるエリート実業家であった父のもとに生まれる。10代後半、病気で休学中に江戸戯作文学にのめり込み、これがきっかけで落語や歌舞伎などに強い関心を持つ。文学よりも実業を学ばせたかった父の意向で、明治36（1903）年、23歳から約5年間アメリカとフランスを外遊。その体験をもとにした『あめりか物語』『ふらんす物語』で注目を浴びる。晩年は1人暮らしをして、昭和34（1959）年、自宅で胃潰瘍により吐血し、それにともなう心臓麻痺で79歳で亡くなった。

3億円の全財産を枕元に置いて死んでいた独居老人

○実業家の父の願いも虚しく芸能を志す

わがままな1人暮らしを貫いた作家・永井荷風の父・九一郎は、漢詩人であり実業家で、長男の荷風は、のちに生涯遊んで暮らせるくらいの遺産を受け継ぎました。九一郎は、荷風に自分と同じ実業家の道を歩ませようとしましたが、当の荷風は学校にあまり馴染めず、勉学をやめてしまいます。

落語の世界に入り浸り、20歳ごろには落語家になることを志して、落語の修業を始めたのです。

しかし、落語の修業を父に知られてしまい、やめるように言われて断念。その後、小説を書き始めましたが、なかなか日の目を見ることがありませんでした。

すると21歳のとき、今度は歌舞伎に興味を抱き、歌舞伎演目の作者・福地桜痴《おうち》の門に入りました。そこで戯曲家の見習いなどをして、江戸時代の文化に傾倒する一方、時代の変化に逆らうような生き方を模索します。

◯実業家に育てるべくアメリカへ送られるも女性に溺れる

荷風に自分と同じく実業家の道を歩ませたかった九一郎は、強硬手段に出ます。荷風が23歳のとき、渡米させたのです。

ニューヨークやワシントンで、日本大使館や横浜正金銀行（三菱ＵＦＪ銀行のルーツの1つ）で働くように指示しました。

アメリカに3年9カ月駐在し、フランス語を学びながら、日本大使館や横浜正金銀行で働いたのち、明治40（１９０７）年にフランスへわたり、横浜正金銀行リヨン支店で8カ月ほど勤務。その後、退職してパリに2カ月ほど滞在し、翌年30歳近くになって帰国しました。

結局、荷風は明治36（１９０３）年から明治41（１９０８）年まで、4年7カ月にわたりアメリカとフランスに滞在したのです。その間、いまではフランスでもっとも権威のある文学賞として知られる「ゴンクール賞」の名称にもなっている小説家エドモン・

ド・ゴンクールなどのフランス文学に親しんでいます。

こういうとしっかりと働き、しっかりと勉強していたように思われるかもしれませんが、実際のところ日本大使館で働きながらアメリカ人女性と知り合い恋愛に溺れ、その女性と別れたあとはフランスへとわたり、親のすねをかじりながら放蕩の限りを尽くしていたのです。

それでも帰国後、荷風はフランスやアメリカでの経験をもとにした作品を書き、戯作者としての道を歩むようになりました。

◯森鷗外の推薦で慶應義塾大学の教授に就任する

荷風は文壇で出世することや野心を持つことなく、自らのやりたいことを追求し、その生活を文章に綴りました。37歳から79歳の死の直前まで、40年以上にわたって克明な日記『断腸亭日乗』を書き続けたことでも知られます。

その日記で若いころの放蕩生活を、荷風はこう振り返っています。

「もし若い頃に真面目に学校に行っていたら、人並みに生涯を送れたかもしれない」

『断腸亭日乗』

若いころから病弱で15歳のときに瘰癧《るいれき》（結核性頸部《けいぶ》リンパ節炎）を患って入院したり、友人関係に悩まされたりして、荷風は学業に興味を持つことができませんでした。病気による長期療養により、中学を1年留年しています。

病床でひたすら読書をしていたことや、その後のアメリカとフランスの長期滞在の経験もあって、明治43（1910）年に31歳の荷風は、森鷗外の推薦で慶應義塾大学文学部の教授に就任しています。

講義を聞いた人たちが「講義は面白かった。しかし雑談はそれ以上に面白かった」と語った、というエピソードもあります。

◯まだ無名の谷崎潤一郎を激賞して作家の道に導く

荷風は慶應義塾大学の教授として、文芸誌『三田文学』を主宰しました。

その『三田文学』に評論「谷崎潤一郎氏の作品」を載せ、文芸誌『新思潮』『スバル』に掲載された谷崎の短編小説をとり上げ激賞。まだ1冊も本を書いたことがない谷崎を作家の道に導いたのです。

一方、そうした間にも荷風は、東京・新橋の芸者を愛人にしたりもしています。

荷風は教授を務め、新橋の芸者を愛人にしつつも、大正元（1912）年、父親に木材商の娘・斎藤ヨネとの結婚を強要されました。

しかし、父親が急死したことから、ヨネとは1年ほどで離婚。その後、大正3（1914）年、新橋の芸者とも一度入籍しましたが、やがて別居状態になり、翌年に離婚。以後、独身のままで家庭を持つことはありませんでした。

大正5（1916）年には、慶應義塾大学教授の職を辞し、社会的な生活から遠ざかることになります。

◯「戯作者」という肩書きにこだわるようになったきっかけ

荷風のターニングポイントを、もう1つ紹介しましょう。

明治43（1910）年の「大逆事件」（別名・幸徳事件）です。社会主義者や無政府主義者が明治天皇を暗殺しようとしたとして26人が捕らえられ、そのうち幸徳秋水など12人が死刑になりました。

証拠不十分にもかかわらず、政府は死刑判決が下されてからたった6日後に11人を、7日後に1人を処刑したのです。これは社会主義者を弾圧し、天皇の絶対主義を強化するための政府のでっち上げであり、濡れ衣を着せられた者も多かったことが明らかになっています。

これ以降、社会主義運動の勢いは低迷しました。

この事件の翌年の明治44（1911）年、荷風は通勤途中で「囚人馬車が五六台も引続いて日比谷の裁判所の方へ走って行くのを見た」と、随筆『花火』に書いています。

「わたしはこれ迄見聞した世上の事件の中で、この折程云うに云われない厭な心持のした事はなかった。わたしは文学者たる以上この思想問題について黙していてはならない。小説家ゾラはドレフュー事件について正義を叫んだ為め国外に亡命したではないか。然しわたしは世の文学者と共に何も言わなかった。私は何となく良心の苦痛に堪えられぬような気がした」

『花火』（『花火・来訪者 他十一篇』岩波文庫に収録）

ここにある「ドレフュー事件」とは、明治27（1894）年にフランスのユダヤ人軍人アルフレド・ドレフュスが冤罪で反逆罪に問われた事件のことです。

不当な有罪を訴えたことで、名誉毀損として政府に追われることとなった文豪エミール・ゾラに対し、文学者として何も言えなかった自分に強い羞恥心を抱いた荷風は、芸術の品位を江戸戯作者の程度まで引き下げるべきだと考えるようになります。

○全財産が入ったボストンバッグをつねに持ち歩く

荷風は戦前に多くの小説を書いたことから印税が入ってきていました。しかし戦後、自宅が燃えてしまったこともあり、放浪生活をすることになりました。69歳のときにようやく家を買い、落ち着いた生活を送るようになります。

心身ともに余裕ができ、背広姿に下駄を履き、東京の浅草や葛飾の旧跡を散策するようになったのです。東京・浅草のストリップ劇場「浅草ロック座」では、毎日のように楽屋に入り浸り、踊り子たちと談笑し、一緒に入浴することさえあったそうです。

そのような生活を続けていた荷風ですが、昭和34（1959）年に浅草の洋食店「アリゾナ」での食事中に倒れます。知り合いが医者に連れて行こうとしましたが、荷風は拒否。最終的には1人暮らしの自宅で倒れてしまい、遺体となって発見されました。通いのお手伝いさんが、血を吐いて倒れている荷風を見つけたのです。

死因は、胃潰瘍にともなう吐血による「心臓麻痺」。遺体のかたわらには、荷風がつねに持ち歩いていたボストンバッグが置いてありました。

そのなかには土地の権利書と預金通帳、現金31万円、さらには文化勲章など全財産が入っていたのです。

預金通帳の額面は総額2334万円。現代の貨幣価値に換算すると3億円に相当する金額でした。

荷風は戯作者として文化勲章を受けとったものの、莫大な財産を持ちながらも、どこか世間に馴染めないところがあるまま生涯を終えました。

「戯作者」を名乗り続けていたのは、わがままに自分らしさを貫いた生来の気質や、何もできなかった自身への情けなさ、国家主義への反抗心など、さまざまな思いが込められていたのかもしれません。

永井荷風のおすすめ著作

○『濹東綺譚』(岩波文庫)

隅田川の近く東京・向島にあった私娼窟が舞台。年老いた作家と若い娼婦の交流を描いた人情噺。西洋化によりどんどん華やかになっていく東京・銀座などの都会ではなく、新しくなっていく時代の波に乗り切れず、とり残された世界に興味を持っていた荷風の視線が読みとれます。

○『断腸亭日乗』(『摘録 断腸亭日乗』上・下、岩波文庫)

大正6(1917)年から昭和34(1959)年までの約40年間にわたって書かれた日記。私生活や創作活動、社会の出来事などが詳細に記録されています。全部読もうとするとものすごいボリュームなので、とくに荷風らしさが抽出された岩波文庫版の『摘録 断腸亭日乗』がおすすめです。

話題の引き出し★豆知識

東京・六本木1丁目「偏奇館」での1人暮らし

荷風は35歳で離婚して以降、独身を貫き通しました。大正8(1919)年には、東京・新宿余丁町にあった父の屋敷を売り、東京・麻布(現在の住居表示では六本木1丁目)に洋館を建てています。ペンキ塗装が施された外観と「偏奇である・変わっている」という2つの意味をかけて、「偏奇館」と名づけました。多くの作品が生まれた「偏奇館」は昭和20(1945)年の東京大空襲で燃えてしまいますが、その後、岡山に移り住んだ荷風の面倒を見たのは、弟子・谷崎潤一郎だったそうです。

第7章

「番外」の文豪

――「文豪」のスケールにとどまらない仕事をした作家たち――

中上健次

中上健次（なかがみ・けんじ　1946〜1992年）
和歌山生まれ。和歌山県立新宮高等学校卒。代表作は『岬』『枯木灘』『千年の愉楽』など。被差別部落に生まれ、シングルマザーの母のもと、異父きょうだいとともに育つ。高校卒業後、上京して創作活動を開始。東京・新宿周辺をぶらつきながらジャズ喫茶に入り浸り、詩や小説を書くように。その後は羽田空港での肉体労働などをしつつ執筆活動を続けていたが、昭和50（1975）年、29歳のときに発表した『岬』で芥川賞受賞。紀伊半島を舞台に自らの出自を原点にした作品を書き続け、人気作家として独自の地位を確立。平成4（1992）年に腎臓がんにより46歳で死去。

被差別部落出身の作家が描いた"人間の弱さ"

◯複雑な家族構成のなかに生まれる

中上健次の生い立ちは、複雑です。和歌山・新宮で、父・鈴木留造と母・木下千里の間に私生児として生まれました。つまり、父・留造が健次をわが子として認知しなかったのです。

留造は無頼な男で、ほかの女性との間にも子をつくりました。母・千里が妊娠していることすら知らなかったといいます。

そんな調子ですから、中上には異母兄弟が2人。さらには母親も前夫・木下勝太郎との間に4人の子がいました。

中上自身は、そんな複雑な家族構成について、エッセイ『犯罪者宣言及びわが母系一族』でこう綴っています。

「図を書いたほうがわかりやすいのだが、母は三つの姓名（木下・鈴木・中上）を名のったのである。僕の兄や姉たちは最初の木下勝太郎（病死）の血をつなぎ、末っ子の僕だけが鈴木留造の子であった。（中略）そしてどこにいるのか生きているのか死んでいるのかわからない幻の妹が一人と、血のつながった兄姉妹でも九人いる計算になる」

『ユリイカ』（1993年3月号、青土社に収録）

中上は和歌山の被差別部落の出身として知られています。

部落差別とは、「同和問題」ともいわれ、法務省は「日本社会の歴史的過程で形作られた身分差別により、日本国民の一部の人々が、長い間、経済的、社会的、文化的に低い状態に置かれることを強いられ、同和地区と呼ばれる地域の出身者であることなどを理由に結婚を反対されたり、就職などの日常生活の上で差別を受けたりするなどしている、我が国固有の人権問題」と定義しています（「部落差別（同和問題）を解消しましょう」法務省ホームページ）。

家庭環境が複雑で、異父・異母きょうだいがたくさんいるなかで被差別部落での幼少期の原体験をもとに、「血族」と「路地」（中上は自らの生まれた部落を「路地」と呼んでいます）をテーマとする紀伊半島を舞台にした数々の小説を書きました。

◯複雑な血族の物語を描いた『岬』で芥川賞受賞

中上は、最初は大学に進学するため上京し、予備校に通う予定でしたが、実際には新宿あたりでフリーターのような生活を送って、おもに肉体労働に従事していました。

フォークリフトの運転などもしていましたが、小説に興味を抱き、外国の文学や日本の作家の作品を読んでいた中上は、当時流行っていたジャズ喫茶に入り浸ります。

小説を書くことへの情熱が強く、羽田空港などで肉体労働をしながらも小説を執筆。

「俺は何者でもない、何者かになろうとしているのだ」という一説が有名になり、東京で生活する少年の拠り所なき鬱屈を瑞々しい筆致でとらえたデビュー作『十九歳の地図』は、芥川賞候補になりました。

その後、昭和51（1976）年、生まれ育った和歌山県新宮市周辺を舞台とする複雑な血族の物語を描いた『岬』で、第74回芥川賞を受賞します。

この作品は異母きょうだいの妹と交わるという内容ですが、自らの血の宿命に抗いながらも生きようとする主人公の姿が、エネルギッシュに描写されています。好景気で豊かになり始め、浮かれたムードが漂う日本社会に日本人の原風景を突きつけてみせた作品ともいえます。

○宿命と対峙して「人間の業」を浮き上がらせた

芥川賞を受賞した『岬』を皮切りに、中上は紀州熊野の風土と溶け合い、肉体労働に至福の時を過ごす「路地」の私生児・竹原秋幸を主人公とする『岬』『枯木灘』『地の果て至上の時』の3部作を執筆します。

「秋幸は海水浴場の浜に向かって歩きながら、自分が男の一滴の精液と女の子宮の1個の卵子で作られたのではなく、今背にした山々の冷気と向かい合った海の眠ったような潮の腹に作られてここにあるような気がした。（中略）男を嘆かせ苦しめるには、男の子である秋幸が浜村孫市とは何の繋がりもないと立証するか。敗走してこの熊野里へ下りてきたという伝説を作り話として暴くことだ」

『枯木灘』(河出文庫)

中上は、政治について積極的に議論するような作家ではありませんでしたが、紀州熊野という1つの共同体に生まれ、「血」の持つ運命にがんじがらめにされてきた苦悩を言葉にし続けました。

ある種の宿命に正直に向き合うことによって、どんなに社会がよくなっているように見えても、逃れられない「人間の業」を浮き上がらせてみせたのです。

◯集計用紙に小さい字でびっしりと書く

まだ作家として無名だったころの中上は、喫茶店を執筆の場にしていました。肉体労働の合間に喫茶店へ立ち寄り、原稿用紙に書くのではなく、「集計用紙」に小さな文字で隙間なくびっしりと書き込んでいました。

集計用紙1枚の文字数は、400字詰め原稿用紙に換算して5枚から7枚に相当。マス目のない集計用紙に、独特の丸っこい文字がびっしりと埋め尽くされているのを見ると、なんとなく狂気的な迫力さえ感じます。

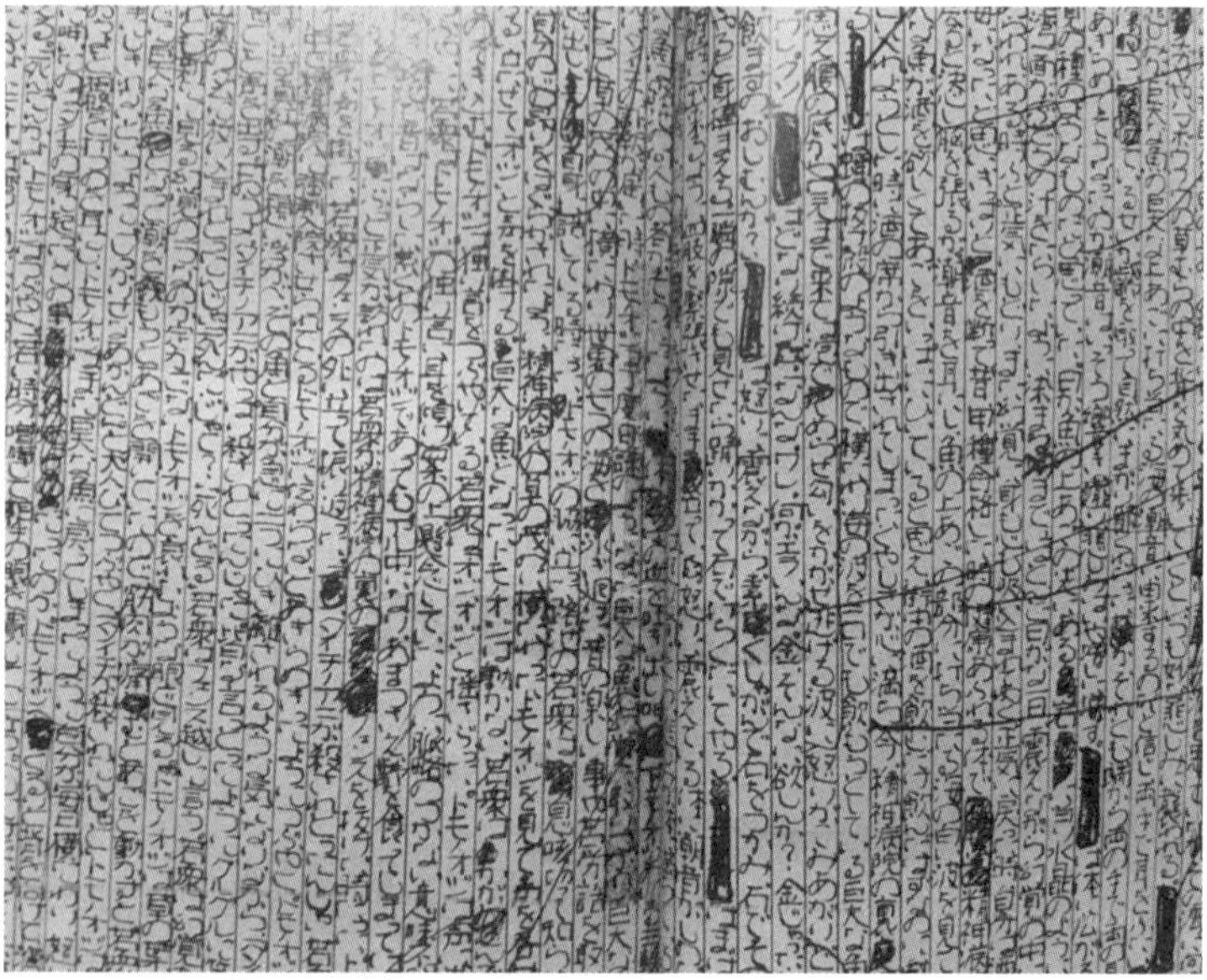

マス目のない「集計用紙」に小さな文字でぎっしりと書き込まれた中上独特の原稿

芥川賞を受賞して作家として認められてからも、中上は喫茶店で集計用紙に原稿を書きました。編集者は集計用紙に書かれた文字を原稿用紙に書き写す必要があり、それはたいへんな作業だったそうです。

私の知り合いの編集者も中上の文字を読みとるのに苦労したと言っていました。ともあれ、内から湧き出るエネルギーが、文字にも作品にも表れている力強い作家であることは間違いありません。

中上健次の おすすめ著作

○**『岬』**（文春文庫）

主人公が紀州の故郷に帰省し、過去の出来事や家族との関係を振り返り、自らの血の宿命と向き合う。第74回芥川賞を受賞しました。中上の代表作でもあります。

○**『紀州 木の国・根の国物語』**（角川文庫）

紀州半島を回るルポルタージュ。ただの観光案内ではなく、「隠国」と呼ばれる熊野の隠れた土地を巡るなかで、歴史の闇にうずもれた物語を発掘しようとします。とても面白く、富岡イチオシです。

話題の引き出し★豆知識

飲み明かしたあと、牛丼を食べながら見ていたこと

私は中上と戦後の闇市に起源を持つ東京・新宿駅西口の雑然とした飲食店の路地「思い出横丁」で飲み明かしたことがあります。その後、明け方近くになり、中上と牛丼屋に入りました。並んで牛丼を食べていると、隣で「うまいな」と言います。牛丼が「うまい」のかと思ったら、タワシで壁のタイルを洗う店員の手の動きを見ていたのです。ゴシゴシと洗う様子を見て、洗い方が「うまい」と。周囲の人を観察し、頭のなかで言語化している様子を目撃でき、ちょっとした感動を覚えたことを思い出します。

石原慎太郎

石原慎太郎（いしはら・しんたろう　1932〜2022年）

兵庫生まれ。一橋大学法学部卒。代表作は『太陽の季節』『化石の森』『わが人生の時の時』など。弟は一世を風靡した俳優・石原裕次郎。海運会社・山下汽船（現・商船三井）に勤める父のもと、裕福な家庭に生まれる。一橋大学在学中に『太陽の季節』を発表し、昭和31（1956）年に昭和生まれ初の芥川賞受賞者となった。タバコや酒、女性関係などインモラルな若者を生々しく描き、賛否両論を巻き起こし、社会現象となる。小説家として活動を続ける一方、政治家としても活動。国会議員を経て、平成11（1999）年から平成24（2012）年まで東京都知事を務めた。文学と政治の両面で大きな影響を与えた稀有な人物。令和4（2022）年に89歳で死去。

小説家から国会議員、東京都知事になった〝異色の文豪〟

○芥川賞が有名になったのは石原慎太郎のおかげ!?

昭和31（1956）年、石原慎太郎が一橋大学在学中に執筆したデビュー作『太陽の季節』で芥川賞を受賞するまで、実は芥川賞の知名度は、あまり高くありませんでした。

享楽的な青春群像を描いた『太陽の季節』は、反倫理的な内容に文壇の一部が眉をひそめた一方、旧来の道徳を覆す世界観に共感した「太陽族」と呼ばれる若者たちも登場し、大きな話題を集めました。

芥川賞受賞の翌年には映画化され、弟・石原裕次郎が拳闘部員役でスクリーン・デビューしたことも話題となりました。

新人賞にすぎなかった芥川賞が、現在では権威ある賞として定着することになった分岐点は、石原の『太陽の季節』にあるといわれます。石原自身、よくこんなふうに語っていました。

「俺は芥川賞をとって有名になったのではなく、俺がとったから芥川賞が有名になったんだ」

◯障子越しに勃起した陰茎を突き立てる〝新感覚の描写〟

石原が芥川賞を受賞したことが、そこまで話題になった理由の1つは、『太陽の季節』という小説が、当時としてはぶっ飛んでいて、賛否両論を巻き起こしたからです。

文壇の重鎮・佐藤春夫は、芥川賞の選評でこんなふうにボロクソに批判しています。

「僕は『太陽の季節』の反倫理的なのは必ずしも排撃はしないが、こういう風俗小説一般を文芸としてもっとも低級なものとみている上、この作者の鋭敏げな時代感覚もジャナリストや興行者の域を出ず、決して文学者の物ではないと思ったし、又この作品から作者の美的節度の欠如をみてもっとも嫌悪を禁じ得なかった」

特に有名になったシーンは、主人公・竜哉がガールフレンド・英子を神奈川・葉山の別荘に誘い、風呂上がり、障子越しに勃起した陰茎を突き立てるというものです。お風呂から出てきた竜哉が、英子に障子の外から声をかけるのが、このシーン。

「『英子さん』
部屋の英子がこちらを向いた気配に、彼は勃起した陰茎を外から障子に突き立てた。障子は乾いた音をたてて破れ、それを見た英子は読んでいた本を力一杯障子にぶつけたのだ。本は見事、的に当って畳に落ちた。
その瞬間、竜哉は体中が引き締まるような快感を感じた。彼は今、リングで感じるあのギラギラした、抵抗される人間の喜びを味わったのだ」

『太陽の季節』(新潮文庫)

このシーンは「風俗小説」「エログロナンセンス」などと、痛烈に批判されたのです。

◯酷評が相次ぐなか三島由紀夫が激賞

少年がいたずらをするシーンなのですが、それまでの純文学では、このような性的な描写は一般的でなかったため、「文学ではない」という酷評が相次いだのです。

ただ、あらためて本書を読んでみると、人間が生き生きと描かれています。たしかに下品な要素もありますが、それも小説の重要な一要素として描かれているのです。

文壇で一番評価したのは、三島由紀夫でした。昭和31（1956）年に行われた「新人の季節」という対談で、三島は石原を「エトランジェ（異邦人）」だと激励したのです。

「それで石原さんになぜみんな騒いでいるかというと、原因は簡単なんで、この人はエトランジェなんだね。日本は神代の昔から、異邦人を非常に尊敬した。自分の部落とちがう人種がはいってくると、稀人であり、客人であり、非常におもしろがられて、珍しがられた」

『石原慎太郎の思想と行為〈6〉文士の肖像』（産経新聞出版）

こうして石原はよくも悪くも鮮烈なデビューを果たし、時代の寵児として脚光を浴びました。

◯学生作家としてデビューして東宝に入社するも即退社

学生作家として華々しくデビューした石原は一橋大学を卒業後、映画監督を志して東宝に入社しました。しかし、わずか1日で退社。それから専業作家の道を歩みました。

昭和35（1960）年には、『狼生きろ豚は死ね』という石原が脚本を書いた演劇が劇団四季で上演。昭和40（1965）年、ジャニーズ事務所（現・STARTO ENTERTAINMENT）発足のきっかけとなった4人組男性アイドルグループ「ジャニーズ」が出演するミュージカルの脚本や、主題歌の歌詞も書くなど、幅広い表現を模索します。

さまざまな芸術分野に手を出していたため、余計なことをやっていると批判されたこともありましたが、石原はある意味、メディアミックスをいち早くとり入れたのです。文壇のセクショナリズムを超えたいという意識があったのかもしれません。

昭和43（1968）年に参議院議員に初当選以来、長年にわたり衆議院議員、東京都知事を務めましたが、石原にとっては政治も1つの表現だったのでしょう。

◯ベトナム戦争の取材がきっかけで出馬してトップ当選

政治家に転身した1つのきっかけは、昭和42(1967)年、ベトナム戦争の取材に『週刊読売』の特派員として派遣されたことです。カメラマンとともに激戦地・南ベトナムの最前線まで行きます。

北ベトナムのゲリラ兵・ベトコンを、南ベトナムの同盟国アメリカの軍隊が待ち伏せする場面に立ち会ったのです。その体験が短編小説『待ち伏せ』に反映されています。この短編は石原作品のなかで、最も優れた作品だと私は思っています。緊張した戦争の最前線の様子が、こんなふうに描かれています。

「それは俺が今まで来たことも覗いたこともない、誰に聞かされることもなかった、全く未知の世界に感じられた。(中略)敵か味方か、どちらかが殺す側か、殺される側。(中略)俺は正しくこの渦中にいながら、この手に武器がない。このことの中で、俺に一体何が出来る。ただ、待つことのほかに。(中略)

〝全体、なんのためにこんなところへ出かけて来たのだ〟埒もなく、くり返しそればかりを考えた。俺は多分、生れて初めて、本心、自分に愛想をつかしていた」

『待伏せ』（『新潮日本文学62 石原慎太郎集』新潮社に収録）

ベトコンとアメリカ軍のどちらにも属さない中道的な日本人としての「俺」が、殺すか殺されるしかない場所にいるという、ある意味、戦後日本を象徴するような状況が鮮烈に書かれています。

経済成長を遂げていても、本当の平和にはない。いつも中間にいる。敵が来たときに戦うこともできない。ベトナムでの死と向き合う極限体験の翌年の昭和43（1968）年、石原は第8回参議院議員選挙の全国区に自民党の公認で出馬し、史上最高の301万票を獲得してトップ当選。国会議員としての道を歩み始めたのです。

◯既成の価値観に潰されず、挫折のなかで自分を失わない力

石原が戦後の政治に持ち込もうとしたのは、ひと言でいえば「言葉」だと思います。

さらに言えば、「言葉の武器」です。

衆議院議員に当選した直後、文芸評論家・江藤淳と雑誌『季刊藝術』で対談をして、こう語っています。

「さっき、あなたは表現ということを言ったけれども、ぼくも政治というのはひとつの表現の方法だと思う。ただ、小説の場合にはどんな小説だろうと表現する情念や理念がある、それも情念だけだろうとも作家にとっては、それが理念なんだ。政治も理念がなくちゃいけないし、政治とは、理念を政治的に表現する方法だ」

対談『人間・表現・政治』（『江藤淳著作集続3』講談社に収録）

実際に石原が、どこまで納得するだけの理念を実現できたのかはわかりません。

私たちがビジネスで自分を押し通すのが難しかったり、挫折があったりするように、石原も政治家として何度も挫折を味わいました。総理大臣にはなれなかったし、都知事として積極的にとり組んだ課題も、最終的に解決できなかったこともありました。

そうした石原の人生から私たちが受けとれるのは、どんな職業でも、どんな組織でも、挫折のなかで自分を失わないという強いメッセージです。
組織に埋もれ、既成の枠組みに押さえつけられたとしても、自己をとり戻す〝バネの力〟のようなものを、石原慎太郎という表現者から得てほしいと思います。

石原慎太郎のおすすめ著作

○**『太陽の季節』**（新潮文庫）

デビュー作。放蕩生活を送り、自由と虚無を求める戦後の若者たち。戦後文学の代表作としても評価されています。敗戦と占領の時代から高度成長の時代への転換を告げた作品でもあります。

○**『わが人生の時の時』**（新潮文庫）

政治家になってから出版した短編集。全部で40編の短編が収録されており、石原の感性が凝縮されています。短くて読みやすいので、短い時間で石原のことを知りたいという人にもおすすめです。

話題の引き出し★豆知識

「チャタレイ事件」で同じ苦労を味わった先輩作家

『太陽の季節』が騒ぎになったとき、母校・一橋大学の先輩である小説家・伊藤整（一橋大学の前身、東京商科大学卒）が石原を擁護しました。というのも、石原が芥川賞を受賞する約6年前の昭和25（1950）年、伊藤が翻訳したイギリスの小説『チャタレイ夫人の恋人』が「わいせつ物頒布等の罪」に問われ、発刊禁止になっていたのです。過激な性的描写が多いというのが理由でしたが、これにより版元の小山書店は倒産してしまいました。そういう時代に自身の表現を貫き続けた石原に、伊藤は何か共通するものを感じていたのかもしれません。

伊集院静

伊集院静（いじゅういん・しずか　1950〜2023年）
山口生まれ。本名・西山忠来《ただき》、出生名・趙忠來（チョ・チュンレ）。立教大学文学部日本文学科卒。代表作は『受け月』『機関車先生』『大人の流儀』など。在日韓国人の2世であり、日本国籍を取得した際に名前を変えた。大学卒業後、広告代理店に勤務。CM制作、芸能ディレクター、プロデューサー、作詞家など芸能・広告関係の仕事を経て、昭和56（1981）年に短編小説『皐月』を発表して小説家デビュー。平成23（2011）年に発売されたエッセイ『大人の流儀』は、シリーズ累計220万部を超えるベストセラーに。幅広いジャンルで作品を発表し、その多才さが注目を集めた。3回結婚している。令和5（2023）年、肝内胆管がんにより73歳で亡くなる。

ディレクター・作詞家・小説家、博打好きで美人を射止める〝モテ男〟

◯人気絶頂の俳優・夏目雅子と結婚

令和5（2023）年11月、73歳で死去した直木賞作家・伊集院静は、もともとは広告代理店に勤めていました。

出生名は「趙忠來（チョ・チュンレ）」という在日韓国人の2世です。日本の国籍を取得した際に「西山忠来」に名前を変え、また広告代理店時代から「伊集院静」というペンネームで活動するようになります。

舞台演出や芸能ディレクターとしてのキャリアを積み、松任谷由実、松田聖子、薬師丸ひろ子、和田アキ子など、錚々たる歌手のツアーやファッションショーを手がけたこともあります。

そうした仕事を通じて、一世を風靡した人気俳優・夏目雅子と知り合い、昭和59（1

984）年に結婚。雅子とは、妻子がいたころからの長い不倫関係でした。
しかし、雅子は結婚してわずか1年足らずで白血病に倒れ、亡くなってしまいます。

大きな喪失感にうちひしがれ、浴びるほど飲んで重度のアルコール依存症になりますが、それを契機に本格的に小説を書くようになったのです。

平成4（1992）年、俳優の篠ひろ子と再婚しています。

◯作詞家「伊達歩《あゆみ》」としてヒット曲を連発

伊集院は、「伊達歩」というペンネームで、作詞家としても大きな功績を残しました。

昭和56（1981）年、歌手の近藤真彦が歌う『ギンギラギンにさりげなく』（作曲・筒美京平）が大ヒット。同じく近藤真彦の『愚か者』（作曲・井上堯之《たかゆき》）も大ヒットして、昭和62（1987）年の第29回日本レコード大賞を受賞しました。

ディレクター時代の経験と才能が、小説家としての基盤となり、その後、随筆やエッセイ、週刊誌での人生相談など、多岐にわたる活動を展開。エッセイ集「大人の流儀」シリーズは、累計220万部を超える大ヒットになりました。

伊集院は、麻雀、競輪、競馬などのギャンブルに延べ数十億円を注ぎ込んだといわれますが、酒浸りになったり女性関係も派手だったりしたことから、太宰治や坂口安吾に続く〝最後の無頼派作家〟と呼ばれることもあります。

しかし、ほかの戦後作家たちのように、ひたすら小説を書くことに注力するのではなく、さまざまな表現手段を開拓していきました。現代だからこその無頼派作家のスタイルをつくり上げたといえるでしょう。

○不倫からの離婚、その4年後に再婚を果たす

伊集院と夏目雅子の出会いは昭和52（1977）年、伊集院がカネボウ化粧品「クッキーフェイス」のCMキャンペーンガールとして、当時まだ無名だった雅子を起用したことです。

当時、伊集院には妻と娘がいましたが、雅子と不倫関係となり、昭和55（1980）年に離婚、4年後に雅子と再婚します。

しかも不倫関係中、雅子が妊娠し、堕胎したこともあったと、雅子の母・小達スエが平成9（1997）年の『週刊現代』の取材に答えています。

伊集院に雅子が振り回される場面もあったようですが、2人は鎌倉で式を挙げ、伊集

院は作家としての道を模索し始めます。雅子も伊集院を献身的に支えましたが、結婚の翌年、昭和60（1985）年9月、雅子は27歳の若さで白血病により亡くなってしまいます。

想像を絶するような喪失感だったはずですが、その悲しみが伊集院を作家にしたともいえます。

その雅子について、伊集院が語ることはほとんどありませんでしたが、平成3（1991）年、雅子の死から6年後に発表した短編小説『乳房』には、入院と闘病を経て、雅子を看とった経験が色濃く反映されています。

○夏目雅子の入院と闘病を『乳房』に描く

『乳房』には、雅子と思われる登場人物が「里子」という名で登場します。主人公である「私」は、妻ががんであると医師に宣告され、それまでの生活を一変させ、妻の看病に専念する様子が描かれています。

化学療法や放射線治療などさまざまな治療を施しますが、里子の病状は一進一退。逃げ出したくなった「私」は娼婦と一夜をともにします。

「私は里子があわれに思えた。悪い籤を引かされた妻とこんな自分が、情なかった。肉体のかたちなどどうでもいいのだ、トランプの総とっかえのように、里子の肉体とこの女の肉体をかえることはできないのか」

『乳房』（講談社文庫）

その後、病室に帰ると、新しいパジャマを着た里子がカーテンを開けて、満月を見ています。

人が当たり前にできていることを叶えられない里子を見て、「私」は泣いてしまいますが、辛い気持ちを抑えながら、蒸しタオルで妻の体を拭きます。

「私を待ち続けたちいさな背中が月明かりに子鹿の背のような影をつくっていた。背後からパジャマを着させると、妻は私の手を両手で摑んで、その手を自分の乳房にあてた。細い指が私の手を乳房におしつけるようにした。掌の中に、妻のたしかな重味があった」

『乳房』（講談社文庫）

◯荒れた日々を送っていた伊集院を救った「ギャンブルの神様」

結局、伊集院の看病もむなしく、昭和60（1985）年9月11日に雅子は夭折してしまい、伊集院は生きることも死ぬこともどうでもよくなり、荒れた日々を送ります。借金を繰り返したりもしたようです。

そんな伊集院を救ったのが、ギャンブル仲間の作家・色川武大《いろかわたけひろ》でした。

色川は『離婚』で第79回直木賞を受賞した作家で、「麻雀小説作家」としての顔もあり、阿佐田哲也というペンネームで『麻雀放浪記』を書いたことで知られます。伊集院は、色川のほかに漫画家・黒鉄ヒロシ、歌手・井上陽水など、各界の大物たちとよく卓を囲んで麻雀を打っていたそうです。

「ギャンブルの神様」ともいわれる色川が、雅子を失ったことによる喪失感にさいなまれていた伊集院を癒やしたのです。

色川自身も、幻聴や幻覚、さらには「居眠り病」とも呼ばれ、昼間に突然眠り込む睡眠障害「ナルコレプシー」を患うなど、さまざまな苦しい経験をしていました。そんな色川が、伊集院と一緒にギャンブルに興じたり酒を飲んだりして、生気を吹き込んだのです。

伊集院はのちに、このときの色川とのエピソードをもとに「その人が／眠っているところを見かけたら／どうか　やさしくしてほしい／その人は　ボクらの大切な先生だから」と始まる自伝的小説『いねむり先生』を書いています。

○『大人の流儀』で語った「理不尽」との付き合い方

伊集院は、ベストセラーとなったエッセイ『大人の流儀』シリーズで、こんな言葉を残しています。

「世の中の肌触りを覚えるには、理不尽と出逢うのがいい」

『続・大人の流儀』（講談社）

ここでいう「理不尽」には、さまざまな出来事が当てはまるかもしれません。しかし、最も大きかった理不尽は、〝雅子の死〟だったのではないかと思います。その深い悲しみにずっととどまり続けるのではなく、それを言葉で表現する世界に挑む覚悟を決めたのです。

その後、伊集院は短編から長編まで、数多くの作品を書きます。初期は自伝的小説が多かったのですが、平成26（２０１４）年には、正岡子規と夏目漱石のことを評伝的に書いた『ノボさん 小説 正岡子規と夏目漱石』で第18回司馬遼太郎賞を受賞するなど、小説家としての幅を広げていきます。

ギャンブル、酒、女性など無頼な生活を晩年まで続けていたのも、「1つのところにとどまらない」という生き方を貫いた結果なのかもしれません。

小説家として1つのところに満足せず、つねに自分を掘り下げていくエネルギーを持ち続けたのでしょう。

物書きに限らず、ビジネスの世界でも、ずっと同じ意欲をキープするのは、なかなか難しいことです。

ずっと目標にしていた大きな成果を達成すると、その瞬間は充足感を得られますが、そのあとに空いた喪失の穴から新しくエネルギーを生み出していくのは大変な作業です。

あるいは、仕事で大きな失敗をしてしまった、信頼していた人に裏切られたなど、ネガティブな出来事が分岐点となることもあります。

新しい世界に向かう推進力を失ってしまい、どうしても1つの場所から抜け出せないことは、誰にでもあることです。

そんなときにこそ、伊集院の小説に触れてみてください。自分を鼓舞してくれる言葉が見つかると思います。

伊集院静のおすすめ著作

○『乳房』（講談社文庫）

妻・夏目雅子が、若くして白血病で亡くなってから、約6年後に書かれた自伝的短編小説。

○『ノボさん 小説 正岡子規と夏目漱石』（上・下、講談社文庫）

明治時代、正岡子規と夏目漱石の友情を描いた評伝的小説。野球に夢中だった20歳のころの子規を中心に、東大予備門で出会い、絆を深めていく2人が描かれています。私が特に感銘を受けたのは、子規が死ぬシーン。これは私の類推ですが、死にゆく妻を看とった伊集院の経験が、子規臨終の場面に見事に昇華されたのかもしれません。

話題の引き出し★豆知識

伊集院と雅子ゆかりの寿司屋

伊集院と雅子は鎌倉で結婚式を挙げましたが、仲人をしたのは、鎌倉市内にある寿司屋「かまくら小花寿司」のご夫婦でした。私が館長を務めた鎌倉文学館の入口の近くにある小さな寿司屋ですが、私も何度も暖簾をくぐっています。

かまくら小花寿司
神奈川県鎌倉市長谷1-11-13

大江健三郎

大江健三郎（おおえ・けんざぶろう　1935〜2023年）

愛媛生まれ。東京大学文学部仏文科卒。代表作は『個人的な体験』『万延元年のフットボール』『燃えあがる緑の木』など。川端康成に次ぐ日本人2人目のノーベル文学賞受賞。愛媛県喜多郡大瀬村（現・内子町）で山に囲まれた自然豊かな環境で育つ。東大入学後、学生小説コンクールに作品を応募したり、演劇脚本を書いたりするなど創作活動を開始。在学中の昭和32（1957）年に発表した『死者の奢り』が芥川賞候補になり、翌年『飼育』で当時最年少の23歳で芥川賞受賞。著書『ヒロシマ・ノート』『沖縄ノート』を通じ、核問題や戦争の悲惨さを訴えてきた。令和5（2023）年、老衰のため88歳で亡くなる。

ノーベル賞作家は粘り強く書き直す「努力の人」

◯医学部の地下に死体用の水槽がある？

大江健三郎は、東大文学部在学中の昭和33（1958）年、短編小説『飼育』で、当時最年少の23歳で芥川賞を受賞。新進作家として脚光を浴び、晩年まで第一線を走り続けました。

東大仏文科でフランス現代文学の豊かな想像力を吸収した「読みにくい悪文」とさえいわれる異様で独特で難解な文体により、次々と作品を書きます。

『飼育』が芥川賞を受賞する前年に芥川賞候補となった短編小説『死者の奢り』は、大学の医学部の地下でアルバイト学生の男女2人が、アルコール漬けの水槽にぎっしり浮かぶ解剖実習用の死体を別の水槽に移す体験を書いています。

「死者たちは、濃褐色の液に浸って、腕を絡みあい、頭を押しつけあって、ぎっしり浮かび、また半ば沈みかかっている。（中略）揮発性の臭気が激しく立ちのぼり、閉ざされた部屋の空気を濃密にする。あらゆる音の響きは、粘つく空気にまといつかれ、重おもしくなり、量感に満ちる。死者たちは、厚ぼったく重い声で囁《ささや》き続け、それらの数かずの声は交りあって聞きとりにくい」

『死者の奢り』（『死者の奢り・飼育』新潮文庫に収録）

外国文学を翻訳したような文体で、ちょっと硬めの印象ですが、独特のリズムがあってクセになる文章でもあり、多くの読者の心をつかみました。

◯売れっ子作家になってから生まれた長男に知的障害

若き芥川賞作家として華々しいデビューを飾ったとはいえ、大江には個人的な試練もありました。昭和38（1963）年、大江が28歳のときに生まれた長男に、頭蓋骨異常をともなう知的障害があったのです。

「脳瘤《のうりゅう》」といって、生まれつき後頭部が瘤《こぶ》状にふくらみ、脳がはみ出ていました。大江はこのことを長編小説『個人的な体験』に投影しています。

これは私小説ではないものの、脳瘤を抱えて生まれた子を受容することがテーマになっています。

同時に、このころに大江は、広島に何度も足を運んでいます。当時は米ソ冷戦下にあり、アメリカとソ連を全面核戦争寸前にまで追いやった昭和37（1962）年の「キューバ危機」では、ソ連軍の潜水艦艦長が「すでに第3次世界大戦が勃発した」と勘違いして、核攻撃に踏み切ろうとしたところ、仲間が制止して攻撃は回避されたともいわれます。それほどまでに核戦争のリスクが高まっていた時代です。

大江はいまから約60年も前に広島を訪れて書いたノンフィクション『ヒロシマ・ノート』で、積極的に反核と平和を訴えました。同書は9カ国語に翻訳され、いまもなお世界で読まれ続けています。日本の作家には珍しく政治的発言も積極的に行い、核兵器や戦争、憲法改正に反対する立場を明確にしました。

それが平成6（1994）年にノーベル文学賞を受賞した1つの要因ともいわれています。

◯1000枚書いて、500枚まで縮め、さらに加筆する

大江は当時歴代最年少で芥川賞を受賞したこともあり、その独特の文体も相まって「天才」と称されることも多いのですが、その実「努力の人」でもありました。

いったん書き上げた原稿を徹底的に推敲して書き直しながら、原稿を完成させていたのです。

たとえば、長編小説『取り替え子』は、まず1000枚書いて、それを半分の500枚まで縮め、そこからさらに加筆するという作業を繰り返しました。最初に書かれた文章の原形をとどめないほどに、徹底的に書き直したのです。

書き直しをする際、最初に書いた場面をカットしたり、場面をかえることはあったりしても、全体の構成が大きく変わってしまうことはなかったそうです。

大江の母校・東京大学文学部は、大江から自筆原稿や資料の寄託を受け、令和5(2023)年、自筆原稿など約1万8000枚の資料をデジタル化した「大江健三郎文庫」を開設し、研究者向けに公開しました。草稿から決定稿までさまざまなバージョンが残る原稿も多く、その推敲の過程をたどることができます。

手直しが多く、斜線で引いてある部分も多くあり、どこを削ったのかがわかるようになっているのです。

◯知識をかき集めて小説を書く「ブリコラージュ」作家

大江は「ブリコラージュ（器用仕事）」を徹底した作家ともいえます。

ブリコラージュはフランス語で「寄せ集めて自分でつくる」という意味。その時代のいろいろな事件や出来事、古今東西の知識をかき集め、1つの作品世界をつくり上げていく方法をとっていたわけです。

物語の骨組みとなるプロットにもとづいて、予定調和でストーリーをつくり込んでいくのではなく、手に入るものをひととおり集めて、「これらの素材で何かつくれるだろうか」と考えて組み立てていく手法です。

素材を集めては捨て、捨てては集め、集めては削りを繰り返しながら、作品の完成度を高めていく。ですから、ノーベル賞作家に失礼を承知であえて極端なことを指摘すると、大江にはそこまでの文才があったと思えません。

さまざまな作家が書いてきたモチーフをとり入れ、何度も何度も粘り強く書き直す過程で自分らしく構築しなおす。そうやって丁寧に研鑽を重ねてきた作家だと思うのです。

大江の長編小説は、ほとんどの人は挫折すると思います。

私も『万延元年のフットボール』は読み通すのが大変でした。ですから、大江作品は全部読まなくてもいい。パラパラとページをめくっていただいて、少しずつ言葉を受けとめていく。肩の力が入りすぎると余計に読むのが億劫になってしまいます。

そんな大江のエッセンスを体感してもらうため、短編小説『死者の奢り』『人間の羊』をおすすめします。大江作品に限らず、「挫折してもいいや」という気楽な気持ちで手にとってもらえればと思います。

大江健三郎のおすすめ著作

○『死者の奢り・飼育』（新潮文庫）

『死者の奢り』『飼育』『人間の羊』など初期作品が収録された短編集。繊細でブリリアントな描写が光ります。まずはこの作品集で慣れてから長編小説を読み進めることをおすすめします。

○『万延元年のフットボール』（講談社文芸文庫）

現実と幻想が入り混じった世界観。戦後日本の精神的な混乱と再生が濃密に描かれています。

○『セヴンティーン』（『性的人間』新潮文庫に収録）

政治的過激派に共感した17歳の青年が、テロ活動に巻き込まれていく。暴走した青年は、しだいに過激な行動に走るようになりますが……。

話題の引き出し★豆知識

東大の前身「第一高等学校」とは？

本書を読んでおわかりのように、大江もそうですが、東大出身の作家は多いです。そのプロフィールには、「第一高等学校（一高）」がよく出てきます。これは明治から昭和初期にかけて存在した高等教育機関「旧制高等学校」の1つ。旧制高等学校は全国に30校以上ありましたが、なかでもエリートが集まるのが「ナンバースクール」と呼ばれた第一高等学校から第八高等学校までの8校。東京・京都・仙台・名古屋など全国にありました。「高等学校」とはいうものの、現代の高校とは違って大学に入るための「予科」という位置づけでした。東京の一高は、東京帝国大学への進学を前提とした高等教育が行われたため、一高への入学は当時のエリートコースの最初のステップのようなもの。第2次世界大戦後の学制改革により、「旧制高等学校」の役割は新制大学へと吸収されました。

瀬戸内寂聴

瀬戸内寂聴（せとうち・じゃくちょう　1922～2021年）

徳島生まれ。本名・瀬戸内晴美。東京女子大学国語専攻部卒。代表作は『花芯』『夏の終り』『現代語訳 源氏物語』など。「瀬戸内神仏具店」を営む家庭に生まれる。幼少期は体が弱く、よく本を読む子どもだった。20歳のときに結婚して娘を授かる。戦後夫の教え子だった年下の青年と不倫。昭和23（1948）年には家を出て不倫相手と生活するようになる。正式に離婚後、執筆活動を開始。女性の性を赤裸々に描いた『花芯』が話題になるが、「子宮作家」と揶揄された。以後数年間、執筆依頼が途絶える。昭和48（1973）年、恋愛関係がこじれたことをきっかけに出家し、天台宗の尼僧になり、瀬戸内寂聴と名乗る。令和3（2021）年に老衰により99歳で死去。

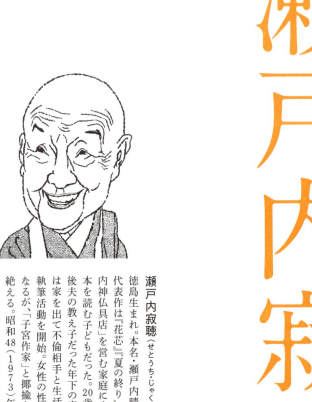

大正・昭和・平成・令和と4つの時代を生きた大作家

◯子宮という言葉を濫用する「子宮作家」と揶揄される

瀬戸内寂聴は、大正11（1922）年、徳島市で仏具などを扱う「瀬戸内神仏具店」を営む家庭の次女として生まれました。

東京女子大学在学中の20歳のとき、9歳年上で同じく徳島市出身の酒井悌《やすし》と見合い結婚をして、夫の赴任地である中国・北京にわたります。女児を授かり、終戦後一家3人で徳島に居を移しました。

すると25歳のとき、夫の教え子と不倫関係となり、夫と3歳の娘を捨て京都へと出奔し、文筆活動を始めたという経緯があります。

昭和32（1957）年、本名・瀬戸内晴美で『女子大生・曲愛玲《チュイアイリン》』を発表し、新潮社同人雑誌賞を受賞。続いて同年、性愛を大胆に描写した過激な小説『花芯』を文芸誌『新潮』に発表し、新時代の女性の奔放な〝性〟を描きました。

「花芯」とは、女性の子宮を指していることを瀬戸内本人も認めており、これが男性中心の文壇で「エロ小説」「ポルノ」「子宮作家」と酷評され、文壇から干されて不遇な時期を経験しました。

◯平凡な人妻が娼婦に変容していく過程を描く

当時の文芸評論家・平野謙は、晴美を注目すべき新人作家として位置づけたものの、『花芯』はセンセーショナリズムに毒された作品だと批判しました。

平野は『文芸時評』で、こう指摘しています。


「平凡な人妻が完全な娼婦にまで変容していく過程を描いたこの作品は、必要以上に子宮という言葉が使われている。（中略）しかし、三十娘の生理を描いた近作には明らかにマスコミのセンセーショナリズムに対する追随が読み取れた。これがこの作家の弱さだ。この弱さが花芯においても子宮という言葉の濫用となって現れている。麻薬の毒は既にこの新人に回りかけている」

『文藝時評』（河出書房）

たしかに『花芯』は、結婚したばかりの平凡な主婦・園子が、夫との関係に満足できず、上司との不倫に走る物語で、「子宮」という言葉が繰り返し使われています。主人公は夫との関係に不満を抱き、上司に惹かれていきますが、その上司もまた、ほかの女性と関係を持っていることが判明します。まるで娼婦のような生活を送りながら、自らの欲望と向き合うという物語です。

厳しい批評を受けた結果、晴美は「子宮作家」と揶揄され、文芸誌からほとんど見捨てられたような状態になり、しばらく作品を発表することもできなくなってしまったのです。

◯不倫を終わらせるため〝生きながらも死ぬ〟という選択

晴美はめげずになんとか雑誌で連載を続け、人気作家の地位を確立しますが、その後もスキャンダルに事欠きません。さまざまな男性と恋愛関係になるのです。

すると、昭和48（1973）年、51歳のときに出家して、瀬戸内晴美という本名から

「瀬戸内寂聴」という名で活動するようになります。

人気作家の突然の出家は、大きな話題となりました。

出家したのは、作家・井上光晴との7年にもわたる不倫関係を終わらせるためでした。もともと「どちらかが死ぬまでは別れられない」と考えていた晴美は、出家をすることにより〝生きながらも死ぬ〟という道を選んだのです。

そして小説だけでなく、エッセイや自伝なども書くようになりました。86歳のときには「瀬戸内寂聴」であることを隠し、「ぱーぷる」というペンネームでケータイ小説『あしたの虹』に初挑戦しています。

大衆人気はとても高く、尼僧として年齢を重ねることで得た経験を通じて、仏教にもとづいた人生相談や説法をすることも、寂聴のライフワークとなりました。

92歳のときに脊椎の骨折や圧迫骨折、胆のうがんなどの苦難に見舞われ、半年間寝込んだこともありましたが、その際に感じた痛みや思いを綴ったエッセイ『老いも病も受け入れよう』では、老いと病気を受け入れることとの大切さを説き、自らの苦しみを通じて学んだことを綴っています。

◯「セックスをしない」は大嘘だった⁉

そんな寂聴は、「小説家として、嘘を本当らしく書くことや、人の悪口を楽しむことなど、戒律をすべて守ることは難しい」とも語っています。

お釈迦様が戒律を設けたのは、人間がいかにつまらない存在かを自覚させるためであり、そのなかで自分が一番守り難いことを1つだけ守ろうと決めたのが「色界」だと語りました。

「セックスをしないことです。51歳から私はそれだけは守りました。守り抜きました。出家前の私の行動がふしだらと見られていたので、出家以降、色界を守っていると言っても信じないようです。しかし天地神明に誓って私は守り抜きました」

『老いも病も受け入れよう』（新潮文庫）

ところが、これは嘘だったことが判明します。寂聴が85歳のとき、48歳下のＩＴ企業の既婚経営者と恋愛関係にあったことが、のちに明らかになったのです。

寂聴は「嘘をつくなと言われても私は小説家です。小説家とは嘘を本当らしく書くものです」と書いたこともありますが、「唯一守った」という色界すら嘘だったというのは、もはやあっぱれというほかありません。

◯多くの批判を受けながらも99歳まで生きた、波瀾万丈の人生

そんなわけで、寂聴は奔放で自由な一面を持ちながらも、仏界に入り多くの人々に影響を与えました。

晩年、「死はどんなものか」と尋ねられ、こう語っています。

「できるならずっと小説を書いていきたい。最後までペンを持って原稿用紙の上にうつ伏せで死んでいたい。それが私の理想の最期です」

多くの小説を書き、多くの批判を受けながらも、大正・昭和・平成・令和と99歳まで人々に影響を与え続けて生きた瀬戸内寂聴。反面教師的な部分もありますが、一方でその絶えることないエネルギーに、励まされる人も多いのではないでしょうか。

瀬戸内寂聴のおすすめ著作

○『花芯』（講談社文庫）

結婚生活に満たされず、やがて情事に溺れていく主人公。女性の性と欲望を大胆に描写したかなりセンセーショナルな内容で、当時の社会に衝撃を与えました。

○『老いも病も受け入れよう』（新潮文庫）

晩年のエッセイ集。寂聴自身の老いと病の経験を通して、「老い」「病」を受け入れる心構えを綴った1冊。92歳のときに相次いで襲った脊椎の圧迫骨折や胆のうがんを経て変化した死生観が、実際のエピソードとともにまとめられています。

話題の引き出し★豆知識

86歳でケータイ小説作家「ぱーぷる」としてデビュー

2000年代に一世を風靡した「ケータイ小説」。いわゆる「ガラケー」と呼ばれる従来型携帯電話が主流だったころに、アマチュア小説投稿サイト「魔法のiらんど」「野いちご」などが大流行しました。『恋空』『赤い糸』など映像化された携帯小説も多く、当時の女子中高生が夢中になっていたのです。平成20（2008）年、86歳だった寂聴は、長年携わってきた「源氏物語」にちなんで「ぱーぷる」というペンネームで『あしたの虹』を執筆し、サイト上で発表するなど、新しもの好きなところがありました。

村上春樹

村上春樹（むらかみ・はるき　1949年〜）

京都生まれ。早稲田大学第一文学部演劇専修卒。代表作は『ノルウェイの森』『海辺のカフカ』『1Q84』など。生後まもなく兵庫に転居。父母はともに高校の国語教師で、家は大量の本であふれていた。少年時代から読書家で、特に海外文学にのめり込む。神戸の古本屋には洋書が多く売られていたため、翻訳を待つことなく原書のまま読むこともあった。22歳で学生結婚。ジャズ喫茶をオープンさせた後、7年通った早稲田大学を卒業。初の小説『風の歌を聴け』が昭和54（1979）年に群像新人文学賞を受賞。『ノルウェイの森』や『海辺のカフカ』は世界的なベストセラーとなり、国内外で高い評価を受ける。多数の文学賞を受賞しており、ノーベル文学賞の有力候補として毎年名前が挙がる。

「リトマス試験紙」のような感性を持つ作家

○ノーベル文学賞発表日に新聞社で待機すること5、6回

村上春樹といえば毎年、日本時間の10月第1木曜日の夜8時にスウェーデン・アカデミーが発表する「ノーベル文学賞」の受賞者候補として話題になることが、近年の恒例行事のようになっています（2024年は第2木曜日に発表）。

春樹の作品は50カ国語以上に翻訳されており、まさに世界的に読まれている人気作家です。

実際に誰が候補に挙がっているかは、慣習として明かされないのですが、それだけ春樹が日本国内のみならず世界各国で人気のある現代の文豪である証拠といえるでしょう。

私はノーベル文学賞の発表日に、何度か毎日新聞社に呼ばれ、夜8時の発表前に会議室で待機し、もし春樹の受賞が決まれば、すぐに座談会を開いて翌日の朝刊に掲載する

準備をしてきました。

この待機をここ10年で5、6回は行っています。まだ受賞していないので残念ですが、それだけ注目される作家であるということは間違いのない事実です。

◯留学経験なしでも洋書がすらすら読めるようになった理由

春樹の両親は、ともに高校の国語教師でした。

昭和24（1949）年に京都で生まれ、その後すぐに兵庫・西宮に転居しました。両親の職業柄もあってか、自宅には本がたくさんあり、その影響で春樹も読書家に育ちました。

両親は春樹に日本文学を読ませたがったようですが、平成21（2009）年にイスラエル最高の文学賞である「エルサレム賞」を受賞した際、地元紙のインタビューにこう語っています。

「両親が日本文学について話すのに閉口して欧米の翻訳小説を読み始めた」

（『読売新聞』2009年3月3日）

春樹は『ティファニーで朝食を』『グレート・ギャツビー』『キャッチャー・イン・ザ・ライ』など欧米文学の翻訳も多く手がけていることから、読者にいつから英語の本が読めるようになったのか質問されることも多いのですが、高校生のころから洋書を読んでいました。

「僕は高校生のころには、とくに英語に上達したいという気持ちはなく、それよりは、とにかく『本を読みたい！』というがつがつした渇望のもとに、英語のペーパーバックを読み漁るようになりました。昔は翻訳された本が少なかったし、翻訳書も高くてなかなか買えなかったし、僕の育った神戸の古本屋では、船員の置いていった中古のペーパーバックが捨て値同然で買えたからです」

『「そうだ、村上さんに聞いてみよう」と世間の人々が村上春樹にとりあえずぶっつける282の大疑問に果たして村上さんはちゃんと答えられるのか？』（朝日新聞出版）

◯在学中に結婚し、仕事を始め、最後に卒業

早稲田大学第一文学部に進学した春樹は、授業にはほとんど出席せず、留年を重ねた末に7年かけて卒業しています。その間、22歳で妻・陽子と、学生結婚しました。

昭和49（1974）年、陽子の実家などから借金をして、東京・国分寺（のちに東京・千駄ヶ谷の商店街に移転）に夫婦でジャズ喫茶「ピーター・キャット」を開店させ、その後ようやく卒業します。

在学中に結婚し、ジャズ喫茶を始めてから、大学を卒業したわけです。

令和3（2021）年4月、春樹は母校・早稲田大学の入学式に出席し、「あまりそういう生き方をおすすめはしませんが、なんとかなるもんです」と新入生たちにユーモアを交えてエールを送りました。

春樹がジャズ喫茶を開店した当時は、社会に迎合したくないという若者が、自分で店を開くケースが少なくなかった時代で、「学生運動崩れ風の血の気の多い連中も、そこらへんにうろうろしていました」とエッセイ『職業としての小説家』に綴っています。

◯春樹30歳、富岡21歳……群像新人文学賞授賞式のエピソード

さて、そんな春樹は、ジャズ喫茶の経営が落ち着いてきたころ、明治神宮野球場でファンであるヤクルトスワローズの試合を応援していた際、ふと「小説を書こう」と思いつきます。

ジャズ喫茶を閉めたあと、深夜までがりがりと原稿用紙に向かって書き上げた初の長編小説『風の歌を聴け』は、昭和54(1979)年に第22回群像新人文学賞を受賞し、30歳で作家デビューを果たしました。

実は私も同じ第22回群像新人文学賞で評論家デビューしています。講談社が主催する群像新人文学賞は、「小説部門」と「評論部門」があるのです。

小説部門の当選作が村上春樹『風の歌を聴け』、評論部門の優秀作(この年は当選作なし)の1作が、私・富岡幸一郎『意識の暗室 埴谷雄高と三島由紀夫』だったのです。

私は当時大学4年生で、21歳。就職が決まらず留年が決定しており、手持ち無沙汰で書いてみたのが受賞のきっかけでした。

授賞式は、東京・新橋にある「第一ホテル東京」でしたが、当時は出版社の景気がよ

かったので、立派な宴会場で授賞式を開いてもらいました。そのときに春樹さんと一緒に授賞式に出席したのです。

その日の二次会は東京・銀座の高級バーだったのですが、そこで春樹さんと隣になったとき、「仔猫がたくさん生まれた」という話を聞きました。自分のジャズ喫茶の店名に「ピーター・キャット」とつけているように、春樹さんはかなりの猫好きなのです。「こうやって育てるんですよ」と、生まれたばかりの仔猫について、まるで小説の描写のように仔細に教えてくれました。「さすが、小説を書く人はこんなふうに世界を見ているのか」と驚かされた記憶があります。

○「ピーター・キャット」で直接聞いた春樹文体のつくり方

その授賞式が終わったあと、私は春樹さんのジャズ喫茶「ピーター・キャット」にうかがいました。

広くて立派な喫茶店でした。昼間にお茶をご馳走になりながらお話ししたのですが、春樹さんの文体についてもうかがいました。

のちにエッセイ『職業としての小説家』でも語られていますが、初の長編小説『風の歌を聴け』を書き始めたとき、「自分が考えている小説の世界と、自分が書いている日本語が合わない」と感じたそうなのです。

そこで春樹さんがやってみたのは、〝英語で小説を書いて、あとから日本語に翻訳する〟という独特の執筆方法でした。

前述のとおり高校生のころからアメリカ現代小説の原書を英語で読んでいたので、見よう見まねで英単語を並べ、ある程度書いてから、自分で書いた英語を日本語に訳すという段どりにしたところ、そのほうが自分のイメージにしっくりきたというのです。

二葉亭四迷と同じ手法で「新しい日本語」をつくった

「ピーター・キャット」で本人から聞いた瞬間、私は真っ先に「この手法は二葉亭四迷と同じだ」と驚きました。

二葉亭四迷は、明治20（1887）年に長編小説『浮雲』を書き、明治の「言文一致運動」（文章を話し言葉に近いスタイルで書こうとする運動）を推進した、日本近代文学のパイオニアです。

夏目漱石や森鷗外とともに「新しい日本語」をつくった人ですが、実は四迷はもともとと東京外国語学校（現・東京外国語大学）露語科で学び、ロシア文学の翻訳をしていたのです。

それまでは「書き言葉」は文語体で、口に出して話す言葉と大きな違いがありました。しかし四迷は、イワン・ツルゲーネフなどのロシアの小説を日本語に訳す作業を経て『浮雲』を書き、新しい日本語をつくっていきます。

同様に、アメリカの現代文学を英語で読み続けた春樹さんも、自分の小説を英語で書き、また翻訳するという過程で「新しい日本語」をつくったのです。

現代アメリカ文学を血と肉にして、作家として文学界に現れた。第2次世界大戦で日本が戦争に負けたあと、日本人は少しずつアメリカ文化を受容していかなければなりませんでした。そういう戦後ムードの象徴の1つとして、この時代に出てきたのが作家・村上春樹だったのです。

◯春樹作品といえば、パスタと缶ビール

実際に、春樹作品には、アメリカ文化的なアイテムが多く登場します。ジャズはもちろんその1つですが、もう1つ特徴的なのは食べ物なのです。

具体的には、「パスタ」と「缶ビール」が頻繁に登場します。特にバドワイザーの缶ビールがよく描かれます。日本酒や生ビールはほとんど出てこず、焼き鳥や刺身、日本酒という日本的なエッセンスはあまり見られません。

主人公がパスタを茹で、バドワイザーの缶ビールを飲むシーンが多く描かれることから、春樹作品はグローバルな時代背景を反映しています。

こうした要素が春樹作品の特徴であり、世界中の読者に親しまれる要因の1つだと思います。

◯「政治の季節」から「バブルの季節」に変わっていく切なさ

昭和20（1945）年に日本が戦争に負け、焼け野原から復興していき、昭和30（1955）年から昭和48（1973）年にわたって続く高度経済成長期。1968年には日本の国民総生産（GNP）が世界第2位になり、経済大国としての世界的な地位がどんどん高まっていくだろうと、社会全体に浮かれた空気が満ちてきたころでした。

春樹がデビューした昭和54（1979）年は、そういう時代です。昭和60（1985）年にはバブル経済下に入り、人々も社会もどんどん変化していく。

そんな時代に描こうとしたのは、「政治の季節」から「バブルの季節」に変わっていく過程で失われたものへの、一種の〝センチメンタリズム〟です。

春樹が生まれたのは、終戦から4年後の昭和24（1949）年です。戦争を経験した両親の背中を見て育ち、青春時代を送った1960年代後半には、「全学共闘会議」などによる学生運動が起こりました。

東大、日大、春樹の通っていた早大も含め、さまざまな大学で行われた政治運動で、新左翼の学生たちがストライキをしたり、デモをしたり……死傷者が出る事件も発生するなど大変な騒ぎになったのです。

○『1973年のピンボール』で描いた〝喪失感〟

戦後の青年たちが熱狂していた「政治の季節」は、1970年代の訪れとともにだんだんと薄れていき、経済成長で浮かれた雰囲気に押し流されていきました。

社会を変えよう、国を変えよう、自分を変えよう。政治に限らず、何かに強い思いを抱いていた戦後の青年たちの熱が、次第に失われていくときの空虚感や寂しさ。春樹文学は、そういうものを非常にうまく描写しています。

たとえば、デビュー翌年の昭和55（1980）年に発表した長編小説『1973年のピンボール』では、1台の古いピンボール台と主人公の「僕」が対話する寓話的な場面で、このような描写があります。

「あなたのせいじゃない、と彼女は言った。そして何度も首を振った。あなたは悪くなんかないのよ。精いっぱいやったじゃない。違う、と僕は言う。（中略）違うんだ。僕は何ひとつできなかった。指一本動かせなかった。でも、やろうと思えばできたんだ」

『1973年のピンボール』（講談社文庫）

春樹自身は学生運動に直接関与したわけではありませんが、激しく熱い戦後のエポックな時代から、すっと潮が引いていく喪失感を見事に描いたのです。

◯「リトマス試験紙」のような感性を持つ春樹作品

平成元（1989）年当時、日本の企業は世界の時価総額ランキングの上位50社中32社も占めていました。上位10社に1位のNTTや大手銀行など7社が入り、日本勢がほぼ独占していたのです。

しかし、35年前に「ジャパン・アズ・ナンバーワン」と呼ばれた日本企業の存在感は、いまはもう感じられません。

令和6（2024）年の時価総額ランキングでは、上位10社に日本企業は1社も入っておらず、上位100社に入る日本勢は、トヨタ自動車のみとなっています。

そんなバブル時代の虚妄とその後の崩壊を春樹は鋭く嗅ぎとっていたように思います。

春樹は、長編・中編・短編と多くの作品を書き続けていますが、それらの作品に共通していえることは、春樹が時代の空気を読むのが非常にうまい現代作家だということです。時代の風を追いかけ、それに同調するのではなく、その背後にある感覚を見事に探り当てるのです。

時代の風が頬に当たるとき、「この風の正体は何だろう」と掘り下げていく。「リトマス試験紙」のような感性を持つ春樹作品を、ぜひ体験してもらいたいと思います。

村上春樹のおすすめ著作

○『1973年のピンボール』（講談社文庫）

ピンボール台をモチーフに、主人公「僕」と友人「鼠」の過去と現在を交錯させた青春小説。時代の喪失感を見事に描き出した言葉の感性に注目したいと思います。

○『アンダーグラウンド』（講談社文庫）

平成7（1995）年3月に発生したカルト団体「オウム真理教」によるテロ事件「地下鉄サリン事件」。死者は13人、負傷者は5800人以上にも及びました。本書は春樹自身が62人の関係者にインタビューしたノンフィクションです。異常な暴力により、世界が一瞬で激変してしまう恐怖が多様な視点から描かれています。

○『ねじまき鳥クロニクル』（新潮文庫）

ある日、突然失踪した妻。主人公である無職の青年は、その謎を追ううちに、現実と幻想が入り混じる世界に巻き込まれていきます。戦争や暴力をテーマにして、歴史を作品の主題とした本格的な長編代表作。全3部作。

話題の引き出し★豆知識

大ベストセラー『ノルウェイの森』の帯コピーは春樹の自作

『ノルウェイの森』が発売された当初、帯に掲載されたコピーには「100パーセントの恋愛小説」と書かれていました。これは春樹自身が書いたコピーです。さすがというべきか、コピーライター顔負けですね。本当は「100パーセントのリアリズム小説です」と書きたかったようですが、「洒落っけで『恋愛小説』」と書いたと『「そうだ、村上さんに聞いてみよう」と世間の人々が村上春樹にとりあえずぶっつける282の大疑問に果たして村上さんはちゃんと答えられるのか?』で、読者の質問に答えるかたちで書いています。「べつにマーケッティングしたわけではありません」とのこと。

おわりに

「あ、わかるかもしれない」

突然、そんな感覚が降ってきたのは、私が50代の初めころだったと思います。それまでずっとよくわからなかった川端康成の作品が、突然、理解できるようになったのです。もともと川端作品が好きで、「いつか川端についての評論を書きたい」と思っていました。しかし、なかなか理解するのが難しく、思うように書けない。川端の描きたいものに、私自身がついていけていない感覚が拭えなかったのです。

けれど、その瞬間は、突然訪れました。

おそらく50歳をすぎて、ふいに私自身に「老い」の感覚が迫ってきたからではないかと思います。

もちろん50代というのは、まだまだ若い働き盛りの年代ですが、そうはいっても20代、30代のころと同じような若々しさとはいきません。

疲れやすくなるし、老眼の症状も出てくるし、かつてのような旺盛な性欲もなくなってくる。腹は出て、顔にはシワができて、男としての魅力も、どんどんなくなっていくような漠然とした喪失感も抱き始めます。

そんな〝負の感覚〟がじわじわと押し寄せ、頭をよぎるようになってきた。川端が描くものの見方が、なんとなくつかめるような感覚を得られたのは、そんなときでした。

若いころに川端作品を読んでいたときとは、まったく違った想像をもって、読者である私に迫ってくる感じがしたのです。

文芸評論家として、さまざまな作家をフォーカスし、評論を書いてきました。評論家としては、あくまでも冷静に作品に向き合うため、感情がぐっと入ってしまうことはなかなかありません。

それでも、川端の『みずうみ』から文章を引用しようと、あらためて読み直したとき、私は涙を流していました。

『みずうみ』は、現代でいうストーカーを扱った異色の〝変態小説〟ですが、単に共感するというよりも、それ以上に、自分の気持ちと川端の書いた作品の世界が共振していたのです。一緒に揺れている感覚さえ得られました。

言葉とは、そして文学とは、自分の人生を、つねに更新させてくれるものだと私は思います。

一瞬一瞬が、新たに展開していて、私たちはいつも変化し続けている。それを文学という鏡を通して、認識することができるのです。

本書で紹介したように、文豪たちのなかには、現代では考えられないような言動をとっている人も多くいます。文豪たちがもし現代に生きていたら、ＳＮＳで大炎上のオンパレードだったかもしれません。

さまざまな人を傷つけ、傷つけられ、貧乏に泣き、酒に逃げ、薬に溺れ、不倫をしたり、自分の死を間近に感じて、ようやく自分のやりたいことを見つけたり……。

情けない部分もたくさんありますが、けれども彼ら彼女らは、私たちがつい目を背けてしまうようなことに対しても向き合い、徹底的に悩み続け、それを作品として世に残して読み継がれています。

コンプレックスと戦い、社会への違和感と戦い、それを言葉にして「私はこう思うんだ」と主張し続けてきたのです。

志賀直哉の一編でもお伝えしましたが、文学のいいところは、「人の悩みのパターン」を描き出してくれることです。

文豪は、私たちがいま抱えている辛さを、先どりして書き残してくれている。私の場合は、「老いの感覚」というものを、川端康成が先どりして書いてくれていたのだと思います。

小学生のころに文豪の作品を読んで、「あまりよくわからないな」と思っていたのだとしたら、あるいはいまなら、その作品に共鳴できるかもしれません。そして、共振するかもしれません。

その「よくわからないな」と思った感覚を、ぜひこれからも大事にしてほしいと思います。

それがいつか、「あ、わかる！」という感覚に変わるかもしれません。

そのときこそ、きっと新たな「教養」というものがあなたのなかに蓄積し、新しい世界が見えるようになるタイミングなのだろうと思います。

最後になりますが、本書をつくるにあたって、多くの方にご協力いただきました。これまでにない切り口の企画を提案してくださったダイヤモンド社の斎藤順さん、制作にご協力いただいた篁五郎さん、ひつじ制作さん、本当にありがとうございました。

富岡幸一郎

2024年11月

死ぬまでに読んでおきたい
文豪の名作60

文豪の作品のなかでも、特にすぐれた名作60冊を厳選しました。学生時代に読んだ作品をあらためて読み直すもよし、この本を読んで興味が湧いた文豪の作品を選ぶもよし。ぜひ、ピンときた作品を手にとって読んでみてください。

1 川端康成『**眠れる美女**』（新潮文庫）
2 川端康成『**雪国**』（新潮文庫）
3 川端康成『**たんぽぽ**』（講談社文芸文庫）
4 谷崎潤一郎『**刺青・秘密**』（新潮文庫）
5 谷崎潤一郎『**春琴抄**』（新潮文庫）
6 与謝野晶子『**みだれ髪**』（新潮文庫）
7 田村俊子『**あきらめ、木乃伊の口紅 他4篇**』（岩波文庫）
8 三島由紀夫『**仮面の告白**』（新潮文庫）
9 三島由紀夫『**花ざかりの森・憂国**』（新潮文庫）

10 宮沢賢治『新編 銀河鉄道の夜』（新潮文庫）
11 夏目漱石『吾輩は猫である』（新潮文庫）
12 夏目漱石『こころ』（新潮文庫）
13 正岡子規『子規人生論集』（講談社文芸文庫）
14 梶井基次郎『檸檬』（新潮文庫）
15 中島敦『山月記・李陵』（集英社文庫）
16 大原富枝『婉という女・正妻』（講談社文芸文庫）
17 北條民雄『いのちの初夜』（角川文庫）
18 樋口一葉『にごりえ・たけくらべ』（新潮文庫）
19 江戸川乱歩『江戸川乱歩傑作選』（新潮文庫）
20 大佛次郎『鞍馬天狗』（一～五、小学館 P+D BOOKS）
21 菊池寛『真珠夫人』（文春文庫）
22 志賀直哉『小僧の神様・城の崎にて』（新潮文庫）
23 志賀直哉『暗夜行路』（新潮文庫）
24 星新一『ボッコちゃん』（新潮文庫）
25 坂口安吾『堕落論』（新潮文庫）
26 小林秀雄『近代絵画』（新潮文庫）

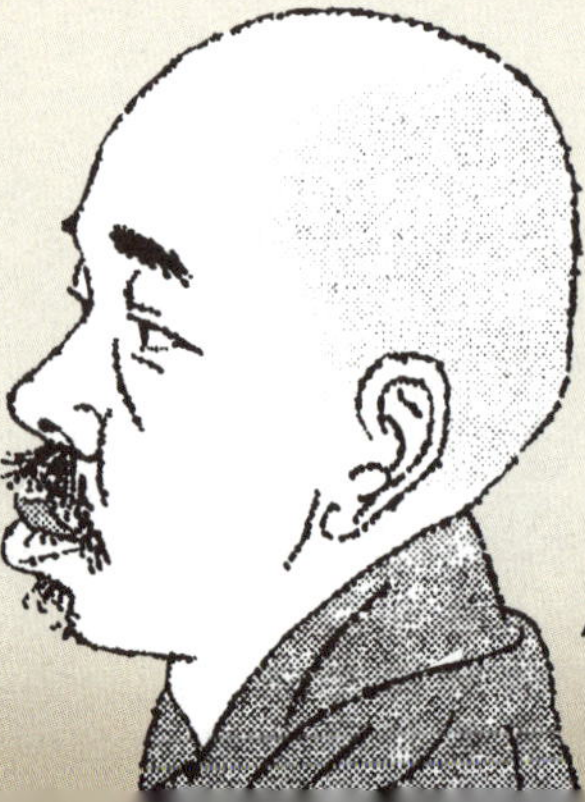

27 中原中也『汚れつちまつた悲しみに……　中原中也詩集』（集英社文庫）
28 開高健『夏の闇』（新潮文庫）
29 平塚らいてう『平塚らいてう評論集』（岩波文庫）
30 西村賢太『苦役列車』（新潮文庫）
31 大岡昇平『野火』（新潮文庫）
32 吉田満『戦艦大和ノ最期』（講談社文芸文庫）
33 遠藤周作『沈黙』（新潮文庫）
34 遠藤周作『深い河』（講談社文庫）
35 島尾敏雄『出発は遂に訪れず』（新潮文庫）
36 島尾敏雄『死の棘』（新潮文庫）
37 吉井由吉『杳子・妻隠』（新潮文庫）
38 吉井由吉『仮往生伝試文』（講談社文芸文庫）
39 林芙美子『放浪記』（新潮文庫）
40 司馬遼太郎『坂の上の雲』（一～八、文春文庫）
41 司馬遼太郎『燃えよ剣』（上・下、新潮文庫）
42 太宰治『津軽』（新潮文庫）
43 太宰治『斜陽』（新潮文庫）

44 太宰治『**人間失格**』（新潮文庫）
45 芥川龍之介『**羅生門・鼻**』（新潮文庫）
46 芥川龍之介『**河童・或阿呆の一生**』（新潮文庫）
47 幸田文『**みそっかす**』（岩波文庫）
48 幸田文『**崩れ**』（講談社文庫）
49 森鷗外『**舞姫**』（集英社文庫）
50 森鷗外『**青年**』（新潮文庫）
51 永井荷風『**摘録 断腸亭日乗**』（上・下、岩波文庫）
52 中上健次『**岬**』（文春文庫）
53 石原慎太郎『**太陽の季節**』（新潮文庫）
54 石原慎太郎『**わが人生の時の時**』（新潮文庫）
55 伊集院静『**乳房**』（講談社文庫）
56 大江健三郎『**死者の奢り・飼育**』（新潮文庫）
57 大江健三郎『**万延元年のフットボール**』（講談社文庫）
58 瀬戸内寂聴『**花芯**』（講談社文庫）
59 村上春樹『**１９７３年のピンボール**』（講談社文庫）
60 村上春樹『**ねじまき鳥クロニクル**』（新潮文庫）

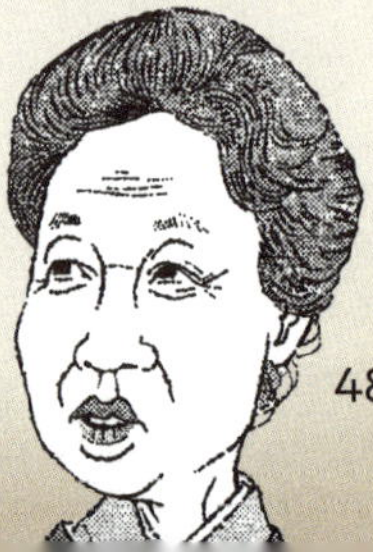

富岡幸一郎
(とみおか・こういちろう)

1957年東京都生まれ。中央大学文学部仏文科卒業。少年時代はプロ野球選手を目指していたが、中学1年生のとき、三島由紀夫の割腹自殺のニュースをきっかけに三島作品に触れ、文学に目覚める。大学在学中の1979年「意識の暗室 埴谷雄高と三島由紀夫」で第22回群像新人文学賞評論部門優秀作受賞(村上春樹氏と同時受賞)以来、45年にわたって文芸評論に携わり、研究を続ける。1991年にドイツに留学。2012年4月から2023年3月まで鎌倉文学館館長。現在、関東学院大学国際文化学部教授。著書に『使徒的人間 カール・バルト』(講談社文芸文庫)、『〈危機〉の正体』(佐藤優共著・講談社)、『川端康成　魔界の文学』(岩波書店)など。

ビジネスエリートのための
教養としての文豪

2024年12月3日　第1刷発行

著者　富岡幸一郎
発行所　ダイヤモンド社
〒150-8409　東京都渋谷区神宮前6-12-17
https://www.diamond.co.jp/
電話／03-5778-7233(編集)　03-5778-7240(販売)

装丁デザイン　tobufune
本文デザイン　今井佳代
編集協力　ひつじ制作、篁五郎
イラスト　塩井浩平
校正　三森由紀子
製作進行　ダイヤモンド・グラフィック社
印刷・製本　勇進印刷
編集担当　斎藤順

ISBN　978-4-478-12141-2